现代教育技术及应用
（第2版）

马振中 编著

电子工业出版社

Publishing House of Electronics Industry
北京·BEIJING

内 容 简 介

本书共七章，第 1 章主要介绍教育技术的概念及发展；第 2 章主要介绍教育技术的理论基础；第 3 章全面介绍各种多媒体素材的特点、获取及处理技术，并特别介绍了 Photoshop、Audition、会声会影、Focusky 等软件的使用；第 4 章重点介绍多媒体课件设计与制作技术，并以 PowerPoint、Focusky 软件为例讲解课件设计；第 5 章介绍教学系统设计及其一般模式；第 6 章主要介绍现代教育技术在基础教育中的应用；第 7 章主要介绍新兴教学手段、教学模式和学习形式等。本书旨在培养相关教育工作者教育信息化教学与管理的实践能力，使其了解和掌握基本的现代教育技术理论、方法及应用。

本书可作为小学教育和学前教育专业的教材或相关人员的培训用书，也可作为其他教育工作者学习现代教育技术的参考书。

未经许可，不得以任何方式复制或抄袭本书之部分或全部内容。
版权所有，侵权必究。

图书在版编目（CIP）数据

现代教育技术及应用 / 马振中编著. —2 版. —北京：电子工业出版社，2022.4
ISBN 978-7-121-43214-9

Ⅰ. ①现… Ⅱ. ①马… Ⅲ. ①教育技术学－高等学校－教材 Ⅳ. ①G40-057

中国版本图书馆 CIP 数据核字（2022）第 051440 号

责任编辑：戴晨辰　　　文字编辑：张　彬
印　　刷：山东华立印务有限公司
装　　订：山东华立印务有限公司
出版发行：电子工业出版社
　　　　　北京市海淀区万寿路 173 信箱　邮编　100036
开　　本：787×1 092　1/16　印张：14　字数：358.4 千字
版　　次：2016 年 3 月第 1 版
　　　　　2022 年 4 月第 2 版
印　　次：2022 年 8 月第 2 次印刷
定　　价：49.00 元

凡所购买电子工业出版社图书有缺损问题，请向购买书店调换。若书店售缺，请与本社发行部联系，联系及邮购电话：(010) 88254888，88258888。
质量投诉请发邮件至 zlts@phei.com.cn，盗版侵权举报请发邮件至 dbqq@phei.com.cn。
本书咨询联系方式：dcc@phei.com.cn。

前　言

"现代教育技术"是高等师范院校师范类专业的公共必修课，是学生未来走向教师岗位施行教学改革、实现教育优化的一门重要课程。随着信息技术在教育领域的深入应用，现代教育技术在教育教学中的应用能力已成为当今教师的核心能力，无论是大、中学教师，还是小学、幼儿园教师，概莫能外。

由于小学和幼儿园教育的特殊性，对小学和幼儿园教师来说，现代教育技术应用能力主要体现为信息化教学能力（包括信息化教学设备与工具的使用能力、媒体选择能力和信息化教学课件设计制作能力）、教育教学中信息系统的应用能力和教学资源的建设能力；至于理论知识，他们需要理论的指导，但烦于理论的深度。因此，本书在结构上，削减了理论知识内容，降低了理论知识的难度，重点针对多媒体素材的处理与课件制作、现代教育技术在基础教育教学中的应用展开；在内容上，尽可能使目标、表述、实例、问题、实践、练习"小教"化。

我们希望，通过本教程的学习和实践，读者能够了解教育技术的基本概念、基本理论，掌握多媒体素材的处理技术，学会多媒体课件的制作方法，掌握教学设计尤其是信息化教学设计的基本方法，树立科学应用现代教育技术的意识，紧跟信息技术的发展，具备把信息技术应用到教育教学与管理中的能力。

本书内容主要根据教育部颁发的《中小学教师教育技术能力标准（试行）》，以及国家对中小学教师、幼儿园教师的"国培计划"等文件精神而确定。本书须在"大学计算机基础"课程之后开设，具体内容可根据需要自由取舍。在教学中，要高度重视实践活动的开展，只有将实践落到实处，才能真正有效地提高读者的应用能力。需要注意的是，全书"实践活动"部分未单列，而是就近穿插安排在各章节之后，教者或读者应根据实际情况另外安排适当的训练。

在本书的写作过程中，得到了我院蒋志辉、任可、汪伟男、裴培等老师的支持，他们协助整理了素材和书稿，在此对他们表示感谢。

本书是在作者 2016 年编写的《现代教育技术及应用》一书基础上修订、改编而成的，主要以广大小学和幼儿园教育工作者为读者对象，但也可作为小学教育和学前教育专业本、专科学生的教材，还可作为小学教师和幼儿园教师的培训用书。为了便于教学，作者提供了授课 PPT 课件及其他教学素材，读者可登录华信教育资源网（www.hxedu.com.cn）注册后免费下载。

由于作者水平有限，此类用书又缺少可供借鉴和比较的参照物，书中难免存在诸多不足或错误，诚请广大读者批评指正。

马振中
2021 年 12 月修订于长沙师范学院

目　　录

第 1 章　教育技术概述 ··· 1
1.1　现代教育技术的基本概念 ·· 1
1.1.1　教育技术的含义 ··· 1
1.1.2　教育技术的定义分析 ·· 2
1.1.3　现代教育技术的含义 ·· 4
1.2　教育技术发展简史 ·· 5
1.2.1　国外教育技术发展简史 ··· 5
1.2.2　我国教育技术发展简史 ··· 7
1.2.3　教育技术的发展趋势 ·· 8
1.3　教育技术的功能与作用 ··· 9
1.3.1　教育技术的功能 ··· 9
1.3.2　教育技术的作用 ·· 10
1.4　教师现代教育技术素养 ·· 11
1.4.1　教师学习现代教育技术的必要性 ·· 11
1.4.2　中小学教师需要具备的教育技术能力 ······································· 12
1.4.3　幼儿园教师需要具备的教育技术能力 ······································· 13
1.4.4　教师现代教育技术素养的内容 ··· 14
【本章小结】 ··· 15
【思考与练习】 ·· 16

第 2 章　教育技术的理论基础 ·· 17
2.1　学习理论 ·· 17
2.1.1　行为主义学习理论 ·· 17
2.1.2　认知主义学习理论 ·· 19
2.1.3　建构主义学习理论 ·· 21
2.1.4　混合式学习 ·· 24
2.2　教学理论 ·· 24
2.2.1　现代教学理论 ··· 24
2.2.2　视听教学理论 ··· 26
2.3　教育传播理论 ··· 28
2.3.1　传播的概念和类型 ·· 28
2.3.2　教育传播 ··· 28
2.3.3　教育传播的基本模式 ·· 29
2.3.4　教育传播的基本方式 ·· 30
2.3.5　教育传播的基本原理 ·· 31
2.3.6　教育传播过程 ··· 32
2.3.7　教育传播学对教育技术的作用 ··· 32
2.4　系统科学理论 ··· 32

  2.4.1 系统科学理论的基本思想 32
  2.4.2 系统科学和教育技术学的关系 33
【本章小结】 35
【思考与练习】 35

第3章　多媒体素材处理 36

3.1　教学媒体概述 36
  3.1.1 教学媒体及其作用 36
  3.1.2 现代教学媒体 37
  3.1.3 多媒体和多媒体素材 39
  3.1.4 新媒体及其教学应用 40

3.2　文本素材及处理技术 41
  3.2.1 文本素材的特点和格式 41
  3.2.2 文本素材的获取方式 42
  3.2.3 文本素材的处理技术 42

3.3　图形图像素材及处理技术 47
  3.3.1 图形图像概述 47
  3.3.2 图形图像文件的格式 49
  3.3.3 图形图像素材的获取与输出 50
  3.3.4 图形图像素材的采集技术 53
  3.3.5 图形图像素材的后期处理技术 56

3.4　音频素材及处理技术 65
  3.4.1 常见音频文件的格式 65
  3.4.2 音频素材的获取 66
  3.4.3 音频素材的处理技术 67

3.5　视频素材及处理技术 72
  3.5.1 常见视频文件的格式 72
  3.5.2 视频素材的获取 74
  3.5.3 视频素材的采集技术 74
  3.5.4 视频素材的后期处理技术 77

3.6　动画素材及处理技术 82
  3.6.1 常见动画文件的格式 82
  3.6.2 动画素材的获取 83
  3.6.3 动画素材的制作和处理技术 84

【本章小结】 90
【思考与练习】 90

第4章　多媒体课件制作技术 92

4.1　多媒体课件概述 92
  4.1.1 多媒体课件的概念与类型 92
  4.1.2 多媒体课件的特点与教学功能 94
  4.1.3 几种常见的多媒体课件制作工具 97

4.2　多媒体课件的设计原则 99
  4.2.1 教育性原则 99
  4.2.2 科学性原则 99

  4.2.3 主体性原则 99
  4.2.4 技术性原则 99
  4.2.5 艺术性原则 100
  4.2.6 经济性原则 100
 4.3 幼儿园多媒体课件的设计原则 100
  4.3.1 必要性原则 100
  4.3.2 趣味性原则 100
  4.3.3 形象性原则 101
  4.3.4 交互性原则 101
  4.3.5 真实性原则 101
 4.4 多媒体课件的制作步骤 101
  4.4.1 多媒体课件的一般开发方法与设计步骤 101
  4.4.2 多媒体课件设计实例分析 103
 4.5 常用的多媒体课件制作技术 108
  4.5.1 PowerPoint 课件制作 108
  4.5.2 Focusky 课件制作 123
 【本章小结】 125
 【思考与练习】 126

第5章 教学系统设计 127
 5.1 教学设计概述 127
  5.1.1 教学设计的含义 127
  5.1.2 教学设计的意义 128
  5.1.3 教学设计因素 129
  5.1.4 信息化教学设计 129
  5.1.5 教学设计中要注意的问题 130
  5.1.6 教学设计的层次 131
 5.2 教学设计的模式分析 132
  5.2.1 教学设计的一般模式 132
  5.2.2 以教为主的教学设计模式 133
  5.2.3 以学为主的教学设计模式 140
  5.2.4 主导—主体教学设计模式 143
 5.3 典型教学设计案例分析 146
  5.3.1 以教为主的教学设计案例 147
  5.3.2 以学为主的教学设计案例 148
  5.3.3 信息化教学设计案例 149
 【本章小结】 151
 【思考与练习】 151

第6章 现代教育技术在基础教育中的应用 152
 6.1 智慧校园及其应用系统 152
  6.1.1 教育信息化与教育现代化 152
  6.1.2 智慧校园 153
  6.1.3 校园信息管理应用系统 154
  6.1.4 校园运行辅助系统 155

6.2 信息化教学环境·····160
6.2.1 多媒体教学系统·····160
6.2.2 智慧教室·····164
6.2.3 信息化教学工具·····166
6.3 儿童教学资源开发·····174
6.3.1 教学资源概述·····174
6.3.2 教学资源库·····174
6.3.3 教学资源库开发技术·····177
6.3.4 教师个人教学空间建设·····178
6.4 基础教育教师继续教育与科研·····179
6.4.1 教师信息化学习支持手段·····179
6.4.2 教师科研资源的收集与整理·····182
6.4.3 教师继续教育培训与现代远程教育·····193
【本章小结】·····194
【思考与练习】·····195

第7章 新兴教学手段、教学模式和学习形式·····196
7.1 移动学习·····196
7.1.1 移动学习的概念·····196
7.1.2 移动学习的应用·····197
7.2 混合式学习·····198
7.2.1 混合式学习的概念·····198
7.2.2 混合式学习的应用·····199
7.3 微课教学·····201
7.3.1 微课教学的概念·····201
7.3.2 微课的制作·····202
7.3.3 微课教学的应用·····205
7.4 翻转课堂·····206
7.4.1 翻转课堂的概念·····206
7.4.2 翻转课堂的特征·····206
7.4.3 翻转课堂的应用·····207
7.5 智慧课堂·····207
7.5.1 智慧课堂的概念·····207
7.5.2 智慧课堂教学设计·····208
7.6 STEAM教育和创客教育·····209
7.6.1 STEAM教育·····209
7.6.2 创客教育·····211
7.6.3 机器人教育和人工智能教育·····214
【本章小结】·····214
【思考与练习】·····215

参考文献·····216

第1章

教育技术概述

【本章导读】

20世纪90年代以来，以计算机技术为代表的现代信息技术在教育领域的广泛应用，教学理论、学习理论、传播学、信息科学等理论的相互渗透与影响，促使教育技术的理论、实践和应用发生了深刻的变化，带来了一场教育变革。现代教育技术作为教育理论与现代科技相结合的一门新兴综合性应用学科，在这场变革中扮演着至关重要的角色，是实现教育现代化的重要突破口。本章主要学习现代教育技术的基本概念及其发展，教育技术的功能与作用，以及基础教育教师必须具备的教育技术基本素养。

【本章学习目标】

通过对本章的学习，将实现下列学习目标:
- 理解教育技术的基本概念和研究范畴。
- 了解教育技术的产生与应用发展趋势。
- 了解教育技术的功能与作用。
- 了解基础教育教师需要具备的教育技术能力。
- 知道教师现代教育技术素养的内容。

1.1 现代教育技术的基本概念

1.1.1 教育技术的含义

从19世纪末20世纪初开始，大量的科技成果尤其是电子媒体技术纷纷出现，并迅速大众化，于是教育界也开始将这些新技术与新产品应用于教育教学的活动中。随着这一实践领域的不断扩大及理论研究的不断深入，人们对其名称的界定也日趋多样化，从20世纪60年代起，先后出现了"视听教育""教育传播""教学技术""教学媒介""教育技术"等诸多相近名称并举的现象。1972年，由原美国视听教育协会更名的美国教育传播与技术协会（Association for Educational Communications and Technology，AECT）将其研究和实践的领域正式定名为教育技术（Educational Technology），这一举动很快得到了许多西方国家的响应，并逐步被世界大多数国家的同行所接受。但在这一阶段，对教育技术的定义还主要停留在对物化技术的研究和应用的范畴之上。

1. AECT1994定义

1994年，AECT出版了由西尔斯（Seels）和里齐（Richey）合写的专著《教学技术：领域的定义和范畴》。书中提出了教育技术的定义。该定义在 AECT 主持之下，由美国众多教育技术专家参与，并由 AECT 正式批准使用，在一定程度上反映了国际教育技术界的看法与理解。该定义被称为 AECT1994 定义，具体内容如下：

Instructional technology is the theory and practice of design, development, utilization, management and evaluation of processes and resources for learning.

翻译为：教育技术是关于学习过程和学习资源的设计、开发、运用、管理和评价的理论与实践。

AECT1994 定义在我国教育技术界沿用了多年，被认为是教育技术领域的基础定义，是讲授教育技术的出发点。

2. AECT2005 定义

2005 年，AECT 正式发表了新的教育技术定义，被称为 AECT2005 定义，具体内容如下：

Educational technology is the study and ethical practice of facilitating learning and improving performance by creating, using, and managing appropriate technological processes and resources.

翻译为：教育技术是通过创建、使用、管理适当的技术性的过程和资源，以促进学习和提高绩效的研究与符合道德规范的实践。

3. AECT2017 定义

2017 年，AECT 定义与术语委员会起草了更新的教育技术定义，被称为 AECT2017 定义，具体内容如下：

Educational technology is the study and ethical application of theory, research, and best practices to advance knowledge as well as mediate and improve learning and performance through the strategic design, management and implementation of learning and instructional processes and resources.

在分析研究 AECT1994、AECT2005 定义的基础上，本书将其翻译为：教育技术是对理论研究与最佳实践的探索及符合道德规范的应用，主要通过对学与教的过程和资源的策略性设计、管理、实施，促进对知识的理解，调整和改善学习绩效。

据此，可将 AECT2017 定义的基本要点梳理为以下几点。

（1）教育技术的研究对象：学习与教学的过程和资源。
（2）教育技术的研究内容：对学习与教学过程和资源的策略性设计、管理、实施。
（3）教育技术的研究目的：促进对知识的理解，调整和改善学习及表现。
（4）教育技术的研究领域：符合道德规范的应用。
（5）教育技术的范畴：策略性设计、管理、实施。

不论哪个定义，都未改变教育技术的核心目标，即通过恰当地使用教育技术手段实现教学过程的最优化和提升教学绩效。

1.1.2 教育技术的定义分析

1. 对教育技术定义的认识

众所周知，自从有了人类社会就有了教育，自从有了教育就有了教育技术，教育技术的发展历史和教育的发展历史一样久远。但人们对教育本质的不同理解造成了对教育的定义有不同解释，也造成了对教育学的二级学科教育技术学的定义有争议。不仅如此，有关教育技术的争议还体现为研究的范围到底有多广的问题，人们不确定究竟是研究"有了人类，就有了教育，就有了教育技术"，还是研究有现代技术媒体参与的教育技术的历史，这也为教育技术定义的研究增加了难度。在此问题上，国内的有关学者达成了初步共识，即研究有现代技术媒体参与的教育技术（也可以说从中国本土的电化教育出现之后）的历史。

此外，教育技术不仅具有永恒性，还具有历史性。这也给教育技术的定义究竟是什么提出了难题。教育技术的历史性包括两个方面：一是横向历史，不同民族、不同国家的文化背景、历史变迁不同，造成了对教育的理解不同，也造成了对教育技术的理解不同。例如，美国的教育技术、日本的教育工学、中国的电化教育等，都是在各自的文化土壤、生存环境中产生的，或多或少存在不同。是要化异为同，建立统一标准，还是求同存异，以各自国情为出发点？这也是AECT1994、AECT2005定义产生争议的原因之一。二是纵向历史，不同时代产生了不同的技术、萌发了不同的教育思想，旧的定义能否囊括新的技术、新的思想？新的定义是否与旧的定义冲突？是否能解决将来出现的新问题，解释新现象？这也是教育定义产生争议的原因之一。

AECT2017定义发布于2017年12月，发布18个月后，在中国知网（CNKI）上进行"教育技术+定义"的主题检索，仅检索到一篇关于AECT2017定义的解读文献。国内学术界从对AECT1994定义的热烈讨论到对AECT2005定义的批判性研读，影响并促进教育技术本土化发展，为何对AECT2017定义的解读激不起波澜呢？本书认为：从我国教育技术学的发展历程来看，我国的教育技术学根植于本土电化教育学的发展，发展过程中吸收借鉴美国教育技术学的优势并逐步提升了我国教育技术学的研究水平与国际化程度。教育技术学的学术文化应该是开放与创新，其开放性已经体现在对国外先进的教育理念、技术等的引进和吸收上，体现在对AECT1994定义、AECT2005定义的热切关注上。但我国的教育技术不必非要追求AECT最新定义及其独立的知识体系，而要转向能解决教育教学问题的研究方式与方法。这也是当前我国教育技术学界立足国情，积极探究教育信息化、"互联网+教育"、"人工智能+教育"等我国教育界切实关注的热点与难点，而"相对冷落"AECT新定义的原因之所在。

2. 对AECT不同定义的理解与思考

AECT定义发布后的大讨论体现了教育技术人的责任和担当，这也从本质上体现了国内、国际教育技术人对AECT定义的重视，以及试图在前人研究的基础上归纳总结出一个值得推敲且适合国内、国际统一标准的定义的愿景。但不能否认的是，教育技术学界对于AECT定义的解读确实存在一定程度的无序和混乱现象，学者之间的误解在很大程度上造成了这种混乱：许多学者基于自身的经验，在符合常识的前提下提出自己关于定义的见解或者为教育技术下定义，但是在学界的交流讨论中没有约定讨论的语境和前提条件。在约定语境的情况下，这些学者提出的观点在很大程度上是合理有效的。因此，对于教育技术这样一门交叉学科，提出一个没有争议、一锤定音的定义也是不现实的。所以今后不论是讨论AECT定义的作用，还是提出定义，在表述或交流时都应说清楚各自的立场、语境和角度，这样才能促进不同学者、派别之间的平等对话与协商，否则，学者之间扯皮或攻击，教育技术也没有良性的发展环境。

AECT是在国际社会上很有影响力的教育技术学术团体，从其前身"视觉教育部"就开始致力于对教育技术理论和应用进行探索。不论是以某个学科为出发点，还是以某个领域为出发点，AECT在各个历史阶段发布定义确实都产生过重大影响。但要清醒地认识到：教育技术是没有国界的，教育技术人是有国界的。国内学者对教育技术定义的解读是为了建设中国的教育技术专业，为了确定中国自己的教育技术的定义而进行探索，因此需要借鉴AECT的经验，结合中国的国情，发展壮大自己的教育技术事业和教育技术产业。值得庆幸的是，我国教育技术界的学者对AECT2017定义的态度已经不同于对AECT1994定义的崇拜和追捧，自AECT2005定义开始就理性地解读和批判地接纳。

从国际范围看，从AECT2005定义到AECT2017定义，都具有一定的国际性，并且必须承认美国教育技术的发展一直处于国际教育技术发展的领先水平。对于新定义的引进、批判性借鉴将有助于我国教育技术的发展，有助于与世界上的其他国家建立教育技术界的"命运共同体"。但美国教育技术是在相对于我国更好的经济基础、教育基础之上发展起来的，是基于美国国情的产物，要在奉行"拿来主义"的基础上，根据我国国情和教育技术发展的实际情况进行消化吸收。消化吸收方式可以借鉴我国教育技术泰斗南国农的"中国化"思想，即建立有中国特色的新时代的中国化教育技术理论体系。有理由相信，新定义的正式推出，必将给每一位教育技术工作者带来新的启迪与思考。

1.1.3 现代教育技术的含义

广义上而言，自从人类有教育活动，就产生了教育方法、教育手段，就有了教育技术，所以有些学者认为教育技术的起源可以追溯到远古时期。不过更为普遍的观点是，教育技术的起源定位于20世纪初的视觉教育运动，即幻灯机、无声电影在教育中的应用。目前尚没有对教育技术的发展历程进行一个明确的时代划分，也没有公认的"古代—近代—现代"，或"传统—现代"等称谓的标准界定。也有专家认为，教育技术本身是近几十年才发展起来的新兴学科，其存在的基础主要依赖于现代的教育理论和科技成果，所以也无须探讨传统与现代的划分。

本书采用了"现代教育技术"一词为书名的一部分，主要是基于教育技术的发展应该具有其鲜明的时代特征来考虑的。

1. 现代教育技术以信息技术为主要依托

涵盖信息技术的教育技术手段组成的系统称之为现代教育技术。教育教学过程实质上是信息的产生、选择、存储、传输、转换和分配的过程，而信息技术正是指用于上述一系列过程的各种先进技术的应用，包括微电子技术、多媒体技术、计算机技术、计算机网络技术和远距离通信技术等方面。把这些技术引入教育教学过程中，可以大大提高信息处理的能力，即提高教与学的效率。现代科学技术的发展突飞猛进，使得各种媒体所拥有的信息资源大幅度增加，包括期刊、论文、专利、图书、软件等。目前信息资源的增幅每两三年就会翻一番，人们掌握知识的半衰期在不断缩短，知识和技能很快会老化。因此，提高教与学的效率显得尤其重要。需要说明的是，传统的教育技术，即投影仪、幻灯机、电视机等硬件和与之相对应的教学软件及方法还是沿用传统的说法为宜，即电化教育技术。

2. 现代教育技术更加强调培养复合型人才

在教育目标的确定问题上，既要满足社会的需求，也要重视学生个人的需求，鼓励学生向复合型人才方向发展。所以，要在教学内容的选择上、在教育方法的运用上和教育的形式上应用现代教育技术来实现对复合型人才的培养。

中国现代教育技术的研究主要有两个分支。一种是学院派，主要是一部分高校专门从事教育技术教学和研究的专家、教授，他们大都注重理论研究，在理论基础的指导下关注教育技术的宏观研究，高瞻远瞩。

另一种是实用派，主要注重现代教育技术在教学中的实际应用，几乎不涉及理论，只注重教学中的实战技巧和软件应用，在应用中讲究简单、灵活、高效。我们通常把这个分支称为"现代教育实用技术"。

1.2 教育技术发展简史

1.2.1 国外教育技术发展简史

1．发达国家的教育技术发展阶段

由于教育和信息技术发展水平的差异，教育技术在不同的国家经历了不同的发展阶段。一般说来，发达国家的教育技术是在视觉教育、视听教育、教育传播的基础上发展起来的。以美国为代表的发达国家的教育技术，大致经历了以下五个发展阶段。

（1）视觉教育阶段（20世纪初～30年代）。
（2）视听教育阶段（20世纪30～50年代）。
（3）视听传播阶段（20世纪50～60年代）。
（4）教育技术阶段（20世纪60年代～20世纪末）。
（5）现代教育技术阶段（21世纪以来）。

2．广义视角的教育技术发展阶段

从广义的视角来看，国外的教育技术发展可以分为四个阶段。

（1）初始阶段（17世纪—19世纪末）：直观技术与哲学认识论（感觉论）

理论上，直观技术是以哲学认识论（感觉论）为基础的。英国唯物主义哲学家培根曾说过，感觉是一切知识的源泉。马克思在《1844年经济学哲学手稿》中说："人同世界的任何一种人的关系——视觉、听觉、嗅觉、味觉、触觉、思维、直观、情感、愿望、活动、爱——总之，他的个体的一切器官……是通过自己的对象性关系，即通过自己同对象的关系对对象的占有……"从17世纪开始逐渐形成的以班级教学为认识形式，以书本、粉笔、黑板、图片、模型及口语为媒体的直观技术是较为简单和原始的教育技术。

（2）发展阶段（19世纪末—20世纪60年代）：媒体技术兴起与教育心理学理论

国外有人把这个阶段的教育技术称之为"教育中的技术"（Technology in Education）。这一阶段以视觉教育或听觉教育为特征，在理论上也脱离了哲学母体，不再仅从认识论出发来描述，而是开展了广泛的、有多个代表人物和流派的理论探讨。然而这些理论又都属于教育心理学的范畴，并没有形成教育技术学的理论体系。

19世纪末至20世纪，是世界科学技术迅速发展的年代，其中尤以电子科学技术的发展最为突出。1822年，法国人尼克福·尼普斯发明的照相技术在19世纪末被广泛使用；1884年，爱迪生发明了电影放映机；1895年12月28日，卢米埃尔兄弟在巴黎首次向公众播放了活动电影《火车进站》《工厂大门》《婴儿午餐》片段，开启了能大面积向公众传播信息的影音世界；德国一位传教士发明了幻灯机。1900年，无线电传播人声试验成功。而后这些发明又都取得了长足的进步，成为新型的教学媒体，向学生提供了生动的视听资源，使教学获得了不同以往的巨大效果。1906年，美国出版了《视觉教育》一书；1910年，克莱恩的《教育电影目录》在纽约出版。然而，视觉教育作为一场正式的教学改革运动，发生在1918年至1928年期间，这场运动被称为视觉教育（Visual Instruction）运动，标志着教育技术的发端。

与此同时兴起了播音教育。1920 年，英国马可尼公司剑佛电台播出了教育节目，每日两次。1923 年成立了"教育播音咨询委员会"。1929 年成立了"学校播音中央评议会"，每年评审教育节目 1~4 次，同年，美国俄亥俄广播学校成立。日本于 1931 年、澳大利亚和新西兰于 1932 年也相继开办了广播学校。单纯的视觉教育与听觉教育逐渐被视听教育所代替。

　　视听教学理论的主要代表人物是美国教育学家戴尔，他在其《视听教学法》（1946 年）一书中提出了"经验之塔"理论。戴尔认为，人们在学习时，由直接到间接，由具体到抽象获得知识与技能比较容易。他用一个学习经验的塔形图来表示不同学习方式的学习效果。

　　俄亥俄州立大学心理学家普莱西在 20 世纪 20 年代和 30 年代初期设计了好几种自动教学机，并开展实验。然而，由于教学机设计的问题和客观条件不成熟，普莱西的自动教学机对教育技术的发展影响不大。直到 50 年代中期，美国行为主义心理学家斯金纳发起新的程序教学运动，普莱西的早期贡献方为人们真正认识。

　　在这个时期，斯金纳提出了新行为主义学习理论。他在 1954 年发表的题为《学习的科学和教学的艺术》的论文中，根据自己的操作性条件反射和积极强化的理论，重新设计了教学机器，从而使美国 50~60 年代初程序教学运动达到高潮，后来发展成不用教学机器、只用程序课本的"程序教学"。再以后，他的理论应用于电子计算机，开始了计算机辅助教学（CAI），也成为教育技术的重要标志之一。

　　（3）形成阶段（20 世纪 60 年代~20 世纪末）：系统技术与教育技术学

　　20 世纪 60 年代初，视听教学领域又出现了新的发展趋势，它同时受到两个方面的影响，一是传播理论，二是早期的系统理论。

　　在传播学向视听教学渗透的同时，系统理论也开始对教育教学产生作用和影响。教育是一个复杂的系统，是由教育目的、教育内容、教学媒体、教育方法、教育设施，以及教师、学生、管理人员等组成的有机整体。教育系统整体功能的最优发挥，不仅需要各组成部分充分发挥各自的作用，而且需要系统中各要素的最优配合和协调一致。因此，只有用系统的观点对教育的各个部分（包括媒体）进行综合的、整体的考虑，对教学过程进行系统设计，才是实现教育最优化的根本途径，于是逐渐由媒体应用转向了系统设计，由媒体技术进入系统技术阶段。

　　在信息论、控制论、系统论兴起的时期，传播学、行为科学、系统设计渗透于教育之中，"教育技术"作为一个独立的科学概念和专门术语逐渐形成。60 年代初，Education Technology（教育技术）一词首先在美国一些书刊中出现，并很快在国际上传播开来。

　　美国从 60 年代开始讨论教育技术的定义，70 年代意见相对集中。1972 年 AECT 提出了较权威的定义，1977 年 AECT 将其定义正式文献化，与此同时，教育技术学的理论体系也在形成，以 1987 年美国著名教育心理学家加涅主编的《教育技术学基础》一书最具代表性。在这个时期，其他国家也都开展了对教育技术理论的研究。标志性的成就就是 AECT1994 定义。

　　（4）发展阶段（21 世纪以来）

　　进入 21 世纪以来，随着技术与教育的深度融合，教育技术的研究与探讨全面进入教育信息化时代，基本完成了由教育信息化 1.0（重硬件、轻软件；重购置、轻使用）到教育信息化 2.0（重运用、重融合）的升级，确定了要实现从专用资源向大资源转变，从提升学生的信息技术应用能力向提升信息技术素养转变，从应用融合发展向创新融合发展转变，这对新时代的教育技术提出了更高的要求。过去的十年间，教育的研究热点主要为教学过程研究、媒体教学研究、教学设计研究、网络教育研究、远程教育研究、信息技术教育研究，以及网络信息环境下的学习模式研究七个方面。在智能化时代，人工智能、大数据、区块链等技术迅猛发展，深刻改变着人才需求和教育形态。

教学设计、多媒体技术等在教育技术学研究中处于核心地位，移动学习、协作学习、网络远程教育、教育信息化等正成为当下教育研究与关注的热点。目前正逐步形成以教学设计、技术开发、教学应用、实践反思、理论与技术更新为核心的研究链路，未来该领域的研究将逐步趋于多元化与智能化，所以现在很多人认为现代教育技术以教育信息技术为核心，甚至将其画等号。

1.2.2 我国教育技术发展简史

我国教育技术主要是在电化教育的基础上发展起来的。从概念的本质上来看，教育技术、教学技术与电化教育都是相同的，都具有应用科学的属性，都是为了取得最好的教学效果，实现教育最优化。但是从概念的涵盖面来看，教育技术的范围要比教学技术、电化教育广得多。因此，1993年，我国正式将电化教育专业更名为教育技术学专业。20世纪90年代以来，我国许多高校已将电化教育中心相继改名为教育技术中心，中国电化教育协会也于2002年11月更名为中国教育技术协会（China Association for Educational Technology）。

我国教育技术的发展历程与世界教育技术发展的各个阶段在总体上是相似的，只是由于经济、历史、科技等具体原因，与美国等发达国家相比有所滞后。我国教育技术的发展历史可以概括成两大阶段。

1. 电化教育的发展

我国的教育技术萌芽于20世纪20年代，受美国视觉教育运动的影响，在我国的一些大城市（如上海、南京等地）的学校中，教育界人士开始尝试用无声电影、幻灯片等媒体进行教学工作，这标志着我国电化教育萌芽的出现。30年代到40年代，这一活动发展很快，应用规模不断扩大，同时也出现了电化教育的专业培训机构，理论研究逐步深入，出现了一些文章与专著。这一时期，南京金陵大学在推进电化教育方面是较为著名的。40年代，电化教育委员会成立，"电化教育"一词作为这一领域的正式名称开始确认。中华人民共和国成立以后，我国政府对电化教育予以充分的重视，在国家文化部（已与国家旅游局合并为文化和旅游部）和教育部的推动下，全国开展了形式多样的学术活动，出版了多种专业期刊、论著。自60年代开始，各类学校应用录音、电影、幻灯机、投影仪等多种媒体进行教学活动，各地纷纷建立了官方性质的电教机构。

2. 教育技术的全面发展

党的十一届三中全会以后，我国的教育技术获得了长足发展。从1979年开始，教育部成立了电化教育局和中央电教馆，负责全国的教育技术管理工作和业务工作。现在，中央和各省市都建立了电化教育馆，各级各类学校建立了专业性的教育技术机构。随着与国外教育技术界交流的不断增加，新的理论、经验、成果被不断吸纳，为了适应新时代的教育需求，促进我国教育改革的深入，有必要借鉴国外教育技术的成果与经验，对电化教育进行重新定位。1991年，中国电化教育协会成立。1995年，中国教育科研网开通，标志着我国网络教育应用的开启。2000年，教育部制定了在中小学普及信息技术教育和实施"校校通"工程的战略目标。

在研究和实践的领域上，教育技术突破了原有对视听媒体的简单应用的范畴，逐步扩大到教学设计、多媒体教学、信息技术与课程整合、网络教学等多个领域，而且在认知领域研究上也取得了一定的成果。在教学软件的开发上出现了科技企业与教育机构联合运作的良好局面。可以说，我国的教育技术在理论成果和实践产品上进入丰富时期，教育技术学的发展在我国进入全面发展时期。

1.2.3 教育技术的发展趋势

教育技术的未来发展趋势，一方面取决于理论与技术的发展状况，另一方面取决于教育本身的实际需求。从目前的情况来看，教育技术的发展趋势将呈现以下几个方面的特征。

1. 教育技术作为交叉学科的特点将越来越突出

教育技术属于交叉学科，是联结教育、心理、信息技术等学科的桥梁。作为交叉学科，首先体现在它需要技术的支持，特别是信息技术的支持。同时教育技术作为交叉学科，也充分体现在它融合了多种思想和理论。从教育技术的发展历程来看，教育技术的理论基础主要有教育理论、学习理论、传播学、系统理论等。随着人本主义思潮的兴起，各种学习理论虽然各执一端，但在教育技术领域内走向了融合，以促进人的发展为目标而各尽其力。人们不仅关注个体的学习心理，还对学生之间如何协同与合作、如何基于问题进行综合性学习等进行着系统研究。此外，教育技术交叉学科的特性决定了其研究和实践主体的多元化，协作将成为教育技术发展的重要特色。教育、心理、教学设计、计算机技术、媒体理论等不同背景的专家和学者共同研究和实践，开放式的讨论与合作研究已成为教育技术学科的重要特色。

2. 重视教育技术实践性和支持性研究

教育技术作为理论和实践并重的交叉学科，需要理论指导实践，在实践中提升理论研究。目前，教育技术研究的两个前沿领域是信息技术与课程融合和网络教育，所有这些乃至终身教育体系的建立都强调对学习者学习的支持，即围绕如何促进学习展开所有工作。正因如此，人们将会越来越重视包括教师培训、教学资源建设、学习支持等在内的教育技术实践性和支持性研究。

3. 对于计算机教育应用有更全面的审视和研究

当前，世界各国都投入了大量的人力、物力和财力来研究和探索新技术在教育领域的应用。我们在为这些做法欣喜之时，不得不冷静地思考计算机应用于教育领域存在的若干问题。例如：实践证明，计算机并不是对所有学科和对象都同样有效，特别是涉及人文类或者培养个人情感方面的有关学科，以及注重实际操作能力培养的学科等。因此，需要把握的是计算机在教育中的应用应该针对哪些学科、知识点和学习对象而展开，应该采用什么样的策略来进行。将计算机应用于教育，应该考虑领导是否重视，资金投入能否跟上，教师是否具备基本的计算机技能，是否有足够的教学资源来支持，是否有足够的心理准备等。所以，我们只有通过对计算机教育应用的更全面审视，才能获得对计算机教育应用更全面的理解。

4. 关注技术环境下的学习心理研究

首先，需要研究不同的人在面对技术进行学习时的差异。目前，人们已经认识到问题的解决能力、创新思维、协作技能、信息素养等的重要性，但如何消除数字鸿沟，使所有的学习者应用技术进行有效学习，是环境建设和资源建设的重要研究课题。

其次，需要进一步研究技术环境下人的学习行为特征和心理过程特征，人与技术环境如何实现交互，什么因素影响学习者的心理。随着技术的进步及技术环境下学习心理研究的深入，教育技术领域的研究将不再只满足于技术的简单应用，适应性学习和协作学习环境的创建将成为研究的焦点。技术所支持的学习环境将真正体现出开放、共享、交互、协作等特点，在这种学习环境中，将更注重学习者内部情感等非智力因素，更注重社会交互在学习中的作用。

5. 更重视学习活动的设计与支持

未来的教学设计将不仅重视学习资源和学习过程的设计，而且重视学习活动的设计和支持。为了培养具备综合素质的人才，教学设计将越来越关注课程整合尤其是一般学科与信息技术的整合。而在整合过程中，如何设计研究型、协作型、综合型、基于实际问题的学习活动，以便让学习者综合应用多个学科领域的知识，培养创新人才是教学设计的重点，这也是难点。学习者的学习过程和活动的设计将更加灵活和弹性化，教师在学习过程中的指导者角色将更为突出，学习过程的支持研究将变得更为重要。

6. 教育技术与中小学学科教学的整合更加深入与全面

教育技术与中小学学科教学的整合一直以来都是教育技术的重点研究问题，也是教育技术真正发挥实际作用的领域之一。在教育的未来发展过程中，这种整合的研究将更加深入与全面，主要体现在两个方面：一是在中小学学科教学中，信息技术的参与作用将更大，随着技术的不断进步，信息技术将向着智能化、网络化、虚拟化的方向发展，这种发展不仅仅局限于应用到学科教学中，更应扩展到学生学习的环境中去；二是教育技术与学科教学的整合将涌现出更多的理论研究，更加关注整合的形式、方法、策略研究，形成与技术特点相关联的理论支撑。

1.3 教育技术的功能与作用

现代科学技术的发展，电子音/视频技术、计算机技术、网络通信技术的日趋成熟，使多媒体技术、网络技术在教育技术领域全面普及，带来了教育思想、教育观念、教学手段等的深刻变化，现代教学的组织形式和教学模式也发生了根本性的变化，使教育出现了全新的面貌。

1.3.1 教育技术的功能

传统的教育模式和教学方法因受学校条件、教师水平和能力等因素的限制，难以完全按照每个学生的个人需求进行因材施教。现代教育技术则是把现代教育技术理论应用于教育教学实践的手段和方法的一门科学。现代教育技术的应用，使教学形式发生了巨大变化。教育技术的功能在教育教学过程中主要体现在以下几个方面。

1. 优化了教学媒体

多媒体技术是继文字、黑板、音像等教学媒体之后出现的又一种新的教学媒体。它可以通过声音、文本、图像、动画等媒体为学习者营造出形象、逼真的效果。它所具有的信息媒体多维化、集成化和交互性特征，极大地丰富了其表现力。多媒体教材以图文声像并茂的方式为学习者提供知识、示范和练习。虚拟现实（VR）技术，可以使学习者进行角色扮演，使人的感官可以在同一时间内接收到同一信息源的信息刺激。这些均能有效地提高学习者的趣味性和启发性，在一定程度上增大学习者视觉和听觉的传递信息比率，从而更加有效地提高工作效率，缩短学习时间，增强学习效果，并有效地培养和促进学习者的思维创造力。

2．丰富了教育资源

在网络教学系统中，存储着大量数据、资料、程序、教学软件等，共同形成一个特大型的资源库，融为一个信息的海洋。例如：网上图书馆，可以包揽国内外的著名图书；历史资料库，可以将国内外的历史资料分门别类地存于其中；课件系统，可以向学习者提供所有的上网课件；名师指导，可以存储各个学科国内外著名专家、教授的经验和学识，等等。所有这一切，是其他任何一种教学媒体和技术所无法做到的。

3．改善了教学环境

虚拟化的教学环境不受时间、空间的限制，能够将教学内容中涉及的事物、现象、过程、活动再现于网络，让学生通过对事物形、声、色的变化和发展进行动态观察，引发他们的兴趣，渲染气氛，创设立体情境，激发学生的思维，调动学生参与的积极性，让学生主动去探究知识，认识世界，从而促进学生的智能发展。这样不仅开阔了学生的视野，拓宽了知识面，又活跃了课堂气氛，更重要的是多媒体与网络为师生创造了更多共同的参与机会，沟通了师生情感，交流并反馈教与学的信息，充分发挥了教师的主导作用和学生的主体作用。

4．改进了教学管理

利用计算机管理教学（CMI），帮助教师在课堂教学中及时收集学生学习情况的反馈信息，可以迅速得出全班学生的学习情况数据。教师可根据这些信息了解学生的接受情况，评估学生的理解能力，以改进讲授内容和讲授方法。同时，利用计算机管理教学也可以帮助教师合理安排学生的学习任务，监督学生的学习进度，为学生建立学习档案，以便诊断学生在学习中出现的问题等，大大提高了教师的工作效率。

1.3.2 教育技术的作用

教育技术为我国新一轮的基础教育课程改革的实施提供了有力的支持和保障，能够支持与优化教学过程。教育技术为教学内容的呈现提供了丰富多彩的媒体形式，为教师的教与学生的学提供了有力的工具和充足的资源，为师生的互助提供了方便快捷的交流平台。教育技术在教育教学中的作用可以概括为以下几个方面。

1．能够支持现代教育思想的实现

现代教育思想主张民主化、个性化、国际化和终身化。教育技术提供的丰富的学习资源与和谐的学习环境为实现教育的民主化提供了技术保障，为"以学生学习为主"的教学设计开展为个别化教学提供了有力的途径，打破了传统教育资源的不可复制性，通过"互联网+教育"的大平台建设，实现全球优质教育资源的共享机制，实现国际间的交流对话，进而全面达成"人人皆学、处处能学、时时可学"的终身化学习型社会体系。

2．能够支持教育教学改革的实施

教育技术为学习者提供了丰富的学习资源及选择学习材料和学习方式的机会，使教育摆脱了学习中心、课本中心、教师中心的束缚。学生能够根据个体的特点和发展的需要，自主选择学习内容和学习方法，自主安排学习的时间与空间。

3. 能够丰富教材的形式与课程内容

首先，教育技术打破了教材的单一形式，使教学内容以多种形式呈现。其次，教育技术有助于突破预先确定、固定不变、封闭的传统教材体系。

4. 能够优化教学过程

教育技术可以提供形象直观的演示，促进学生对事物的认识和理解；提供多种多样的资源，扩展学生获取知识的途径与方法；提供便利的交流工具，有效地开展协商和讨论。

1.4 教师现代教育技术素养

1.4.1 教师学习现代教育技术的必要性

众所周知，应用现代教育技术，促进各级各类教育的改革与发展（尤其是促进基础教育的改革与发展），已经成为当今世界各国教育改革的主要趋势和国际教育界的基本共识。国际教育界之所以形成这样的共识，是因为现代教育技术的本质是利用技术手段（特别是信息技术手段）对教育教学过程进行优化，从而达到提高教育教学效果、效益与效率的目标。效果的体现是各学科教学质量的改进，效益的体现是用较少的资金投入获取较大的产出（培养出更多的优秀人才），效率的体现是用较少的时间来达到教学内容和课程标准的要求。

现代教育技术所追求的这三个方面的目标，也是教育真正所关注的目标。而确保这些目标的实现，正是现代教育技术的优势所在。但是技术是要靠人来运用的，要让现代教育技术的优势得以真正发挥，需要靠教师去实施。同时，基础教育新课程改革的核心是要培养学生的创新精神，这就要求教师改变在课堂上的教学方式与行为模式。而应用教育技术正是改变教师的教学方式与行为模式的重要手段。这样，就对教师提出了更高的要求。

21世纪，教育技术将得到广泛的应用。技术手段运用到教学过程必将引起教学领域的革命性变化。历史上，班级授课制的产生改变了过去手工业式的个别教学形式，大大提高了教学效率。但是，无论是个别教学还是集体教学，都没有摆脱"教师讲，学生听"的被动教学局面。在这个过程中，学生的视听器官没有被充分利用，学生潜在的能力也没有得到充分发挥，从而影响到学生对客观世界的认知。教育技术在教学过程中的应用改变了这种局面。这种变革可以从以下方面来理解。

1. 改变了学生在教学过程中认识事物的过程

传统的教学过程是由感知教材、理解教材、巩固知识和运用知识几个环节顺序连续地组成的，教育技术则把感知、理解、巩固、运用融为一体。教育技术有形有声，不仅有较强的直观性，而且能够引导学生直接揭开事物的本质和内在的联系。心理学研究表明，教学过程中学生的感觉器官参与越多，它们的作用发挥得越充分，对学习的知识就越容易理解和巩固。而且许多肉眼看不到的宏观世界和微观世界，以及一些事物的运动规律都可以运用教育技术看到，使学生容易理解和掌握事物的本质，有利于学生思维能力的培养和发展。

2. 改变了某些教学原则

传统的教学过程强调教学要由近及远，由浅入深，由具体到抽象。教育技术改变了这个顺序，它可以把远方的东西放到学生眼前，把复杂的东西变得简单，将抽象的事物化为具体。它可以把时间和空间根据需要进行缩放处理。总之，怎样有利于学生的认知就怎样运用。

3．改变了教学内容和教材形式

通过教育技术，可以把过去许多不容易理解或感知的新科技内容增加到教学内容当中来，使教学内容现代化、情境化。借助教育技术编制的教材软件，可以将图、文、声、像有效地结合起来，增加教材的艺术感染力。

4．改变了教学过程中教师、学生、教材三者之间的关系

教师、学生、教材是教学过程的三个基本要素。它们互相影响，互相作用。历史上，各种教育思想或教育流派都对三者的组合和各自的作用有过不同的主张。有的主张教学过程应以教师为中心，有的则认为应以学生为中心，有的主张应以系统的学科教材为中心，还有的认为应以学生的经验为中心。教育技术在教学过程中的应用使教学过程的基本要素增加为四个。它改变了从前那种或以教师或以学生为中心，或以教材或以经验为中心的论争，把师生的主动性都调动起来，改变了课程教学的固有模式。教师角色从单纯地讲授知识转变为设计教材，学生从单纯地接受知识转变为自我学习，自我发现，有利于因材施教、个别教学。总之，教育技术在教学过程中的出现，不能简单地看作一种教育手段和方法的问题，它对教育过程的影响是很深刻的，必将引起教学过程的革命性变化。对这一点，我们应该有足够的认识。

1.4.2 中小学教师需要具备的教育技术能力

中小学教师的教育技术能力培训是一个庞大的市场，由政府主持制定一套国家级教师教育技术能力标准，对于规范所有培训机构的培训要求与培训行为（不管这些培训机构是企业还是事业单位），以及建立准入制度和评价体系都具有重要的指导作用。为了更好地适应基础教育深化改革与发展的需要，全国教师教育信息化专家委员会从成立之日（2002年4月）起就向教育部师范教育司提出建议——应尽快制定我国的《中小学教师教育技术能力标准》。师范教育司领导极为重视，不仅充分肯定这个建议，还要求全国教师教育信息化专家委员会立即对研制这一标准的必要性和可行性进行前期调研与论证。在充分调研与论证的基础上，教育部于2003年4月正式启动"中国中小学教师教育技术能力标准研制"项目，并将该项目列入教育部的重大研究课题，委托全国教师教育信息化专家委员会组织实施。

为了加强对我国中小学教师教育技术应用能力的培养，促进教育技术在教育中的有效应用，教育部于2004年12月制定了《中小学教师教育技术能力标准（试行）》，该标准明确了教师教育技术能力要求。摘要如下：

一、意识与态度

（一）重要性的认识

1．能够认识到教育技术的有效应用对于推进教育信息化、促进教育改革和实施国家课程标准的重要作用。

2．能够认识到教育技术能力是教师专业素质的必要组成部分。

3．能够认识到教育技术的有效应用对于优化教学过程、培养创新型人才的重要作用。

……

二、知识与技能

（一）基本知识

1．了解教育技术基本概念。

2. 理解教育技术的主要理论基础。
3. 掌握教育技术理论的基本内容。
4. 了解基本的教育技术研究方法。

（二）基本技能

1. 掌握信息检索、加工与利用的方法。
2. 掌握常见教学媒体选择与开发的方法。
3. 掌握教学系统设计的一般方法。
4. 掌握教学资源管理、教学过程管理和项目管理的方法。
5. 掌握教学媒体、教学资源、教学过程与教学效果的评价方法。

……

综合起来，可总结为以下三点。

1. 具有应用教育技术的意识，敢于创新

中小学教师应能够充分了解教育技术的有效应用对于推进教育信息化、促进教育改革和实施国家课程标准的重要性；能够认识到教育技术能力是教师专业素质的必要组成部分；能够认识到教育技术的有效应用对于优化教学过程、培养创新型人才的重要作用；有在教学中应用教育技术进行教学改革研究的自觉性，具有关注新理论、新技术的发展，运用教育技术不断丰富教育教学资源的意识。

2. 能运用一定的教学软件开发制作技术

这里所说的教学软件主要用于制作各类承载着教育教学信息的电子类材料，包括多媒体课件、电视教学片、录音教材、幻灯片、投影片等。只有掌握了这些教学资源的开发技术，才能更好、更科学地安排教学内容，设计教学模式，实施教学活动。参与或独立开发教学软件的过程，也是教学系统设计工程的重要组成部分。所以，教学软件特别是多媒体课件的开发能力，是运用教育技术的重要内容。

3. 掌握教育技术的基本知识与技能

（1）掌握教育技术的基本知识

了解教育技术基本概念；理解教育技术的主要理论基础；掌握教育技术理论的基本内容；了解基本的教育技术研究方法等。

（2）掌握教育技术的基本技能

掌握信息检索、加工与利用的方法；掌握常见教学媒体选择与开发的方法；掌握教学系统设计的一般方法；掌握教学资源管理、教学过程管理和项目管理的方法；掌握教学媒体、教学资源、教学过程与教学效果的评价方法等。

1.4.3 幼儿园教师需要具备的教育技术能力

进入 21 世纪以来，随着以信息技术为核心的教育技术的迅速发展，现代教育传播媒体被越来越广泛地应用于我国大中小学和幼儿园教育领域中。例如，幼儿园已经开始开设信息技术活动课。作为幼儿园教师，除了应该具备普通教师所应有的教育技术能力外，还应该结合学前儿童身心发展的特点和幼儿园教育教学活动的具体情况大胆创新，不断提高教育技术应用能力，全面促进幼儿的身心发展。幼儿园教师主要应具有如下教育技术能力。

1. 计算机基本操作和应用能力

现代教育技术以计算机技术和网络技术为基础，幼儿园的信息技术应用也大多以计算机技术为重点，所以，幼儿园教师必须熟练掌握计算机的操作，并具有较强的应用能力。当然，这一能力的培养不是教育技术课程的任务。

2. 正确选择媒体的能力

教育技术为幼儿园教育提供了丰富的教学手段。这些手段的应用能达到吸引幼儿注意力、激发幼儿兴趣、创设情境、激发幼儿想象力、培养幼儿思维能力、激发幼儿探索欲望、培养幼儿认知能力等作用。但同时要结合幼儿的年龄特点、学科特点、教学活动形式等恰当地选择媒体，才能达到良好的教学效果。

3. 课件制作能力

幼儿教学中要大量使用多媒体教学，必然要求幼儿园教师能根据教学实际制作多媒体课件。因此，幼儿园教师必须掌握课件的制作技术，包括多媒体素材（如图像、视频、音频等）的收集、制作和合成技术等。

4. 教育资源开发和应用的能力

幼儿园教师在教育教学中必然要用到大量的教学资源，这些资源有的已经存在，需要查找，有的待新创作或对已有资源进行改造，这就要求教师必须具有教育资源的开发和应用能力。

5. 应用网络、闭路电视、校园广播等现代媒体的能力

教育技术能营造良好、温馨的园本文化，不仅能为幼儿提供一个身心愉快、主动学习和全面发展的良好环境，培养及提高幼儿的个性、情感、认知、行为、思维等综合素质，而且对于幼儿园的健康持续发展也会起到巨大的推动作用。因此，建立和整合校园网、广播站、闭路电视等信息平台，实行联动教育，通过交互系统实现家园共育，教育资源共享，不仅能为家长和教师提供双向互动的便利渠道，而且对于培养幼儿的综合素质也能起到事半功倍的效果。幼儿园教师应该努力提高网络等各种现代媒体的应用能力。

1.4.4 教师现代教育技术素养的内容

所谓现代教育技术素养，通常是指教师在教育教学情境当中，运用现代教育技术理论、思想、方法和手段辅助教育教学时所必须具备的理论、技能、情意、美学等各方面素养的综合。

现代教育技术素养是由上述四个基本要素相互作用而构成的一个有机整体，任何一个要素的缺失都势必导致现代教育技术素养结构的残缺不全。

1. 作为知识系统的理论素养

理论素养是有关现代教育技术的基础知识和基本理论的总和，以观念的方式寄存于教师的记忆系统之中。它可为技能素养、情意素养、美学素养的形成奠定良好的认知基础。从现代教育技术素养的培养角度而言，理论素养的培养应为初始环节。

鉴于理论具有描述、解释和预测等功能，理论素养的价值还在于它能帮助教师描述现代教育技术的实际运用状况，解释现代教育技术应用过程中出现的一系列问题，同时，还能预测现代教育技术的未来发展趋势。

理论素养主要是借助课堂教学来进行培养的，它是整个教育技术素养中最基础的部分之一，也是形成其他素养的首要前提。

2. 作为操作系统的技能素养

如果说理论素养是现代教育技术的"知"的环节的话，那么，技能素养便可被视为"行"的部分。现代教育技术素养的形成与否，最终取决于现代教育技术/技能能否形成。现代教育技术本身的工具性特点决定了现代教育技术素养中占据核心和关键地位的是技能素养。能否实现教育的最优化，直接取决于教师的技能素养。

技能素养解决的是实际操作问题。与理论的学习不同，它的形成需要以一定的理论素养为基础，并不断地通过实践形成、巩固和提高。

3. 作为动力系统的情意素养

理论素养是技能素养的前提与基础，但现代教育技术"知"的逻辑在先，并不会必然地产生现代教育技术的"行"。在"知"和"行"之间，还存在着一架桥梁——动力系统的情意素养。目前各种现代教育技术培训把主要精力集中在培养教师的理论素养和技能素养方面，导致许多教师能运用却不运用现代教育技术手段，更谈不上积极地运用。情意素养包含积极性的情感倾向和自觉品质，它对于改变教师不用或怕用现代教育技术手段辅助教学的现状，在一定程度上有着特别重要的意义。

情意素养作为一架动力的桥梁，能有力地推动个体由现代教育技术的"知"向现代教育技术的"行"前进，并将运用现代教育技术手段辅助教学视为个体自觉的行为。情意素养既需要"知"作为前提，又需要"行"作为源泉，它的形成既有实际锻炼的成分，又有理性思考的部分。

4. 作为评价系统的美学素养

逻辑严整的现代教育技术知识体系闪烁着"真"的美，教育教学效果的显著提高又需要体现"善"的美。美本身就蕴含着对价值的追求，即依据一定的标准对客观事物或主体境界进行评价，故将其称为教育技术素养的评价系统。

它对于教师形成深厚、扎实的理论素养，锻炼和掌握娴熟的操作技能，建立主体的、自觉的现代教育技术情意品质均具有一定的调控作用。

现代教育技术素养结构的整体性决定了在培养和训练教师的现代教育技术素养时不能"偏废"，否则，教师的现代教育技术素养就不能得到真正的发展和提高，现代教育技术手段的诸多优点始终只能是潜在的，而非现实的。

【本 章 小 结】

本章阐述了教育技术的概念和教育技术在教育改革中的作用，系统地介绍了教育技术的含义及内涵，全面地分析了教育技术的发展史，以及教育技术的功能与作用，分析了教师现代教育技术素养的基本构成，并联系师范生掌握教育技术能力的必要性，结合中小学和幼儿园教师掌握教育技术的重要性和必要性，提出了基础教育教师必须具有的教育技术能力。了解这些知识对于全面认识教育技术、提高学习教育技术的积极性具有一定的推动作用。

【思考与练习】

1. 教育技术的含义是什么？
2. 教育技术的发展包含哪些阶段？
3. 教育技术具有什么功能和作用？
4. 教师现代教育技术素养的构成有哪些？
5. 基础教育（中小学、幼儿园）教师应具备的教育技术能力有哪些？

第 2 章

教育技术的理论基础

【本章导读】

作为一门应用性极强的学科，必然要有一定的理念基础来指导和支撑它的研究和实践活动，而这种理论基础多源于与其有关的基础学科领域，同时这些相关理论的发展又进一步影响着应用学科的发展。教育技术学是一门综合性的应用学科，它涉及多学科的理论相互交叉、相互渗透，直至形成教育技术学的理论基础。本章主要介绍对教育技术学发展有着重要影响的相关理论：学习理论、教学理论、教育传播理论和系统科学理论。

【本章学习目标】

通过对本章的学习，将实现下列学习目标：
- 了解学习理论、教学理论、教育传播理论、系统科学理论的主要观点及与教育技术之间的相互关系，并进而理解教育技术的理论基础。
- 掌握学习理论的主要观点及其对学习的影响。
- 掌握教学理论的主要观点及其对学习的影响。
- 掌握教育传播的基本原理。

2.1 学 习 理 论

学习理论是阐述关于人类如何学习的理论，包括学习的本质是什么、学习是如何产生的。它从生理学、心理学、社会行为学等各个不同的角度出发，探究人类学习的产生、过程、效果，并寻找其中的规律，以便找到使学习更有效的方法。现代教育技术的主要研究内容是在信息技术环境下的学习资源与学习过程，因此学习理论必然成为其不可缺少的理论基础。只有以学习理论的研究成果为指导，教育技术的实践才能更科学、有效。

在对学习规律的探索过程中，由于研究者的切入点和视角不同，形成的理论也各有千秋，使得学习理论出现了多种流派。在这里仅对教育技术产生较大影响的行为主义、认知主义、建构主义学习理论和混合式学习进行简要介绍。

2.1.1 行为主义学习理论

行为主义学习理论以人类可观察的行为作为主要的观测元素，认为人的行为是对外界刺激的反应，学习是刺激与反应的联结。有机体接受外界的刺激，然后做出与此对应的反应，这种刺激与反应之间的联结（S-R）就是所谓的学习。早期的行为主义完全否认内部心理活动的作用，而且认为心理活动是无法进行研究的，因此被称为"暗箱"。行为主义学习理论早期的代表人物有桑代克、华生，新行为主义理论的代表人物有斯金纳等。

1. 桑代克的学习连接说

桑代克是第一个依据对动物行为的实验研究而建立学习理论的人。其理论的提出来源于桑代克"饿猫打开谜笼"的实验，桑代克从饥饿的猫学会打开箱门的过程中总结出，动物的基本学习方式是"试误"的学习过程，人类的学习方式可能要复杂一些，但本质是相同的。他从动物学习研究中，试图揭示普遍适用于动物和人类学习的规律。根据实验的结果，桑代克提出了众多的学习律，其中主要有准备律（Law of Readiness）、效果律（Law of Effect）和练习律（Law of Exercise）。

除了上述三个主要学习律（其中最主要的是效果律），桑代克还指出了一些其他的规律，或称为学习原则。其中有多重反应（Multiple Responses）律、定势（Set）律、选择性反应（Selective Response）律、同化（Assimilation）律、联想性转换（Associative Shifting）律等。

尽管上述几个学习规律都是从动物学习中归纳出来的，但桑代克认为它们是解释一般学习所必需的主要事实。因为，"由动物学习所揭示的简单的、半机械的现象，也是人类学习的基本原理"。桑代克除了以动物为被试对象以外，还以人为被试对象做了大量的实验。他提出的所属性（Belongingness）原理便是从人的语言学习实验中概括出来的。他指出，如果学习者认识到两个项目在某一方面彼此具有相属关系，那么在它们之间就比较容易形成联结。

2. 华生的刺激—反应说

华生是美国的心理学家，他主张对心理学进行完全客观的实验研究。华生对心理学中使用意识、感觉、知觉、激情、情绪和意义等术语感到不满，认为应该用"刺激与反应"和"习惯形成"等术语来表述。他提出："心理学是自然科学的一个纯客观的实验分支。它的理论目标在于预见和控制行为。"心理学家主要应关注行为，而不是意识。"行为主义者力图获得动物反应的一个统一的模式，认为人与动物之间并无分界线。"因此，从研究方法上来讲，"应当把人与动物放在同样的实验条件下，而且越近似越好。"

华生建立行为主义心理学的出发点有两个方面：第一，分析可观察到的事实，即分析人和动物是如何适应其环境的；第二，研究引起有机体做出反应的刺激，知道了反应就可以推测刺激，知道了刺激就可以预测反应。所以，应该把行为而不是把意识当作研究的客观对象，在心理学中应该抛弃所有有关心智（Mental）的内容。

总之，学习是塑造外显的行为，而内部的心理状态是不可知的；学习是刺激—反应的联结，人的反应完全由客观刺激决定。

华生认为，当反应频繁发生时，最近的反应、比较早的反应更容易得到加强。因为在每次练习中，有效的反应总是最后一个出现，所以这种反应在下一次练习中必定更容易出现。由此，他把反应离成功的远近，作为解释一些反应被保留、另一些反应被淘汰的原则。在他看来，习惯反应必然是离成功时机最近出现的反应。

3. 斯金纳的程序学习理论

斯金纳根据其著名的"斯金纳箱"的动作实验研究，创建了独具特色而又对教育心理学影响极大的操作条件作用学习理论。他认为，一切行为都是由反射构成的，任何刺激—反应单元都应看作反射。斯金纳将有机体的行为分为两类：应答性行为和操作性行为。应答性行为是由已知的刺激引起的，操作性行为是由人本身发出的。无条件反应是一种应答行为，因为这是由无条件刺激引起的。应答行为包括所有的反射在内，如用针尖刺激一下手，手马上就会缩回来；

当遇到强光时，眼睛马上就会收缩等。而操作性行为由于一开始不与已知的刺激相联系，因而是自发的行为，如唱歌、开车、打电话及上网等，人类的大多数行为都是操作性行为。这两种行为具有不同的条件作用形成机制，即巴甫洛夫的经典条件反射和操作性条件反射，操作性条件反射是不同于经典条件反射的另一种基本的学习机制。

斯金纳在操作条件作用学习理论中提出了"强化原则"，并认为立即强化优于延缓强化，部分强化优于连续强化。强化原则是斯金纳学习理论中的重要部分。斯金纳运用操作强化原则设计和制造了一种教学机器，进行程序教学，为后来的计算机辅助教学奠定了理论基础，因此斯金纳也被称为"程序教学之父"。

行为主义学习理论的逻辑延伸，就是要形成塑造或矫正行为的方法。在教育方面，教师的职责就是创设一种环境，尽可能最大限度地强化学生的合适行为。对此，斯金纳的程序学习理论提供了一个典型的案例。

基本方法如下。

积极反应：通过强化使学生处于积极的反应状态；

小步教学：教学内容分为小步，逐步呈现；

即时强化：反应后，使学生立刻知道正误，再反馈强化；

自定步调：根据个体需要自定学习进度；

低错误率：程序尽量不出现错误的可能，反应正确。

基本实施步骤如下：先向学习者呈现一个小单元的信息（称为框面）作为刺激，学习者通过填空或回答的方式做出反应；然后由反馈系统对该反应做出评价，反应错误就告诉学习者错误的原因；反应正确就得到强化，学习者就可以进入第二个框面的学习。"刺激—反应—强化"过程不断反复，直到学习者完成一个程序的学习。

斯金纳的程序学习理论推动了程序教学运动的发展，使行为科学与教育技术的结合进入了一个更为密切的阶段。在程序教学活动中出现的一些观点，如重视教学机器的作用，重视学习理论的基础与指导作用等，对教育技术的理论发展产生了重要的影响。除此之外，程序教学的思想在个别化教学、计算机辅助教学等教学形式中也发挥了重要的作用。但斯金纳否定教师的主导作用，忽视学习过程中人的主观能动性的发挥，因此，他的理论尚存在不足之处。

4. 行为主义的主要观点

行为主义的主要观点是心理学不应该研究意识，应该只研究行为，把行为与意识完全对立起来。在研究方法上，行为主义主张采用客观的实验方法，而不使用内省法。主要观点可以概括为以下三点：一是机械唯物主义决定论；二是认为心理学是一门自然科学，是研究人的活动和行为的一个部分，要求心理学必须放弃与意识的一切关系，提出心理学与其他自然科学的差异只是一些分工上的差异，必须放弃心理学中那些不能被科学普遍术语加以说明的概念，如意识、心理状态、心理、意志、意象等；三是极力要求用行为主义的客观法去反对和代替内省法，认为客观方法有不借助仪器的自然观察法和借助仪器的实验观察法、口头报告法、条件反射法、测验法四种。

2.1.2 认知主义学习理论

由于行为主义学习理论只强调学习的外部刺激和外显行为而忽视了人的内部因素，即意识的作用，使得理论体系不完善，从而导致了另一个学派——认知学派的出现。

认知学派源于格式塔心理学,它的核心观点是学习并非机械的、被动的刺激—反应的联结,而是通过主体的主观作用来实现。瑞士心理学家皮亚杰提出的著名的"认知结构说"认为,认识是主体转变为客体过程中形成的结构性动作和活动,认识活动的目的在于取得主体对自然社会环境的适应,达到主体与环境之间的平衡,主体通过动作对客体的适应推动认识的发展,强调认识过程中主体的能动作用,强调新知识与以前形成的知识结构相联系的过程,表明了只有学习者把外来刺激同化进原有的认知结构中去,人类的学习行为才会发生。认知主义的主要代表理论有布鲁纳的认知结构学说理论、奥苏贝尔的有意义学习理论和加涅的信息加工学习理论等。

1. 布鲁纳的认知结构学说理论

美国著名心理学家、教育家布鲁纳认为,人对外部事件经过知觉转化为心理事件的过程是认知表征过程。表征过程分为动作表征、形象表征和符号表征三个阶段。学习者通过表征形式,在内部建立起对知识结构框架的认知,这就是认知结构。新的学习就是将新的信息与原有的认知结构相联系,对其进行调整、补充,并在这个结构的指引下,完成对具体知识内容的认知。由此,布鲁纳提出了"知识结构论""学习结构论"等相关学习理论,认为对学习者而言,掌握学科知识的结构形态要比学会具体的知识内容更重要,所以要让学习者学习学科知识的基本结构与框架,并在此基础上按照不同发展阶段的特点进行学习。

2. 奥苏贝尔的有意义学习理论

美国教育家奥苏贝尔的有意义学习理论,目的在于直接解决学校知识教学问题,其理论内涵主要涉及学习、教学、课程三个方面的问题。因此,一般认为奥苏贝尔的学习理论是最接近教育心理学的学习理论之一。与布鲁纳强调认知—发现不一样,奥苏贝尔的有意义学习理论强调认知—接受学习。他认为如果要实现有意义的接受学习,必须满足其相关的内、外部条件。内部条件主要指学习者需有意义学习的倾向,即学习者积极主动地把符号所代表的新知识与学习者认知结构中原有的适当的知识加以联系的倾向性;外部条件是学习材料本身必须具有一定的逻辑意义。有意义学习理论对学校教学提出了一个非常重要的建议,即教师对学生经验和能力的了解和能给予清楚的讲解与引导,是形成有效学习的必要条件。

3. 加涅的信息加工学习理论

随着计算机的出现,在心理学界有人开始将人的认知过程借助计算机的工作原理来进行模拟,把学习过程作为一个信息加工过程来看待,并利用计算机模拟来分析人的内部心理状态和过程。关于学习的信息加工理论有很多种,其中加涅的理论影响较大。

加涅认为,学习的模式是用来说明学习的结构与过程的,它对于理解教学和教学过程,以及如何安排教学事件具有极大的应用意义。他提出了影响深远的信息加工的学习模式,如图2-1所示。

(1)信息流

从图2-1中可以看到信息从一个假设的结构流到另一个假设的结构中去的过程。首先,学生从环境中接受刺激,刺激推动感受器,并转变为神经信息。这个信息进入感觉登记器,这是非常短暂的记忆存储,一般在百分之几秒内就可把来自各感觉器的信息登记完

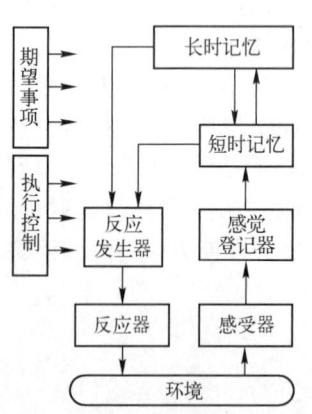

图2-1 信息加工的学习模式

毕。部分信息登记了,其余部分很快就消逝了,这涉及注意或选择性知觉的问题。

被感觉器登记的信息很快进入短时记忆，信息在这里可以持续二三十秒。短时记忆的容量很有限，一般只能存储七个左右的信息项目。一旦超过了这个数目，新的信息进来，就会把部分原有信息"赶走"。如果想保持信息，就得采取复述的策略。但复述只能有利于保持信息以便进行编码，并不能增加短时记忆的容量。

当信息从短时记忆进入长时记忆时，会发生关键性转变，即要经过编码过程。所谓编码，不是把有关信息收集在一起，而是用各种方式把信息组织起来。信息是经编码形式存储在长时记忆中的。一般认为，长时记忆是个永久性的信息存储库。

当需要使用信息时，需经过检索提取信息。被提取出来的信息可以直接通向反应发生器，从而产生反应，也可以再回到短时记忆，对该信息的合适性进行进一步的考虑，结果可能是进一步寻找信息，也可能是通过反应发生器做出反应。

（2）控制结构

除信息流之外，在图 2-1 中，还包含着期望事项与执行控制。期望事项是指学生期望达到的目标，即学习的动机。正是因为学生对学习有某种期望，教师给予的反馈才会具有强化作用。换言之，反馈之所以有效，是因为反馈能肯定学生的期望。执行控制即加涅学习分类中的认知策略，执行控制过程决定哪些信息从感觉登记器进入短时记忆，如何进行编码，采用何种提取策略等。由此可见，期望事项与执行控制在信息加工过程中起着极为重要的作用。加涅之所以没有把这两者与学习模式中的其他结构联系起来，主要是由于这两者可能影响信息加工过程中的所有阶段，并且它们之间的关系目前还不太清楚。

4. 认知主义学习理论的基本观点

认知主义学习理论认为学习的实质并非一连串的刺激与反应的直接联结，而是知识的重新组织。学习过程不是渐进地尝试错误的过程，而是突然顿悟和理解的过程。学习的外在强化并不是学习产生的必要因素，在没有外界强化的条件下也会出现学习。应该强调的是学习的内在动机与学习活动本身带来的内在强化作用，强调智慧理解作用、人的能动作用、人与环境的相互作用。学习是智能的培养过程，是认识再认识的过程。

认知主义学习理论认为：学习本身作用于环境，人的大脑的活动过程可以转化为具体的信息加工过程。人既然生存在自然环境中，必然要与所处的环境进行信息交换。人作为认知的主体，相互之间也会不断交换信息。人总是以信息的寻求者、传递者甚至形成者的身份出现，人们的认知过程实际上就是一个信息加工过程。人们在对信息进行处理时，也像通信中的编码与解码一样，必须根据自身的需要进行转换和加工。认知主义学习理论促进了计算机辅助教学向智能教学系统的转化，人们通过对人类的思维过程和特征的研究，可以建立起人类认知思维活动的模型，而计算机的快速发展和应用更在一定程度上完成了人类教学专家的工作。

2.1.3 建构主义学习理论

进入 20 世纪 90 年代，建构主义学习理论开始兴起，成为学习理论中的重要流派。建构主义（Constructivism）思想源自关于儿童认知发展的理论（认知加工学说），其主要代表人物有维果斯基、皮亚杰和布鲁纳等。他们认为，儿童是在与周围环境相互作用的过程中，逐步建构起关于外部世界的知识，从而使自身认知结构得到发展的。由于个体的认知发展与学习过程密切相关，因此利用建构主义可以较好地说明人类学习过程的认知规律，即能较好地说明学习如何发生、意义如何建构、概念如何形成，以及理想的学习环境应包含哪些主要因素等。

因此，在建构主义思想指导下形成了一套新的比较有效的认知学习理论——建构主义学习理论，并在此基础上实现较理想的建构主义学习环境。

建构主义学习理论是行为主义发展到认知主义以后的进一步发展，向与客观主义（Objectivism）更为对立的方向发展。

建构主义学习理论的基本内容可从"学习的含义"（关于"什么是学习"）与"学习的方法"（关于"如何进行学习"）这两个方面进行说明。

1. 建构主义对学习的基本解释

首先，学习是学习者主动地建构内部心理表征的过程，它不仅包括结构性知识，而且包括大量的非结构性的经验背景。

其次，学习过程同时包含两个方面的建构：第一，对新知识的理解是通过运用已有的经验，超越所提供的信息而建构成的；第二，从记忆系统中所提取的信息本身，也要按具体情况进行建构，而不单单是提取。由建构而来的对知识的理解是丰富的、有着经验背景的，这种知识在未来新的情境下能够更多地发挥其灵活运用的指导价值。

再次，学习者以自己的方式建构对于事物的理解，因此，不同的人看到的是事物的不同方面，不存在唯一标准的理解，学习者据此展开的合作学习可以使理解更加丰富和全面。

由于学习者总是以个人独有的方式建构事物意义，因而对新知识的学习而言，学习者之间的相互合作正好能弥补对知识理解的不足，从而使对知识的理解更加丰富、全面、深刻。

2. 建构主义对学习方法的认识

当代建构主义者主张，世界是客观存在的，但是对于世界的理解和赋予意义却是由每个人自己决定的。人们以自己的经验为基础来建构现实，或者至少说是在解释现实，每个人的经验世界是用自己的头脑创建的，由于人们的经验及对经验的信念不同，对外部世界的理解便也迥异。所以，学习不是由教师把知识简单地传递给学生，而是由学生自己建构知识的过程，这种建构是无法由他人来代替的。

学习过程同时包含两个方面的建构：一方面是对新信息的意义的建构；另一方面是对原有经验的改造和重组。这与皮亚杰通过同化与顺应而实现的双向建构的过程是一致的。只是建构主义者更重视后一种建构，强调学习者在学习过程中并不是提取指导活动的图式或命题网络，相反，他们形成的对概念的理解是丰富的、有着经验背景的，从而在面临新的情境时，能够灵活地建构起用于指导活动的图式。

任何学科的学习和理解都不像在白纸上画画，学习总要涉及学习者原有的认知结构，学习者总是以其自身的经验，包括正规学习前的非正规学习和科学概念学习前的日常概念，来理解和建构新的知识和信息。学习不是被动地接收信息刺激，而是主动地建构意义，根据自己的经验背景，对外部信息进行主动的选择、加工和处理，从而获得自己的意义。外部信息本身没有什么意义，意义是学习者通过新旧知识经验间反复的、双向的相互作用过程而建构成的。因此，学习不是像行为主义所描述的"刺激—反应"那样。学习意义的获得，是每个学习者以自己原有的知识经验为基础，对新信息重新认识和编码，建构自己的理解。在这一过程中，学习者原有的知识经验因为新知识经验的进入而发生调整和改变。所以，建构主义者关注如何以原有的经验、心理结构和信念为基础来建构知识。

3. 关于建构的几种途径

建构主义学习理论中学习者以自己的理解方式来完成对新知识意义的建构，其主要途径有以下几种。

（1）支架式建构

支架式建构主义学习理论的核心是，"应当为学习者建构对知识理解的一种概念框架。框架中的概念是为发展学习者对问题的进一步理解所需要的，为此，先要把复杂的学习任务加以分解，以便把学习者的理解逐步引向深入。"如当建构新材料 2 时，先有同性质的材料 1 的知识，将有助于对新材料 2 的学习。

（2）抛锚式建构

抛锚式建构主义学习理论的核心是，教学要求建立在有感染力的真实事件或真实问题的基础上。确定这类真实事件或问题被形象地比喻为"抛锚"，因为一旦这类事件或问题被确定了，整个教学内容和教学进程也就被确定了（就像轮船被锚固定一样）。比如，当建构新材料 1 时，先呈现一组概念，从而有助于对新材料 1 的学习。

（3）引导式建构

引导式建构主义学习理论认为，为了建构新材料 2，可以通过对材料 1 的学习来引入对新材料 2 的学习，使对新材料 2 的学习在材料 1 的基础上更易理解。

（4）随机进入教学

随机进入教学方法的理论核心是，在教学中就要注意对同一教学内容在不同时间、不同情境下，根据不同教学目的而采用不同方式加以呈现。也就是说，学习者可以随意通过不同途径、不同方式进入同一教学内容的学习，从而获得对同一事物或同一问题的多方面的认识与理解，这就是所谓的"随机进入教学"。

因此，建构主义学习理论提倡的学习方法是在教师指导下，以学生为中心的学习。学生是知识意义的主动建构者；教师是教学过程的组织者、帮助者、指导者和促进者；教材所提供的知识不再是教师讲授的内容，而是学生主动构建意义的对象；媒体也不仅是帮助教师传授知识的手段和方法，而且是用来创设情境、进行协作式学习和会话，即学生主动学习、协作式探索的认知工具。目前建构主义学习理论对教育技术，尤其是第二代教学设计的研究影响较大。

4．建构主义学习理论的核心思想

建构主义学习理论的核心思想是在实践中学习。建构主义以学生为中心，强调学生对知识的主动探索、主动发现和对所学知识意义的主动建构，主要体现在以下几个方面。

① 建构主义学习理论认为，知识不仅仅是通过教师传授获得的，还包括学习者在一定的情境即社会文化背景下，借助其他人（包括教师和学习伙伴）的帮助，利用必要的学习资源，通过意义建构的方式获得的。

② 建构主义学习理论认为，情境、协作、会话和意义建构是学习环境中的四大要素。

③ 建构主义学习理论提倡在教师指导下，以学习者为中心的学习，也就是说，既强调学习者的认知主体作用，又不忽视教师的指导作用。学习者是信息加工的主体，是意义的主动建构者，而不是外部刺激的被动接受者和被灌输对象。

④ 建构主义学习理论强调意义不是独立于人而存在的。知识是由人建构起来的，对事物的理解不仅取决于事物本身。事物的感觉刺激（信息）本身并没有意义，意义是由人建构起来的，它同时又取决于人们原来的知识经验背景。

⑤ 建构主义学习理论还强调知识并不是对现实的准确表征，它只是一种解释、一种假设，并不是问题的最终答案，会随着人类的进步而不断地被革新，并随之出现新的假设；而且，知识并不能精确地概括世界的法则，在具体问题中，需要针对具体情境进行再创造。

2.1.4　混合式学习

混合式学习（B-Learning）是近年来提出的一种新的学习模式，是国际教育界对以美国为代表的在线学习（E-Learning）实践进行深入反思之后提出的概念。他们认为，只有将传统学习与网络化学习结合起来，使二者优势互补，才能获得最佳的学习效果。这一观念已取得国际教育技术界的共识，各教育机构就此进行深入研究并实践。

在我国，混合式学习的概念则是在2003年12月9日，由北京师范大学何克抗教授于在南京召开的第七届全球华人计算机教育应用大会上首次提出并获得认可的。何教授认为，所谓混合式学习就是要把传统学习和网络化学习的优势结合起来，也就是说，既要发挥教师引导、启发、监控教学过程的主导作用，又要充分体现学生作为学习过程主体的主动性、积极性与创造性。

目前国际上普遍认可的混合式学习的定义如下：在"适当的"时间，通过应用"适当的"学习技术与"适当的"学习风格相契合，对"适当的"学习者传递"适当的"能力，从而取得最优化的学习效果的学习方式。

从教与学的角度来看，混合式学习就是将传统课堂中的面对面学习和学习者基于某种网络教学平台，在助学者（教师）的指导下有组织、有计划、有明确学习目标的在线学习进行有机结合，实现二者优势互补的一种学习方式。无论是对全日制的在校学生，还是对远程接受培训的学员，这种学习方式都是有效的。在这种学习方式中，学生是主体，教师是主导者的角色非常明确。

混合式学习模式的提出并得以应用，凸显了现代教育技术的发展给人们的学习行为、学习方式带来的影响。

2.2　教　学　理　论

教育技术作为教育科学领域内的一个分支，教学理论是其非常重要的理论基础之一。教学理论尤其是现代教学理论的成果，为教育技术的研究提供了丰富的理论依据。

2.2.1　现代教学理论

教学理论是以教学规律为研究对象的学科，其内容是研究如何依据教学活动的性质和规律，合理设计教学的过程和情境，以提高学生学习的质量和效率。普遍认为，17世纪夸美纽斯的《大教学论》奠定了这门学科的基础。20世纪初开始发展起来的现代教学理论，为教育技术的研究提供了丰富的理论依据，特别是对教学设计起着重要的作用。下面对几个主要的理论观点进行简要介绍。

1. 斯金纳的程序教学理论

20世纪50年代，斯金纳根据操作条件反射与强化理论，提出将学习材料程序化的重要思想。程序编制者把教材分解成许多个小项目，并按照一定的顺序加以排列、组织，对每个项目提出问题，通过教学机器或程序来呈现，要求学生做出选择反应或构答反应，然后再给予正确答案以便检验，并加以强化。这一理论至今对计算机辅助教育的研究依然具有较大的研究价值。

2. 布鲁纳的发现教学法

布鲁纳认为，学习是一个认知过程，是个体主动形成认知结构的过程，提倡发现学习，强调已有认知结构、学习内容结构、学生独立思考的重要作用，它对培养具有创新能力的现代化人才有着积极的意义。

（1）发现教学法基本观点

要掌握一门学科，不仅要掌握其基本结构，还要掌握这门学科的基本态度和方法。因为要真正有效地开发学生的智力，取决于合理的教学方法。布鲁纳强调，必须把教学材料与教学方法结合起来，并提倡在学习学科基本结构时广泛使用发现教学法。教学过程就是在教师的引导下学生主动发现的过程。布鲁纳认为，学习是在原有认知结构的基础上产生的，不管采取的形式如何，个人的学习都是通过把新得到的信息和原有的认知结构联系起来，去积极地建构新的认知结构。

（2）"发现学习"的特征

① 学习过程。"发现学习"强调的是学习过程，而不是学习的结果。教师教学的主要目的就是要学生亲自参与所学知识的体系建构，让学生自己去思考，自己去发现知识。布鲁纳认为，只有学生亲自发现的知识才是真正属于学生自己的。

教学目的不是要学生记住教师和教科书上所陈述的内容，而是要培养学生发现知识的能力，培养学生卓越的智力。这样，学生就得到了打开知识大门的"钥匙"，可以独立前进了。

② 直觉思维。在"发现学习"的过程中，学生的"直觉思维"（Intuitive Thinking）对学生的发现活动显得十分重要。所谓"直觉思维"，就是要求学生在学习过程中不用正常逻辑思维的方式进行思维，而是运用学生丰富的想象力，发展思维空间，去获取大量的知识。

布鲁纳认为，"直觉思维"虽然不一定能获得正确答案，但由于"直觉思维"能充分调动学生积极的心智活动，因此它就可能转变成"发现学习"的前奏，对学生发现知识和掌握知识是大有帮助的。

③ 内在动机。学生的内在动机是促进学生学习活动的关键因素。布鲁纳十分重视内在动机对学生学习心向的影响作用。他认为，在学习过程中，"发现学习"最能激发学生的好奇心（探究反射），而学生的好奇心是其内在动机的原型，是学生内在动机的初级形式，外部动机也必须将其转化为内在动机才能起作用。他说："儿童的智力发展表现在内部认识结构的改组与扩展，它不是简单的由刺激到反应的联结，而是在头脑中不断形成、变更认知结构的过程。"因此，布鲁纳反对运用外在的、强制性的手段来刺激学生的学习，主张教师把教学活动尽可能地建立在唤起学生学习兴趣的基础上，充分调动学生的学习积极性，取得良好的学习效果。

④ 信息提取。人类的记忆功能是学习活动中必不可少的条件。针对许多人把"存储"（Storage）看作记忆的主要功能，布鲁纳提出了不同的观点。他认为，人类记忆的首要问题不是对信息的"存储"，而是对信息的"提取"（Retrieval）。提取的关键在于组织，在于知道信息存储在哪里和怎样才能提取。他说："一个人按照自己的兴趣和认知结构组织起来的材料，就是最有希望在记忆中自由出入的材料。"

3. 布卢姆的掌握学习模式

掌握学习是美国心理学家布卢姆在20世纪60年代提出来的。布卢姆认为学生学习效果的差异受五个变量制约，即学习某课题的基础能力、教学质量、理解能力、学习持续力和学习时间。只要使学习者能明确教学目标，具备掌握该项学习内容的必要知识和技能，合理的时间，良好的主观意愿，教师提供必要的帮助，有效的反馈和矫正，则绝大多数学习者都能完成学习任务，获得较好的学习成绩。

掌握学习模式是基于集体授课形式的教学方法，所以在学校教育中流传较广，在我国的教育界影响也较大。

4．奥苏贝尔的讲解式教学

奥苏贝尔依据认知心理学的原理，认为人的认知过程往往是先认识事物的一般属性，然后在这种一般属性的认识基础之上，逐步认识某事物的具体细节，因此，他提出教学顺序应该遵循人的认识的自然顺序，先呈现概念性的组织者（先行组织者），从一般到个别，不断分化。他强调师生的相互作用，学习者认知结构中的新旧知识相互作用，以达到认知结构不断分化和综合贯通的目的。

5．瓦根舍因和克拉夫基的范例教学理论

范例教学理论的代表人物是德国教育家瓦根舍因和克拉夫基。范例教学理论是指教师在教学中选择真正基础的、本质的知识作为教学内容，通过"范例"内容的讲授，使学生达到举一反三掌握同一类知识的方法。运用此法的目的不是获得知识与技巧，而是获得良好的学习态度、批判性思维、解决问题的能力及继续学习的能力；促使学生独立学习，而不是要学生复述式地掌握知识，要使学生能将所学的知识迁移到其他方面，进一步发展所学的知识，以改变学生的思维方法和提升行动能力。

范例教学理论提出了实现其基本思想的各种教学原则，其中基本性、基础性和范例性是最重要的三条原则。

① 基本性原则：要求教师向学生传授一门学科的基本要素，包括基本概念、基本结构和基本科学规律。

② 基础性原则：以学生的经验为基础，使学生在学习过程中获得更深化的新经验，或者说建立一种新的思维结构。

③ 范例性原则：通过精选范例沟通学习者的主观世界与教学内容这一客观世界，使教学达到基本性和基础性目标。

6．巴班斯基的最优化理论

教育学者巴班斯基的"教学过程最优化"教学理论，指出教学要从实际情况出发，确定效果和时耗的双重标准，选择最佳教学方案，按照实施过程的反馈信息及时调整教学活动的相关进程，以期达到最大效益，并让每个学习者都能得到最合理的教育和发展。

2.2.2 视听教学理论

视听教学理论学派众多，其中最具代表性的是戴尔提出的"经验之塔"理论。戴尔认为，经验是"我们身体和思想加入活动的结果"，因而极力提倡"从经验中学习"。他把人类学习的经验分为直接（做的）经验、替代（观察的）经验和抽象的经验三大类，并按抽象程度分为十个层次，形成一个"塔"形结构，如图2-2所示。

① 塔的底层是直接的、具体的经验。通过与真实事物接触、设计制作模型和演戏等形式获得的知识较易理解和记忆。

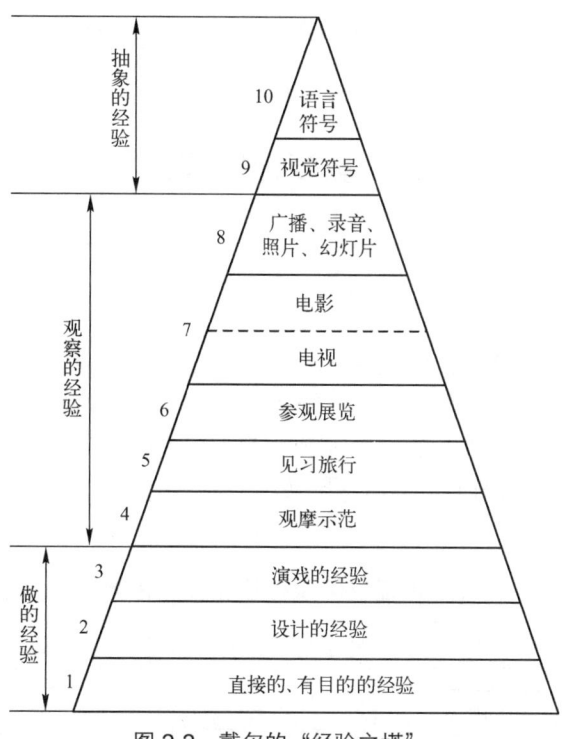

图 2-2 戴尔的"经验之塔"

② 塔的中层是指通过视、听，间接接触事物，可得到"替代"的经验，特别是电影、电视等能突破时空的限制，弥补学生直接经验的不足，且易于培养学生的观察能力。

③ 塔的顶层最抽象。通过视觉符号（图、表等）、语言和文字，便于获得概念和原理，可使学习简单化和经济化，有利于培养学生的思维能力。

教育应从具体经验入手，逐步延伸到抽象。有效的学习之路，必须充满具体经验。在教学中应用各种教学工具可使教育更为具体，从而获得更好的抽象知识。教育不能止于直接经验，不能太过具体化，而必须向抽象和普遍发展，上升为理论的知识才能更好地指导实践。

以"经验之塔"为核心的视听教育理论对教育技术的发展发挥过重要作用，即使到了今天，它仍然具有基本的理论作用。视听教学理论是教育技术的一个重要理论基础。

利用视听媒体进行教学和训练，可以缩短教学时间，提高教学效率和教育质量。其心理学依据主要有以下几个方面。

① 视听教材的新颖性、多样性、生动性和趣味性，有利于激发学生的学习兴趣，形成学习动机，吸引学生注意，提高学生学习的积极性。

② 视听教育对真实情境的创建或模拟再现，提供了丰富的感性材料，可扩大观察范围和可见度，有利于形成表象，促进学生对知识的理解和记忆。

③ 视听教育采用多种形式，从多种角度提供材料，易于揭示事物的本质特征，帮助学生充分感知，运用分析、综合、比较、概括等方法掌握规律，形成概念，运用知识，提升观察力、想象力和思维能力。

④ 多种感官参与学习，充分发挥大脑左右半球的不同功能，提高识记效果。

⑤ 利用录音、录像技术对视听觉信息的记录、存储、再现功能，让学习者能随时多次复习强化；提供自我记录和反馈，通过比较和分析，促进其技能的形成。

"经验之塔"理论所阐述的是经验抽象程序之间的关系，符合人类对事物由具体到抽象、由感性到理性、由个别到一般的认知规律。因此，它对今天教育技术的发展依然有着非常重要的指导作用。

2.3 教育传播理论

2.3.1 传播的概念和类型

1. 传播的概念

传播原指通信、传达、联系，后专指信息的交流与交换。传播是自然界和人类社会的普遍现象，是事物之间信息传递的过程。广义的传播可理解为"大自然中一切信息的传送或交换"，包括植物、动物、人及机器所进行的信息传播。狭义的传播主要指人所进行的信息传播，又分为人的内在传播（或称自我传播）、人对人的传播。

2. 传播的基本类型

传播通常包括内在传播、大众传播、组织传播和人际传播，如图 2-3 所示。

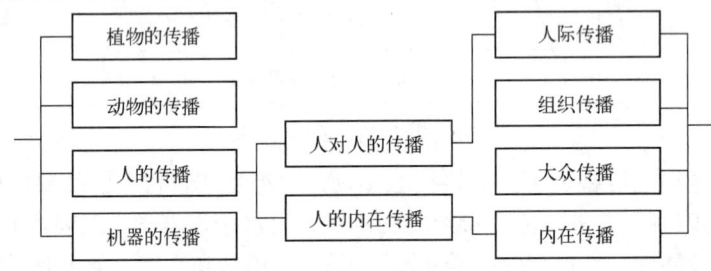

图 2-3 传播的基本类型

2.3.2 教育传播

教育传播是一种特殊的人际传播模式，是由教育者按照一定的要求，选定合适的信息内容，通过有效的媒体通道，把知识、技能、思想、观念等传递给特定的教育对象的一种活动，是教育者和受教育者之间的信息交流活动。它的目的是促进学习者全面发展，培养社会所需的各种人才。

1. 教育传播的特点

与其他传播活动相比，教育传播具有以下特点。

① 明确的目的性。教育传播是以培养人才为目的的活动。

② 内容的严格规定性。教育传播的内容是按照教学计划和教学大纲的要求严格规定的。

③ 受教育者的特定性。相对于大众传播的受众多、复杂、分布散、隐匿的特点，教育传播的受众少、单纯、集中、身份明确。

④ 媒体和传播通道的多样性。在教育传播中，教育者既可以充分发挥口语和形体语言的作用，又可以借助板书、模型、幻灯机、电视、多媒体网络等媒体；既可以是面对面的交流，又可以是远距离的传播。

2. 教育传播的要素

在教育传播中，构成传播系统的要素包括教育者、教育信息、受教育者、媒体和通道、环境等。

（1）教育者

教育者是教育传播系统中具备教育教学活动能力的要素，是系统中教育信息的组织者、传播者和控制者，如学校中的教师、社团中的指导者、学生家长等。学校中直接面对学生进行教育教学活动的教师是最重要的教育者。教师的首要任务是发送教育信息，因此，从这个意义上说，"教师"这一名称并不局限于上讲台的教师，还应包括教育管理者和教材编制者等，而且在特定条件下，教学机器也可以成为教师，即"电子教师"。在教育传播活动中，教师起着"把关人"的作用，传播什么内容，利用什么媒体，都是由教师决定的。因此，教师必须能实现教育传播系统的整体目标，使学生在德育、智育、体育、美育、劳动诸方面都得到和谐的发展。而要完成这一重任，教师必须做好设计、组织、传递、评价等工作。

（2）教育信息

信息是教育传播系统的主要要素之一，是指以物理形式出现的教育信息。教育传播过程是一个信息交流的过程，自始至终充满了教育信息的获取、传递、交换、加工、存储和输出。在教育信息传播过程中，主要的信息是教学目标信息、学生预测信息、教师传送信息、实践教学信息、家庭教育信息、大众传媒信息、人际交往信息、学生接收信息和学生反馈信息等。

（3）受教育者

受教育者是施教的对象，一般是接收教育信息的学生。在教育传播过程中，作为受教育的学生，他首先要接收传播信号，如阅读教科书和参考书，认真听取教师的课堂讲授，查看其他多种教学媒体，接触大众传播媒体，参加教学实践与社会活动等。然后，要对所接收的信息进行加工与存储，即将接收到的信息转换为语言符号或非语言符号，再将这些符号和已有的经验进行比较、分析、判断，得到符号的信息本义。但在教育传播系统运行过程中，学生对教育信息的接收并不是机械的、被动的，在大多数情况下，学生是主动地接收教育信息，甚至是有选择地接收与理解教育信息。

（4）媒体和通道

在教育传播通道中，教育传播媒体是必不可少的要素。教育传播媒体就是载有教育教学信息的物体，是连接教育者与受教育者的中介物，是人们用来传递和取得教育教学信息的工具。各种教育教学材料，如标本、直观教具、教科书、教学指导书、教学课件、电影、录音、录像、课件等，都属于教育传播媒体。

教育传播通道是教育信息传递的途径，教育信息只有经过一定的通道，才能完成传递任务，达到教育传播的目的。按传递的信号形式来分，通道包括图像通道、声音通道和文字通道。所谓教育传播通道，就是教育信息传递的途径。它的组成要素有各种教学媒体、教学环境、人的感觉器官、处理和传播信息的方式。通道也包括由一方传送到另一方所建立的联系方式。目前，除了印刷技术、光学影像技术外，通信技术、多媒体网络技术已为教育传播系统广泛采用，成为师生间重要的联系方式。

（5）环境

教育传播环境是影响教育传播效果的重要因素，其内容是复杂的和多方面的。社会、经济、科技、文化背景、风俗习惯及各种自然物、人工物等都是教育传播环境中不可忽视的因素，其中影响较大的有校园环境、教室环境、社会信息、人际关系、校风、班风等。

2.3.3 教育传播的基本模式

传播学者研究传播过程，都毫不例外地把传播过程分解成若干要素，然后用一定的方式去研究这些要素之间的相互联系与相互作用，这样就构成了多种多样的研究传播过程的模式。下面介绍几种有代表性的模式。

1．拉斯韦尔传播模式

（1）模式描述：Who, Says what, In which channel, To whom, With what effects.（谁？说了什么？通过何种通道？对谁？产生了什么效果？）

（2）贡献：开创了传播学模式研究方法之先河。

（3）缺陷：忽略了"反馈"要素，是一种单向的模式；不重视"为什么"或动机的研究。

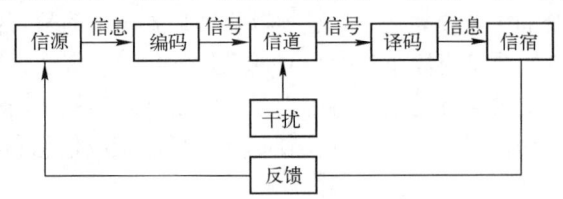

2．香农—韦弗传播模式

香农—韦弗传播模式如图2-4所示。该模式增加了"反馈"这一要素。

图 2-4　香农—韦弗传播模式

3．贝罗传播模式

贝罗传播模式如图2-5所示。贝罗传播模式明确而形象地说明了影响信源、接收者和信息传播的条件，说明信息传播可以通过不同的方式和渠道，最终效果不是由传播过程中的某个部分决定的，而是由组成传播过程的信源、信息、通道和接收者四部分，以及它们之间的关系共同决定的，传播过程中每个组成部分又受其自身因素的制约。

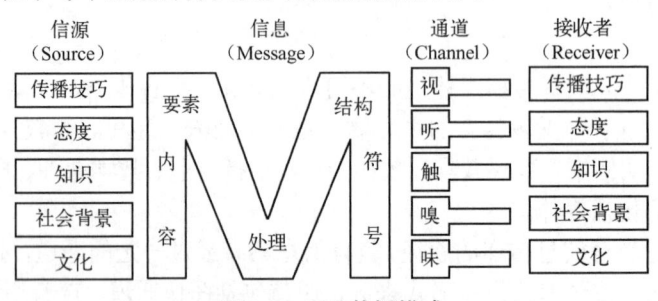

图 2-5　贝罗传播模式

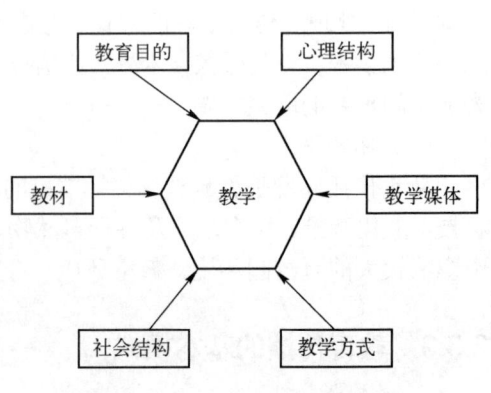

4．海曼—弗朗克传播模式

海曼—弗朗克传播模式如图2-6所示。该模式提出了教育传播系统的六维空间结构模型，明确地指出了教学过程的六大要素，包括教育目的、教材、社会结构、教学方式、教学媒体和心理结构。

2.3.4　教育传播的基本方式

根据教育传播中传播者与接收者的关系结构，可以将教育传播分为以下四种方式。

图 2-6　海曼—弗朗克传播模式

1. 自学传播

自学传播是指没有专职教师当面传授的一种教育传播方式。自学者自定学习目标，从周围的环境中寻找合适的教师替身，较多的是选择自学的教材，即根据学习要求选购相应的书籍、课件等学习材料，自定步调学习。

2. 个别传播

教育传播早期采取的是这种方式，是传播者向接收者单独面授知识和经验的一种教育传播方式。尽管这种教育传播方式相当古老，但因为它的效果显著而沿用至今。

3. 课堂传播

课堂传播是当前学校普遍采用的教育传播方式，学生的学习主要依据教科书和教师的语言讲解，亦即主要通过文字和语言符号进行。这种传播方式有利于发挥教师的主导作用，教师能科学地组织教学过程，充分考虑情感因素在学习过程中的重要作用，学生能快速、有效地掌握知识或技能，有利于培养学生的合作精神和竞争意识。

4. 远程传播

远程传播是非面对面的传播活动，又称远距离传播。一般认为远程传播方式经历了函授教育、电视教学、网络教育三个阶段。其中，网络教育即现代远程教育，是利用网络技术、多媒体技术等现代信息技术手段开展的新型教育形式，是以利用现代网络为主要教学手段的教育，以面授教学、函授教学和广播电视（视听）教学为辅助。它以学习者为主体，学生和教师、学生和教育机构之间主要运用多种媒体和多种交互手段进行系统教学和通信联系。需要指出的是，随着现代通信技术的发展和变化，远程传播的手段和方式也在不断发展变化之中。

2.3.5 教育传播的基本原理

教育传播的最终目的是取得良好的教育传播效果，需要遵循一些原理。

1. 共同经验原理

教育传播是一种信息传递与交换的活动，教师与学生的沟通必须建立在双方的共同经验范围内。一方面，对学生缺乏直接经验的事物，要利用直观的教学媒体帮助学生获得间接经验；另一方面，教学媒体的选择与设计必须充分考虑学生的经验。

2. 抽象层次原理

抽象层次高的符号，能简明地表达更多的具体意义。但抽象层次越高，理解起来便越难，引起误会的机会也越大。所以，在教育传播中，各种信息符号的抽象程度必须掌握在学生能明白的范围内，并且要在这个范围内的各个抽象层次上移动。

3. 重复作用原理

重复作用是将一个概念在不同的场合或用不同的方式去重复呈现。它有两层含义：一是将一个概念在不同的场合重复呈现，如在几个不同的场合下接触某个生词，以达到长时记忆；二是将一个概念用不同的方式去重复呈现，如同时或先后用文字、声音、图像去呈现某个概念，以加深理解。

4．信息来源原理

信息来源直接影响传播的效果。有权威、有信誉的人说的话，容易为对方所接受。因此，在教育传播中，作为教育信息主要来源之一的教师，应树立为学生认可的形象与权威；所选用的教材与教学软件，其内容来源应该正确、可靠、真实。

2.3.6 教育传播过程

教育传播过程是一个由传播者借助教学媒体向接收者传递与交换教育信息的过程。通过对信息的控制，这些要素之间相互作用，形成一个连续的动态过程。这一过程可分为六个阶段：确定教育传播信息、选择教育传播媒体、通道传送、接收与解释、评价与反馈、调整再传送。

2.3.7 教育传播学对教育技术的作用

教育传播学对教育技术的作用主要体现在以下几个方面。

① 从理论上描述和总结了教学过程中信息传递的规律和基本特征，提出了教学传播的基本阶段，为教学设计提供了相关的理论依据。

② 用模式分析的方法，分解和简化了教育信息传递过程的组织结构和要素，为教育技术的研究，尤其是教学系统中各个子系统和环节的具体研究，提供了有效的思路和方法。

③ 教育传播学揭示了教学过程中的实现机制，并提供了行动研究法，对其教学过程的评价提供了具有积极指导意义的方法。

2.4 系统科学理论

2.4.1 系统科学理论的基本思想

系统科学理论是系统论、信息论、控制论的统称，它既是现代自然科学、社会科学及思维科学发展的综合结果，又是一切科学领域的普通科学方法。在系统科学理论思想的指导下形成的教育信息论、教育系统控制论、教育学、教育传播学及教育技术的心理学基础构成现代教育技术理论。它成了现代教育理论的基础，是对学习过程和学习资源进行设计、开发、利用、管理和评价的理论依据。

1．系统论

系统思想源远流长，但作为一门科学的系统论，人们公认其是由美籍奥地利人、理论生物学家贝塔朗菲（Bertalanffy）创立的。他在 1932 年提出的开放系统理论中，提出了系统论的思想。1937 年，由他提出的一般系统论原理，开拓了这门科学的理论基础。但是他的论文《关于一般系统论》，到 1945 年才公开发表。1947 年，他编写的《一般系统论》一书公开出版，为系统论奠定了基础。1948 年他在美国再次讲授一般系统论时，才得到学术界的重视。确立这门科学学术地位的是 1968 年贝塔朗菲编写的专著《一般系统理论：基础、发展和应用》（*General System Theory: Foundations, Development, Applications*），该书被公认为是这门学科的代表作。贝塔朗菲临终前发表了《一般系统论的历史与现状》一文，探讨了系统研究的未来发展。此外，它还与拉维奥莱特（Laviolette）合写了《人的系统观》一书。

系统论在教育实践中应用后所形成的理论称为教育系统论。教育系统论把教育视为一个系统，组成系统的要素是教师、学生、教育信息、环境、媒体等。教育系统论促使人们以系统的、综合的观点来考察教育教学过程与现象，运用系统的方法将整个教育体系看作由相互联系的部分组成的一个系统，对具体的教育过程进行系统分析和研究，来解决教育教学的问题。也就是从系统的观点出发，坚持在系统与部分之间、系统与外部环境之间的相互联系、相互作用、相互制约等关系中考察、研究，以求得对教育问题最优化的处理。

运用系统科学论和方法，特别是运用从中提炼和抽象出来的系统科学的基本原理（反馈原理、有序原理和整体原理），对研究现代教育技术和指导实践有着重要的意义。

因此，优化的课堂教学十分重视从教学整体进行系统分析，综合考虑课堂教学过程中的各个要素，包括教学目标的明确、教学模式/方法的选择、教学媒体的选择组合和环境资源的利用、学生认知水平的评价等，并注意各要素之间的配合、协调，发挥系统的整体功能，从而达到优化教学的目的。

2．信息论

信息论是美国数学家香农（Shannon）创立的。他于1948年发表了《通信的数学理论》一书，为信息论奠定了基础。信息论，简要地说就是关于各种系统中信息的计量、传递、变换、存储和使用规律的科学。

教育信息论是研究教育过程中的"人－人"关系系统（师生间的教育关系系统），以及信息如何传递、变换和反馈的理论。

3．控制论

控制论的主要创立者与奠基人是美国数学家维纳（Wiener）。他于1948年发布了《控制论》一书。控制论在教育实践中应用后所形成的理论称为教育控制论。它是研究教育系统中，运用信息反馈来控制和调节系统的行为，从而达到既定教学目标的理论。

教育控制系统是以提高教学效果和教学质量为控制目标，以信息流为主要传输形式的系统。根据教育控制论，为了实现教学目标，首先要明确优化教学的五个指标。

时间：进行教学所用的时间（如一节课、一学期、一学年为所用的时间单位）。

教学信息量：按信息量计算教学内容（如印刷符号、知识点等）。

负担量：学生消化、理解教学信息（包括预习、复习、完成作业等）所用的时间。

成本：为进行该教学活动所需要的经费。

成绩：学生对所学内容的回答正确率。

也就是说，用较少的时间学较多的知识，而且学生不感到压力大、负担重，学习成绩好，素质和能力得到培养，教学成本合理，就表示教学最有效果。因此，要取得较好的效果，需要在教学目标、教学内容、教学形式、教学手段、教学结构、教学程序和教学质量方面实行全面、系统的控制。

2.4.2 系统科学和教育技术学的关系

教育技术学形成后，教育技术的发展就逐渐形成了教学设计、媒体技术使用等几个重要的领域。系统科学对这些领域的研究起了指导作用。

1．与教学设计的关系

从教学设计的核心思想方面考察，在实际应用过程中，教育技术以教学设计的思想为指导思想（目前尤甚），教学设计以行为主义理论为指导。教学设计的核心思想是，应用系统方法研究、探索教学系统中各个要素之间的本质联系，并通过一套具体的操作程序来协调、配置这些要素，使它们有机地结合，共同完成教学系统的功能。教学设计在形式上贯彻了系统科学的整体思想：从总体上研究事物，分析其要素、结构和功能；系统整体功能不等于各独立部分之和，而是 $\sum E_{整}=\sum E_{部}+\sum E_{联}$。教学设计将教学系统看作自己的研究对象，分析教学过程的各个要素，注意各要素之间的联系，从总体上考虑，力求在可能的条件下，取得相对好的教学效果。这改变了传统意义上教师只注意传授信息环节，不注意其他环节的做法，使教学更加科学化。从近些年的情况看，国外对教学设计的重视程度很高，我国教育技术界对教学设计的看法正处在接受和实践的阶段。

2．与教育技术的关系

教育技术定义的演变集中体现了其指导思想的演变。从 1963 年的定义到 1972 年、1977 年直至 1994 年的定义，教育技术从单纯媒体的使用上升到了系统方法论的高度。在实践中，教学媒体的局限性使人们认识到单一媒体已不能很好地完成教学任务，人们开始寻求与教和学有关的因素，分析其联系，以求得相对好的教学效果。这种思想的改变，实际上是将考察对象的系统进行了放大，这正是系统科学整体原则的要求。

3．与媒体技术使用的关系

教育技术离不开教学媒体，恰当地选择媒体是关键。教学设计中将媒体选择作为一个重要内容来分析，但在实践中，却经常出现媒体使用方面的问题。这是因为媒体开发者和使用者总是企图或期盼新出现的教学媒体能独自完成教学任务。这种心理能够促进媒体开发者将媒体开发得功能更强、操作更方便、负效应更小，也能促进使用者对新媒体的充分使用。但遗憾的是，教学媒体并不能独自完成教学任务，因为教或学过程的主体是生活在具体环境中的人，教学媒体只是一个影响因素，只提供了必要的客观条件，而主观条件才是教学媒体发挥作用的重要因素。基于同样的原因，任何教学媒体对具体对象（或对象群）来说不可能完全适合，与对象（或对象群）的心理要求必有差距，即媒体有所长，也有所短。解决的现实办法是尽量综合使用媒体。这正从客观上体现了系统科学的要求。

4．与教育思想的关系

教育思想在教育实践中具有重要作用。同样的教学媒体，在不同的教育思想指导下会有不同的产出。联系教学媒体和教育思想的主要是教师和学生，教师和学生对教和学的态度构成了社会教育思想的主要部分。以往的教学是传递式教学，教师起主导作用，学生处于被动地位，学生所获得的知识局限于教师的知识广度。在实践过程中，人们的教育思想逐渐有了转变，部分归因于系统科学对人们的影响。人们认识到教学过程是由多个要素构成的整体，要素间的联系也很重要，不能仅局限于师生之间的联系，还要重视教师之间、学生之间的内部协作。同时，人们还认识到教学的关键是学生的"学"，应为学生的"学"提供一切必要和可能的学习资源，发挥学生的积极性。这些是个别化学习中的重要思想，影响着教学实践。

5．对教育技术社会实践的影响

系统选择的大小（或称要素的定位）对要素的作用不同。教育技术如果仅局限于学校，就不能发挥出其应有作用。教育系统本身也是社会的一个要素，教育技术自然是社会系统的一个子要素，它也可以与其他要素一起发挥一定的作用。例如，在我国，教育技术与农村实际相结合，产生了燎原学校、农业广播电视学校等技术推广形式，发挥出了远程教育网络的作用。

【本章小结】

教育技术学是一门新兴的、交叉性和综合性很强的应用学科，它受到很多学科相关理论的影响，从自然学科的数学、物理学、电子技术学等，到社会学科的哲学、教育学、心理学等都为现代教育技术的形成和发展提供了指导思想和科学方法。本章阐述了教育技术学的基础理论——学习理论、教学理论、教育传播理论、系统科学理论，系统地介绍了四大理论的主要观点及流派，对其代表人物及代表思想做了一个系统的分析与描述。理论研究的价值意义不言而喻，尤其是一些基础性的研究，能对一个学科的发展起到至关重要的作用。教育技术学的根基现在来说还不够稳，希望读者把基础铸稳，让专业之外的人和对教育技术认识不深者，更容易理解和掌握教育技术。

【思考与练习】

1. 简述行为主义、认知主义和建构主义的基本观点，并对三种学习理论进行比较。
2. 简要分析布鲁纳的发现教学法的基本观点及"发现学习"的特征。
3. 简要介绍几种常见的教育传播模式及教育传播的基本原理。
4. 试论戴尔的"经验之塔"及其对教育教学的指导意义。

第 3 章 多媒体素材处理

【本章导读】

多媒体教学已是现代常态化的教学方式,多媒体教学能力已成为每一位教师的基本技能,掌握多媒体素材的采集和加工技术已成为每一位教师的必备技能。本章首先介绍教学媒体的相关概念、作用、分类、特性、发展状况及教学应用,然后重点介绍各种媒体(文本、图形图像、音频、视频、动画)的获取途径和方式,以及常见媒体的后期处理技术。其中媒体处理技术涉及几个常见的处理软件,每个软件的基本功能是本章的学习重点。

【本章学习目标】

通过对本章的学习,将实现下列学习目标:
- 了解教学媒体的相关概念、作用、分类、特性、发展状况及教学应用。
- 掌握文本素材的获取及处理技术。
- 掌握图形图像素材的获取及处理技术。
- 掌握音频素材的获取及处理技术。
- 掌握视频素材的获取及处理技术。
- 初步掌握动画素材的制作技术。

3.1 教学媒体概述

3.1.1 教学媒体及其作用

1. 教学媒体的概念

在了解教学媒体前,先了解什么是媒体。"媒体"一词来源于拉丁语"Medium",是英文"Media"的译名,意思为"两者之间"。媒体又称媒介,是指信息在传递过程中,在信源与接收者之间承载并传递信息的载体或工具,也可以指实现信息从信源传递到接收者的一切技术手段。媒体有两层含义:一是承载信息的载体;二是存储和传递信息的实体。媒体突破了人的感官限制,延伸了人的感觉能力,提高了人认识与理解事物的能力。从书本、图片、报纸、杂志、电影、电视、电话、录音机到计算机、网络、通信卫星等都属于媒体范畴。

在教与学的过程中,当媒体用来存储和传递教学信息时,被称为教学媒体。教学媒体是载有教学信息的媒体,是连接教育者与学习者双方的中介物,是人们用来传递与取得教学信息的工具。并不是所有的媒体都是教学媒体,只有当某种媒体被赋予明确的教学目的、教学内容和教学对象时才能被称为教学媒体。例如,电影、电视,当其作为大众休闲、娱乐的对象时只能称为媒体，而当其作为教学内容并有明确教学目的与教学对象被搬上荧屏时则为教学媒体。

2. 教学媒体的作用

现代教学媒体在教学过程中发挥着重要的作用，主要表现在以下几个方面。

（1）有利于教学生动、有趣

现代教学媒体较传统教学媒体而言更具有吸引学生注意力的作用，不仅能辅助教师更好地教，还能刺激学生积极地学。例如，生动的画面和形象、动画、特技效果、声音效果、清晰的信息等，都会激发学生的学习兴趣，促使学生积极思考，主动参与教学。

（2）有利于教学互动

以计算机网络教室、专题学习网站等为代表的现代教学媒体，能不受时间、空间的限制实现师生、生生间的教学互动。教师不仅可以利用现代媒体向学生传递信息，也可以利用现代媒体来分析、解答和纠正学生在学习过程中出现的问题，可以与多个学生或组织学生就同一问题进行探讨。

（3）有利于提高教学质量和教学效率

现代教学媒体可以在较短的时间内，向学习者呈现和传递丰富的信息，并调动学习者的各种感官，使学习者容易接受和理解。特别是应用精心设计的教学媒体软件进行教学，可以收到更好的教学效果，这对提高教学质量和教学效率的作用是显而易见的。

（4）有利于个性化教学

个性化教学被认为是一项重要而有效的教学策略，现代教学媒体的发展促进了个性化教学的发展。以计算机和网络为核心的教学媒体能为学生提供符合他们个人兴趣、能力和经验的学习材料，让他们自主选择学习的时间、地点、内容，这更符合因材施教的原则。

（5）有利于开展特殊教育

身体不健全的学生，由于其身体条件限制，应当接受特殊教育。选择适当的现代教学媒体，根据学生的特殊情况，将教学调整、设计到最佳状态，可以收到很好的教学效果。例如，使用专门设计的教学幻灯、投影教材来训练聋哑儿童说话，充分利用他们的视觉感官进行教学，可取得很好的效果；又如，盲人同外界交往主要靠听觉与触觉，可以通过加强他们的听力训练提高其听力技能，以便他们今后更好地学习与生活。

（6）有利于现代教学改革与研究

利用现代计算机网络通信技术、多媒体技术和虚拟现实技术等，根据不同的学习理论，可创设不同的学习条件和情境，探索和实现不同的教学模式，更好地促进学生的学习。例如，网络探究（WebQuest）学习就是根据建构主义的学习理论，利用互联网创设与提供探究学习需要的学习情境与学习资源，让学习者以小组学习的形式来开展学习。

3.1.2 现代教学媒体

1. 现代教学媒体的发展

自从人类诞生以来，人类社会至少已经历了五次意义重大的信息传播革命：第一次是语言传播的诞生；第二次是书面文字传播的诞生，它克服了语言传播在时间和空间上的限制；第三次是印刷传播；第四次是电报、电话、广播、电视等电子传播；新一轮的信息传播革命，即正在发生的第五次信息传播革命——数字多媒体传播革命，多媒体技术将文字、声音、图形图像、视频等多种媒体融合在一起。由此可见，一种新型媒体的出现与应用，必将促进教育史上的一次重大革命。

这五次革命也确立了教学媒体的发展阶段，如图 3-1 所示。

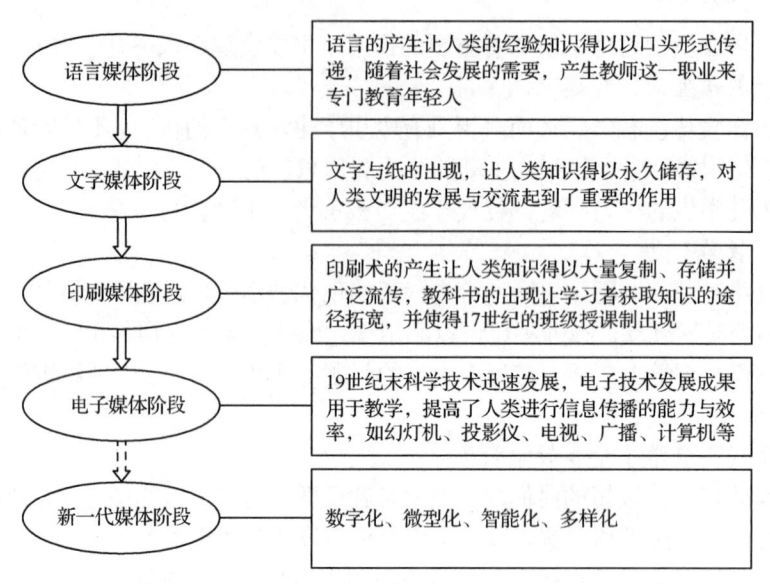

```
语言媒体阶段 —— 语言的产生让人类的经验知识得以以口头形式传递，随着社会发展的需要，产生教师这一职业来专门教育年轻人
    ↓
文字媒体阶段 —— 文字与纸的出现，让人类知识得以永久储存，对人类文明的发展与交流起到了重要的作用
    ↓
印刷媒体阶段 —— 印刷术的产生让人类知识得以大量复制、存储并广泛流传，教科书的出现让学习者获取知识的途径拓宽，并使得17世纪的班级授课制出现
    ↓
电子媒体阶段 —— 19世纪末科学技术迅速发展，电子技术发展成果用于教学，提高了人类进行信息传播的能力与效率，如幻灯机、投影仪、电视、广播、计算机等
    ↓
新一代媒体阶段 —— 数字化、微型化、智能化、多样化
```

图 3-1　教学媒体的发展阶段

2．现代教学媒体的分类

随着科学技术的进步，教学媒体的种类越来越多，性能也越来越好。究竟如何对某种媒体进行分门别类呢？由于着眼点不同，对媒体的分类方法也不同。例如，按媒体的表达手段可分为口语媒体、印刷媒体和电子媒体；按信息传播方向可分为单向传播媒体（如电影、电视）和双向传播媒体（如网络聊天室、视频点播系统等）；按其运用现代科技成果的情况可分为传统教学媒体与现代教学媒体。传统教学媒体包括语言、文字、印刷材料、图片、黑板、模型和实物教具，以及教师的各种表情、体态等，这些媒体历史悠久，使用方便，一直是传递教育教学信息的重要媒体，在未来的教育教学活动中，仍将不可或缺。现代教学媒体是随着近代科学技术的发展而产生的，本章主要探讨各种现代教学媒体的基本特点及其在教学中的应用。

现代教学媒体按作用于人体感官及信息的流向可分为以下几种。

① 视觉媒体：发出的信息主要作用于人的视觉器官的媒体，如幻灯机、投影仪、普通光学照相机、视频实物展示台、大屏幕电子投影仪等设备及相应的教学软件。

② 听觉媒体：发出的信息主要作用于人的听觉器官的媒体，如播放器、语言实验室等设备及相应的教学软件。

③ 视听觉媒体：发出的信息主要作用于人的视听觉器官的媒体，如电视机、录像机、摄像机、无线电视系统、闭路电视系统等设备及相应的教学软件。

④ 多媒体（综合媒体）：多功能、多方面、多方位作用于人的感觉器官的媒体，且具有交互性，如多媒体教学系统、计算机网络教学系统、程序教学机、学习反应分析机等设备及相应的教学软件。

现代教学媒体可以不受时间、空间的限制，逼真、系统地呈现各种动态事物，向学习者提供生动具体的事物形象。利用现代教学媒体不仅可以提供费用低、耗时少、没有危险的模拟实验和丰富翔实的参考资料，还可以综合运用多种媒体，提高教学信息的传输效率，达到事半功倍的效果。

3．现代教学媒体的特性

现代教学媒体除了具备一般媒体的固定性、扩散性、重复性、组合性、工具性等共同特性外，还有自己独有的特性，如表 3-1 所示。

表 3-1　常见现代教学媒体的特性

特　性		媒 体 类 型					
		录音	幻灯片	电影	广播电视	录像	计算机
重现力	即时显现	√				√	√
	事后重现		√	√		√	√
表现力	空间特征		√	√	√	√	√
	时间特征	√		√	√	√	√
	运动特征			√	√	√	√
	声音特征	√		√	√	√	√
	颜色特征		√	√	√	√	√
传播力	无限接触				√		√
	有限接触	√	√	√		√	√
参与性	感情参与	√		√	√	√	√
	行为参与		√				√
可控性	易控	√	√			√	√
	难控			√	√		

3.1.3　多媒体和多媒体素材

1．多媒体和多媒体技术的概念

多媒体的英文单词是 Multimedia，它由 Multi 和 Media 两个单词组成，一般理解为多种媒体的综合，即直接作用于人感官的文本、图形图像、声音、视频和动画等各种媒体的统称，是多种信息载体的表现形式和传递方式。

多媒体技术（Multimedia Technology）就是利用计算机对文本、图形图像、声音、视频、动画等多种信息进行综合处理，建立逻辑关系和人机交互作用的技术。

2．多媒体素材的概念

多媒体素材又称多媒体教学软件素材，是指多媒体课件及多媒体相关工程设计中所用到的各种听觉和视觉工具材料，是多媒体教学软件中的基本元素，是传播教学信息的基本材料单元。

3．多媒体素材的分类与采集

根据素材在磁盘上存放的文件格式不同，可将素材划分为五大类：文本类素材、图形图像类素材、音频类素材、视频类素材、动画类素材。当然，这些素材作用于人感官的表现是不同的。

在集成多媒体教学软件前，必须事先准备好文本、图形图像、声音、视频、动画等原始素材。这些素材一般需要通过一定的方法来采集（多媒体素材的获得有多种途径）或制作，有些还需要预处理和编辑加工。掌握多媒体素材的采集和编辑方法，是每位多媒体创作者必备的基本技能。

多媒体素材的采集与制作涉及设备、接口、附件、软件和文件格式，耗费的时间较长，是一项既烦琐又细致的工作。对于一些简单的素材，如比较简单的几何图形，一般可用多媒体课件自带的图形工具来绘制（如在 PowerPoint 软件中利用图形工具和自选图形库中的基本图形，可以绘制各种常见图形）；有许多素材在其他地方可以找到（如成品课件库、光盘文件、网络等），对于广大教师来说这是一条理想的捷径，不但可以节省自己的时间，缩短课件制作周期，而且可以不借助某些昂贵的设备；有些素材必须自己制作，这就要求掌握一些常用工具软件的使用和多媒体设备的操作。

3.1.4 新媒体及其教学应用

随着现代技术的发展，新兴教学媒体得到迅速发展和应用，网络上产生了大量适合教学的视听资源，它们以网络视频和动画等方式出现，让人们的视听觉得到了很大的满足。在流媒体技术出现之前，人们必须先将这些多媒体内容下载到本地计算机中，在漫长的等待之后（因为受限于带宽，下载通常要花上较长的时间），才可以看到或听到媒体传达的信息。令人欣慰的是，在流媒体技术出现之后，人们便无须再等待媒体完全下载到本地了。下面对网络电视和流媒体进行简要介绍。

1. 网络电视

网络电视（Network Television，NTV）以宽带网络为载体，以互动个性化为特性，为所有宽带终端用户提供全方位影视及多媒体服务业务，能实现直播和点播。网络电视是在数字化和网络化背景下产生的，是互联网络技术与电视技术相结合的产物。

网络电视包括交互式网络电视（Internet Protocol Television，IPTV）和互联网电视（Over The Top TV，OTT TV）。其中，交互式网络电视基于高速宽带 IP 网络，以网络视频资源为主体，将电视机、个人计算机及手持设备作为显示终端，通过机顶盒或计算机接入宽带网络，实现数字电视、时移电视、互动电视等服务。互联网电视是指以广域网即传统互联网或移动互联网为传输网络，以电视机等为接收终端，向用户提供视频及图文信息内容等服务的电视形态。它有别于交互式网络电视，不受地域限制，只要有能够接入互联网端口的电视机、计算机、平板电脑、手机等视频接收终端，就可以收看电视节目。

网络电视的终端一般有四种形式，即 PC 平台、TV（机顶盒）平台、专门平台和手机平台（移动网络）。网络电视既保留了电视形象直观、生动灵活的表现特点，又具有了互联网按需获取的交互特征，是综合两种传播媒介的优势而产生的一种新的传播形式。网络电视应用中催生了大量播放软件，如 PPTV、风云、PPS 等；也催生了不同播放标准、格式和开发技术，如 P2P 技术、H.264、H.265 编/解码技术等。

网络电视在儿童教育教学活动中可以发挥很大的作用。电视由于画面生动形象、丰富多彩、鲜活有趣，对儿童能产生极大的吸引力。网络电视上资源丰富，可以随时在网上查找和播放儿童学习资源，如音乐、故事、动画、游戏视频等，为教师教学、儿童学习带来了极大的便利。有的网络电视还可以进行互动，给儿童学习带来了乐趣。

2. 流媒体

流媒体是指采用流式传输技术在网络上连续实时播放的媒体格式，如音频、视频或多媒体文件。流媒体技术又称流式媒体技术，就是把连续的影像和声音信息经过压缩处理后放到网站服务器上，由视频服务器向用户计算机顺序或实时地传送各个压缩包，让用户一边下载一边观看、收听，而不用等整个压缩文件下载到计算机上之后才可以观看的网络传输技术。利用该技术可先在用户端的计算机上创建一个缓冲区，在播放前预先下载一段数据作为缓冲，在网络实际连线速度小于播放所需速度时，播放程序就会取用一小段缓冲区内的数据，这样可以避免播放中断，使得播放品质得以保证。

流媒体技术的出现极大地提高了人们应用互联网上的视听新媒体的频率。教师可以充分利用网络上的相关教学视听媒体资源，直接使用或改造后用于实际教学中。

3.2 文本素材及处理技术

3.2.1 文本素材的特点和格式

1．文本素材的特点

文本是一种高度抽象后将信息传达和情感传达完美结合的表意符号，一种以文字和各种专用符号表达的信息形式，具有极强的思想表现力。文字表达有两大特征：一是表意的准确性，能准确地传达信息、阐述概念；二是给人充分的想象空间。古人留下的众多美好诗词就充分体现了这一点，如"举头望明月，低头思故乡"，聊聊几个字，就表达了浓厚的思乡之情；在教学中，一个概念可以用文字准确地描述出来，如"实数可直观地定义为和数轴上的点一一对应的数"。

文本是人们熟悉的媒体形式，也是在现实生活中使用较多的一种信息存储和传递方式。文本信息不仅是人与计算机交流的主要方式，而且在多媒体应用系统中占据着主导地位。

尽管随着多媒体技术的不断发展，教学中开始大量采用多种媒体进行教学，但其中文本的应用仍然占据着相当大的比重，这是因为教学中对信息的表达和理解，文本与其他媒体相比，仍然具有优越性与不可替代性。

（1）表示简单

文本是字母、数字及其他各种符号的集合，通常人们将这个集合称为字符集。在目前的计算机系统中，广泛使用的是 ASCII 编码字符集，它采用 7 位二进制位对字符进行编码，每个编码占据 1 字节。汉字字符使用的是简体中文字符集的中国国家标准《信息交换用汉字编码字符集 基本集》（GB 2312－80），一个汉字占 2 字节。

（2）处理方便

由于每个字符占据固定的二进制位数（8 位或 16 位），所以系统在处理字符时可以直接对字节进行操作，这对计算机来说十分容易。

（3）存取速度快

在一张 A4 纸上写满文字只需要上千字节，而一张大小为 640 像素×480 像素的图像，则占到 30 万字节，所以读取一页文字比读取一张图像快很多。

2．文本素材的格式

文本作为一种常见的教学媒体，有多种保存格式，不同的格式可以用不同的软件进行编辑处理。

（1）DOC（DOCX）格式

DOC（DOCX）是 Office Word 使用的文档格式。这种格式的文件可以保存较多的格式信息。

（2）TXT 格式

TXT 是一种文本文件。一般用 Windows 系统中的记事本编辑的文件都是 TXT 格式的文件，是纯文本文件，无格式，即文件里没有任何字体、字号、颜色、位置等格式化信息。所有的文字编辑软件和多媒体集成工具软件均可直接调用 TXT 格式文件。

（3）WPS 格式

WPS 是中文处理软件的格式。其中包含特有的换行和排版信息，它们被称为格式化文本，只能在特定的 WPS 编辑软件中使用。

（4）RTF 格式

RTF 格式又称富文本格式（Rich Text Format），是由微软公司开发的跨平台文档格式。RTF 格式文件以纯文本形式描述内容，能够保存各种格式信息，可以用写字板、Word 等文字处理软件创建。大多数文字处理软件都能读取和保存 RTF 格式文件。

（5）PDF 格式

PDF（便携式文档）格式是由 Adobe 公司开发的，用与应用程序、操作系统、硬件无关的方式进行文件交换的电子文件格式。PDF 格式文件以 PostScript 语言图像模型为基础，无论在哪种打印机上都可保证精确的颜色和准确的打印效果，即 PDF 会忠实地再现原稿的每个字符、颜色及图像。这种文件格式与操作系统平台无关，也就是说，PDF 格式文件不管是在 Windows 系统、UNIX 系统中，还是在苹果公司的 Mac OS 操作系统中都是通用的。这一特点使它成为在互联网上进行电子文档发行和数字化信息传播的理想文档格式。如今，越来越多的电子图书、产品说明、公司文案、网络资料、电子邮件开始使用 PDF 格式文件。

3.2.2 文本素材的获取方式

计算机获取文本素材的方式很多，按获取的途径可以分为直接获取方式和间接获取方式两种。

1．直接获取方式

随着硬件技术和网络技术的发展，计算机除了可以通过键盘输入获取文本素材之外，还可以通过其他扩展输入方式，如手写输入、语音录入、扫描输入、拍摄等获取文本素材。文本的输入通常借助于各种文字处理软件，输入完成后保存成文件。能够处理文字的软件很多，日常生活中使用较多的有记事本、写字板、Word、WPS 等软件；还有一些专业的排版软件，如方正飞腾、CorelDRAW、PageMaker 等软件，这些软件主要用于对报纸、杂志等进行编辑排版。另外，多媒体创作软件一般也都提供文本输入和编辑功能，操作方法与文字处理软件类似。

2．间接获取方式

除了可以以直接输入方式获取文本素材之外，还可以通过间接复制或从网上下载等方式获取文本素材。通常情况下，网页文本内容可以选择直接复制下来，或者直接保存为网页文件或文本文件；特殊字体或艺术字可以用抓图工具抓取后，进行图片化处理后再使用。

3.2.3 文本素材的处理技术

获取的文本，在使用之前都要根据需要进行特定的格式编排，使其更美观、更具可读性及保存价值。处理文本的软件种类很多，读者需要了解几个常用的处理软件，并重点掌握用 Word 软件处理文本素材的方法。

1. 常用的文字处理软件

下面是几种常用的文字处理软件。

（1）记事本

记事本是 Windows 系统自带的文字处理软件，采用一个简单的文本编辑器进行文字信息的记录和存储。自 1985 年发布的 Windows 1.0 开始，所有的 Windows 版本都内置这个软件。它只处理文字（汉字、数字、字符），不能处理其他媒体，对文字也只能设置简单的格式，如字体、字形、字号，而且所有文字只能是一种格式。用此软件仅能对文字进行录入、保存和简单的编辑（如复制、剪切、查找、替换等）操作。用记事本保存的文件只有 TXT 一种格式，但这种格式的文件可以被所有的文字处理软件打开。

（2）写字板

写字板也是 Windows 系统自带的文字处理软件，它的功能比记事本丰富一些，能够为文字设置不同的字体，可以添加简单的特殊效果和设置简单的段落格式（左、右缩进，首行缩进等），可以设置简单的对齐方式，完成一些基本的编辑操作。另外，可以在写字板中插入除文字以外其他类型的对象，如图片、表格、图表等，但不能直接对这些对象进行编辑。用写字板保存的文件是 RTF 格式，它可以保存为设置的格式，也可以保存为 TXT 格式。

（3）WPS

WPS 是金山公司开发的一款国产品牌办公软件，是一个具有文字处理、对象处理、表格应用、图像编辑、公式编辑、样式处理、语音输入、多媒体播放等诸多功能的办公系统软件。WPS 是一款对个人用户永久免费的办公软件产品，其将办公与互联网结合起来，多种界面随意切换，还提供了海量的精美模板、在线图片素材、在线字体等资源，帮助用户轻松打造完美文档。WPS 目前与 Word 已有较好的兼容性。

（4）Word

Word 是美国微软公司开发的 Office 办公组件之一，是目前被广泛使用的一个文字处理软件，有很强的文字处理功能，可以满足大部分的文字处理需要。借助 Word 软件，可以使文本内容层次清晰、整洁美观，如制作各种办公文件、教案、论文、各种表格等；也可以进行漂亮的版面设计，如制作校园简报、简历、通讯录等。用 Word 建立的文档可以保存为各种文本格式，如 DOC（DOCX）格式、RTF 格式、TXT 格式和网页格式，其中 DOC（DOCX）是它的标准格式。

2. Word 的主要功能及应用

（1）字符格式设置

在一篇文章中，给不同位置的文字设置不同的格式，可以使整个文档层次分明、整洁美观，这属于字符格式设置，可以在"字体"对话框中完成。字符格式设置包括字体、字形、字号、颜色等常规设置；也包括特殊效果设置，如下画线、删除线、空心字、阳文、阴文、英文字母、字间距等效果。用户根据需要进行选择就可以实现所要的各种效果。

（2）段落格式设置

Word 提供了丰富的段落格式，如左/右缩进、段前/段后间距、行间距等，可以满足用户对不同文本格式的要求。如下面的示例，就是通过设置左/右缩进和段前/段后间距实现的。

　　　　　　　从明天起，做一个幸福的人
　　　　　　　喂马，劈柴，周游世界
　　　　　　　从明天起，关心粮食和蔬菜

我有一所房子，面朝大海，春暖花开
从明天起，和每一个亲人通信
告诉他们我的幸福
那幸福的闪电告诉我的
我将告诉每一个人
给每一条河每一座山取一个温暖的名字
陌生人，我也为你祝福
愿你有一个灿烂的前程
愿你有情人终成眷属
愿你在尘世获得幸福
我只愿面朝大海，春暖花开

（3）表格设计

表格是能够清晰表示出数据之间关系的一种信息表示形式，在日常生活中随处可见。Word 的表格处理功能十分强大，可以满足日常办公所需。

Word 软件提供了建立规则表格和手动绘制表格两种新建表格的方法，并且提供了相应的编辑表格的命令。把两种方法相结合，可以创建出所需要的各种复杂表格。例如，先用规则表格的创建方法，创建出表格的框架（16 行 1 列的表格），然后通过拆分/合并单元格或绘图工具修改成如表 3-2 所示的表格。

表 3-2　样表：×××专业技术资格考试报名表

考生类型：　　　　　报名地市：　　　　　报名时间：

姓名		性别		民族		照片
政治面貌		国籍地区		出生日期		
证件类型		证件号码				
学历		学位		毕业日期		
所学专业		毕业学校				
电话		E-mail				
报考级别		报考专业		收费合计		
专业年限		工作年限		专业职称		
专业技术职务聘任日期		专业技术职务				
工作单位				单位性质		
通信地址				邮政编码		
报考科目						

续表

我承诺，以上报考信息真实准确，符合×××专业技术资格考试所要求的报考条件，自觉履行本网站的相关协议，严格遵守考试纪律。 承诺人签名： ____年___月___日	报名序号条形码
单位意见： ____年___月___日	审核部门意见： ____年___月___日

（4）图文混排

在文字中插入各种图片、图形时，存在一个文字与图片、图形之间的排版问题，既可以设置为靠页面一侧的效果，也可以设置为文字环绕的效果，还可以设置为衬于文字上方或衬于文字下方等效果。其方法如下：选中图片或图形，单击鼠标右键，在弹出的快捷菜单中选择"设置图片（图形）格式"→"自动换行"命令，在弹出的子菜单中选择所需要的版式。

有时还需要对文字进行分栏排版，其中栏数可以自行设定，可以等宽，也可以不等宽，还可以根据需要设定分隔线等。其操作方法如下：选中需要排版的文字，借助"分栏"命令按需设置栏数、栏宽等效果。

【技能拓展】

1. 特殊字体的安装

Windows 系统本身只带部分基本字体，如果需要更多的字体，则需要进行安装。本教材以 Office 2016 版本为例进行讲解，安装的方法如下：先找到所需字体，然后保存到计算机的某个位置；打开 Windows 系统字体文件存放的目录（如 C:\Windows\Fonts）或在控制面板中打开"字体"对话框，选择"文件"→"安装新字体"命令，弹出"添加字体"对话框，选择字体文件存放的路径后就会出现字体列表，选择所需要的字体，选中"将字体复制到 Fonts 文件夹"复选框，接下来系统就开始安装字体。安装完成后，新增字体就可以使用了。当然，具体操作视系统而异，本书所列方法只供参考。

需要注意的是，用户使用的新字体可能在其他计算机上不能完美再现，原因是其他用户的计算机上没有安装这种字体。解决这个问题的办法是，把这些文字制成图像，然后插入文件中。另外，在 Word 2003 及后期的版本中，有一项嵌入字体技术，它能够将一篇文档中的所有字体整合成一个文件，传输到另一台计算机上。选择"文件"→"另存为"命令，弹出"另存为"对话框，单击"工具"按钮，在打开的列表中选择"保存选项"命令，弹出"Word 选项"对话框，选择列表框中的"保存"选项，选中"将字体嵌入文件"复选框和"仅嵌入文档中使用的字符（适于减小文件）"复选框即可。嵌入字体可很好地保证在传输的文件中所使用的字体能够显示在接收文件的计算机上。

2. 样式的定制与应用

（1）样式的定制

有时在对一篇较长的文档进行排版时，文档中有多级标题，同一级别的标题需要设置为相同的格式，如果每一级标题都进行设置，会很烦琐。在 Word 软件中可以利用定制样式来解决这个问题，使排版变得十分容易。下面通过设置一个文档的三级标题及正文来举例说明。

第 1 步：从文件起始位置选中一级标题的文字，按设计需要排好格式，打开"段落"对话框，选择大纲级别为"1 级"，关闭对话框，在工具栏中将标题样式命名为"一级标题"，至此，一级标题的样式就定制好了。

第 2 步：选中二级标题的文字，设置好格式，按同样的方法选择大纲级别为"2 级"，将标题样式命名为"二级标题"。

第 3 步：用同样的方法定制好三级标题的样式。

第 4 步：选中起始位置处正文部分的一段文字，设置好文字和段落格式，选择大纲级别为"正文文本"，将标题样式命名为"正文文本"即可。至此，所有样式都已定制完成，下面使用样式来进行整个文档的排版。

第 5 步：选中需应用样式的文本，单击"开始"选项卡"样式"工具组中的样式名称，如"正文文本""一级标题""二级标题""三级标题"等，即可为选中文本应用已定制好的样式。

（2）样式的应用

运用样式排版既快捷又方便，还可以自动提取出整个文档的目录。具体步骤如下。

第 1 步：将光标定位在需要插入目录的页面中，通常是首页或末页，输入"目录"，并设置好格式。

第 2 步：单击"引用"选项卡"目录"工具组中的"目录"按钮，在打开的下拉菜单中选择"自定义目录"命令，弹出"目录"对话框。在"目录"选项卡中选中"显示页码"复选框和"页码右对齐"复选框，在"制表符前导符"下拉列表中任选一种前导符，在"显示级别"文本框中输入"3"。

第 3 步：单击"确定"按钮，自动生成目录。

【实践活动】刊物编排

运用 Word 进行刊物编排，要求版面美观，内容有文本、图片、表格、艺术字等素材，要求如下。可参考"大熊猫的生活方式"样图进行编排，如图 3-2 所示。

图 3-2 "大熊猫的生活方式"样图

① 将标题设置为艺术字，艺术字样式自行选择。
② 出版者用文本框显示，格式自行设置。建议文本框轮廓与填充均设置为"无"。
③ 刊物文字内容分成等宽的两栏，字体和字号根据情况自行设置。在文字中插入"大熊猫.png"图片，设置图片环绕文字的方式为"四周型"。
④ 制作表格，自行调整表格的列宽、行距，设置文字格式。

操作提示：

在进行图文混排的时候，可以先把文字部分（包含标题）按自己的设计排好，如分栏、项目符号、特殊段落格式，然后插入表格、图片等内容，并设计位置，设置图文混排方式，使整个版面设计科学、美观。

3.3 图形图像素材及处理技术

3.3.1 图形图像概述

图形图像在通常的信息传递方面具有独特的作用，具有直观、形象、生动、色彩丰富等特点。随着多媒体技术的发展，图形图像在教学中的应用越来越多。在教学中使用的图形，一般都可用计算机软件绘制，如直线、圆、矩形、曲线等，这些图形常被称为矢量图，主要由外部轮廓线条构成；而图像则是由扫描仪、摄像机等输入设备捕捉实际的画面产生的数字图像，是由像素点阵构成的位图。两者都是数字化的文件，但在感觉器官的复杂度和意义上是不同的，所传达的视觉效果也是不同的。

1. 图形图像的种类

（1）矢量图

矢量图又称向量图，是用一组指令集来描述的，如图 3-3 所示。这些指令描述了构成一幅图画的所有直线、曲线、矩形、圆、圆弧等的位置、形状和大小。矢量可以是一个点或一条线，矢量图是根据几何特性绘制的，只能靠软件生成，文件占用空间较小，因为这种类型的图形文件包含独立的分离图形，可以无限制地重新组合。它的主要特点是放大后图形不会失真，和分辨率无关，适用于图形、文字设计和一些 Logo（标志）、封面设计等。

图 3-3 矢量图

（2）位图

位图又称点阵图或绘制图像，是由称作像素（图片元素）的单个点组成的，如图 3-4 所示。这些点可以进行不同的排列和染色以构成图样。当放大位图时，可以看见构成整个图像的无数单个方块。放大位图的效果是增多单个像素，从而使线条和形状显得参差不齐。然而，如果从稍远的位置观看它，颜色和形状又显得是连续的。由于每个像素都是单独染色的，可以通过以每次一个像素的频率操作选择区域而产生近似照片的逼真效果，如加深阴影和加重颜色。缩小位图也会使原图变形，因为这是通过减少像素来使整个图像变小的。同样，由于位图图像是以排列的像素集合体形式创建的，所以不能单独

图 3-4 位图

操作（如移动）局部位图。位图主要用于表现含有大量细节（如明暗变化大、场景复杂、轮廓色彩丰富）的对象，如照片、绘图等，通过图像软件可进行复杂图像的处理以得到更清晰的图像或产生特殊效果。

2．图像的像素和分辨率

（1）像素（Pixel）

像素是图像显示的基本单位，被视为图像的最小完整采样，是有颜色的小方块。而图像就是由若干像素组成的，它们有各自的颜色和位置。因此，像素越多，图像就越清晰，所占存储空间也就越大。

（2）分辨率（Resolution）

分辨率是指图像文件中单位面积内像素点的多少，或者说所包含的细节和信息量，也可指输入、输出或显示设备能够产生的清晰度等级。通常可以分为以下几种不同的分辨率。

① 屏幕分辨率，指在特定显示方式下，显示器能够显示出的像素数目，以水平和垂直的像素来表示，如 1024 像素×768 像素和 1280 像素×800 像素等。屏幕分辨率可以通过显示器的显示属性来进行设置，如图 3-5 所示，1280 像素×800 像素表示显示器的每条水平线上有 1280 个像素点，每条竖直线上有 800 个像素点，整个显示器上就有 1280×800=1024000 个像素点。屏幕上的像素越多，显示的图像质量就越高。分辨率不仅与显示器尺寸有关，还受显示器特性、频率、带宽等因素的影响。例如，在调整显示器分辨率时，不可盲目追求高分辨率，因为显示器要稳定显示还与刷新频率有关，只有当刷新频率为"无闪烁刷新频率"时，显示器能达到的最高分辨率才是这个显示器的最高分辨率。

图 3-5 屏幕分辨率设置

② 图像分辨率，即图像的像素密度，是指图像在单位面积内所包含像素点个数的多少，度量单位为像素/英寸（ppi），通常所说的"200 万像素"，就是指每平方英寸（1 英寸=2.54 厘米）有 200 万个像素点，如 1600 像素×1200 像素就代表大约是"200 万像素"。高分辨率图像在单位面积内比低分辨率图像包含更多的像素点，在相同显示器或打印纸上，图像更清晰，当然图像所占的存储空间也就更大。例如，一幅 A4 纸大小的 RGB 彩色图像，若分辨率为 300ppi，则文件的大小在 20MB 以上；若分辨率为 72ppi，则文件的大小只有 2MB 左右。

③ 扫描分辨率，指在扫描前所设置的扫描仪的极限解析度，其单位用每英寸包含的点（dpi）表示。扫描图像时，像素的大小是由使用的分辨率确定的，例如，600dpi 扫描分辨率就表示每个像素是 1/600 英寸。输入分辨率高，意味着像素点小，每个度量单元就具有较多的信息和潜在的细节，色调看起来就比较连续；输入分辨率低，意味着像素点大，每个度量单元的细节就较少，因而看起来显得粗糙。一幅图像中的像素大小和数量组合在一起就确定了它所包含的信息总数。

④ 打印分辨率，指图像打印输出时每英寸可识别的点数，也用 dpi 表示，是衡量输出后图像清晰度的一个重要指标，该项指标越高表示图像的清晰度越高。需要注意的是，同一幅数字图像输出时选择的打印分辨率不同，输出的大小也不同。最理想的情况是图像的分辨率与将要使用的输出设备的分辨率相匹配。如果不匹配，下面两种结果将出现其一：如果图像的分辨

率低于输出设备的分辨率，则显示或打印过程就会插入所需的额外的像素，最终的结果是使图像牺牲某些细节和清晰度；如果图像的分辨率高于输出设备的分辨率，则显示或打印过程就要抛弃额外的像素，这种结果比第一种结果要稍微好一些。

3.3.2 图形图像文件的格式

多媒体计算机通过各种形式得到的数字图像都是以文件形式存储的,计算机对图像的处理也是以文件形式进行的。各种存储文件都有一定的格式，由于编码方法不同，得到的图像格式也各不相同。每种图像处理软件都各自采用适当的图像编码方式及记录格式，因此存储的文件格式也各不相同。不过，用户在使用的时候，图形或图像的不同格式之间也可以通过一些工具软件来互相转换。以下介绍一些比较常用的图形图像文件格式。

1. BMP 格式

BMP 是英文 Bitmap（位图）的简写，是 Windows 标准的位图文件格式，扩展名为"bmp"。这种格式的特点是包含的图像信息较丰富，几乎不进行压缩，所以文件所占的存储空间较大。几乎所有 Windows 环境下的图形图像处理软件都支持这种格式。

2. JPEG 格式

JPEG（Joint Photographic Experts Group）是由国际标准化组织（International Organization for Standardization，ISO）和国际电话电报咨询委员会（Consultative Committee of the International Telephone and Telegraph，CCITT）为静态图像所建立的第一个国际数字图像压缩标准，也是至今一直在使用且应用广泛的图像压缩标准。JPEG 格式由于可以提供有损压缩，因此压缩比可以达到其他传统压缩算法无法比拟的程度，扩展名为"jpg"或"jpeg"。这种格式的压缩技术十分先进，它用有损压缩方式去除冗余的图像和彩色数据，在实现极高压缩率的同时展现十分丰富生动的图像，也就是说，可以用较小的磁盘空间得到较好的图像质量。目前，JPEG 格式已广泛用于彩色传真、静止图像、电话会议、印刷及新闻图片的传送上。

3. GIF 格式

GIF（Graphics Interchange Format）的中文名称为图像互换格式，是 CompuServe 公司在 1987 年开发的图像文件格式，是一种基于 LZW（串表压缩）算法的连续色调无损压缩格式，压缩率一般在 50%左右。它不属于任何应用程序。目前几乎所有相关软件都支持它，且有大量的软件在使用 GIF 格式文件。GIF 格式文件的数据是经过压缩的，而且采用了可变长度等压缩算法。可以在一个 GIF 格式文件中保存多幅彩色图像，如果把保存于一个文件中的多幅图像逐幅读出并显示到屏幕上，就可构成一个简单动画。

GIF 格式有两个主要的规范：GIF87a 和 GIF89a。GIF89a 增加了创建简单动画的功能，并支持透明背景，即同一个文件中可以存储数张图像，呈现时逐幅读出并显示到屏幕上，从而形成动画效果。

4. PSD 格式

PSD 格式是 Photoshop 软件特有的、非压缩的文件格式，扩展名为"psd"，保真度和 BMP 格式一样，但是因为这种格式需要记录图像中的每一层，而且每一层就是一幅同等大小的图像，所以最终的图像文件会比 BMP 格式的文件大很多。不过正是因为这个层的存在，使得它可以存储许多 BMP 格式所不能存储的效果，因此很多美工、图像编辑人员用它来存储作品。

5. TIFF 格式

TIFF（Tag Image File Format）的中文名称为标记图像文件格式，是一种灵活的位图格式，扩展名为"tif"，主要用来存储包括照片和艺术图在内的图像。它最初由 Aldus 公司与微软公司合作开发，主要用于 PostScript 打印。TIFF 与 JPEG 和 PNG 格式一起，成为当前流行的高位彩色图像格式。TIFF 格式在业界得到了广泛的支持，如 Adobe 公司的 Photoshop、The GIMP Team 的 GIMP、PhotoImpact 和 Paint Shop Pro 等图像处理软件，QuarkXPress 和 Adobe InDesign 等桌面印刷和页面排版软件，以及扫描、传真、文字处理、光学字符识别和其他一些软件都支持这种格式。TIFF 格式支持的色彩数最高可达到 16MB，因此文件体积庞大，但信息量巨大，细微层次的信息较多，有利于原稿色彩的复制。

6. PNG 格式

PNG（Portable Network Graphic Format）是 Netscape 公司开发的一种能存储 32 位信息的位图文件格式，扩展名为"png"。与 GIF 格式一样，PNG 格式也使用无损压缩方式来减小文件的大小，但其图像质量远胜于 GIF 格式。PNG 格式的图像可以是灰阶的（16 位）或彩色的（48 位），也可以是 8 位的索引色，使用的是高速交替显示方案，显示速度很快，只需要下载 1/64 的图像信息就可以显示出低分辨率的预览图像。与 GIF 格式不同的是，PNG 格式不支持动画。

7. TGA 格式

TGA（Tagged Graphics）格式是由美国 Truevision 公司为其显示卡开发的一种图像文件格式，扩展名为"tga"，这种格式已被国际上的图形图像业界所接受。TGA 格式结构比较简单，属于一种图形图像通用格式，在多媒体领域有很大影响，是计算机生成的图像向电视转换的一种首选格式。

TGA 格式最大的特点是支持不规则形状的图形图像文件。一般图形图像文件都为四边形，若需要圆形、菱形，甚至镂空的图形图像文件时，TGA 格式是个不错的选择。TGA 格式支持压缩，并且采用不失真的压缩算法。

8. WMF 格式

WMF 是 Windows Metafile Format 的缩写，简称图元文件，是微软公司定义的一种 Windows 平台下的图形文件格式，扩展名为"wmf"。Office 软件中的剪贴画使用的就是这种格式，属于矢量文件格式，具有文件短小、图案造型化的特点，整个图形常由各自独立的组成部分拼接而成，往往比较粗糙。WMF 格式文件是 Windows 系统支持的一种图形格式文件，目前，其他操作系统如 UNIX、Linux 等尚不支持这种格式。

另外，还有一些常见文件格式，如 EPS、PCX、CDR 等。

3.3.3 图形图像素材的获取与输出

获取图形图像素材的常用方法有屏幕捕捉（截屏）、扫描输入、数码相机拍摄、视频帧捕捉、光盘采集、使用专门的图形图像工具制作、从网络上下载等。

1. 屏幕捕捉

计算机屏幕上的图像可以利用多种截屏软件（如 HyperSnap、Snagit、QQ 等），捕捉当前屏幕上显示的任何内容，也可以通过按 Windows 系统提供的 Alt+PrintScreen 组合键，直接将当前活动窗口显示的画面置入剪贴板中。

2. 扫描输入

这是一种常用的图像采集方法。例如，如果希望把教材或其他书籍中的一些插图放在多媒体课件中，可以通过彩色扫描仪将插图扫描，然后转换成数字图像文件，再使用 Photoshop 等软件进行颜色、亮度、对比度、清晰度、幅面大小等方面的调整，以弥补扫描时留下的缺陷。

3. 数码相机拍摄

随着数码相机的不断发展，数字摄影是近年来广泛使用的一种图像采集方法。用数码相机拍摄的图像是数字图像，被保存到数码相机的内存储器中。人们通过计算机的通信接口（USB）或网络将数据传送到多媒体计算机上，再在计算机中使用 Photoshop、CorelDRAW 等图形图像处理软件进行处理之后加以应用。教师使用这种方法可以方便、快捷地制作出实际物体影像，如旅游景点、实验仪器、人物等的数字图像，然后插入多媒体课件中。

4. 视频帧捕捉

视频播放过程中，可以将屏幕上显示的视频图像进行单帧捕捉，变成静止的图像存储起来。如果计算机装有专用的图像捕捉卡，还可以利用它采集视频图像的某一帧而得到数字图像，如把其他多媒体课件中的视频截取出来用在自己制作的多媒体教学课件中。这种方法简单灵活，但图像质量一般难以与扫描质量相比。

5. 光盘采集

目前很多公司制作了大量的分类图像素材库（各种植物图片库、动物图片库、办公用品图片库、卡通图片库等）放在光盘中，光盘中的图片清晰度高、制作精良，而且同一幅图以多种格式存储。这些光盘可以在书店等处买到或在网上下载（可能要付费）。

6. 使用专门的图形图像工具制作

对于那些确实无法通过上述方法获得的图形图像素材，就不得不使用绘图软件来制作。简单的线条式绘图可以使用 Office 自带的绘图工具或 Office Visio；简单的自绘图形可以使用 Windows 系统自带的画图工具。常用的专业绘图工具有 Photoshop、FreeHand、Illustrator、CorelDRAW 等，这些软件都提供了强大的绘制工具、着色工具、特效功能（滤镜）等，使用这些工具可以制作出所需要的图形图像。

下面是 Office 中的绘图工具、Office Visio 和 Windows 系统自带的画图工具的界面。

（1）Office 中的绘图工具

该工具的绘图工具栏中提供了大量的线状图形，可以设置线条的线型、颜色及图形的填充色，还提供了对图形的处理命令，如图形组合、旋转、调整次序、环绕方式等，可以满足大部分教师的需要。绘图工具栏中各个选项的作用如图 3-6 所示。

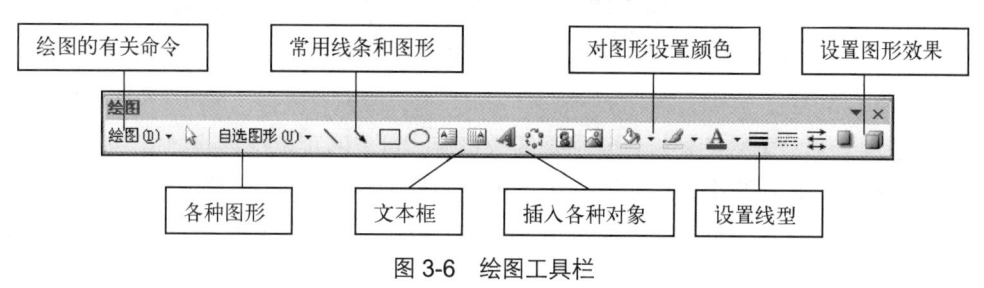

图 3-6 绘图工具栏

（2）Office Visio

Office Visio 是专业的制图工具，具有强大的作图功能，其基本使用方法可参考软件中自带的入门教程。图 3-7 是 Office Visio 2016 的界面截图。

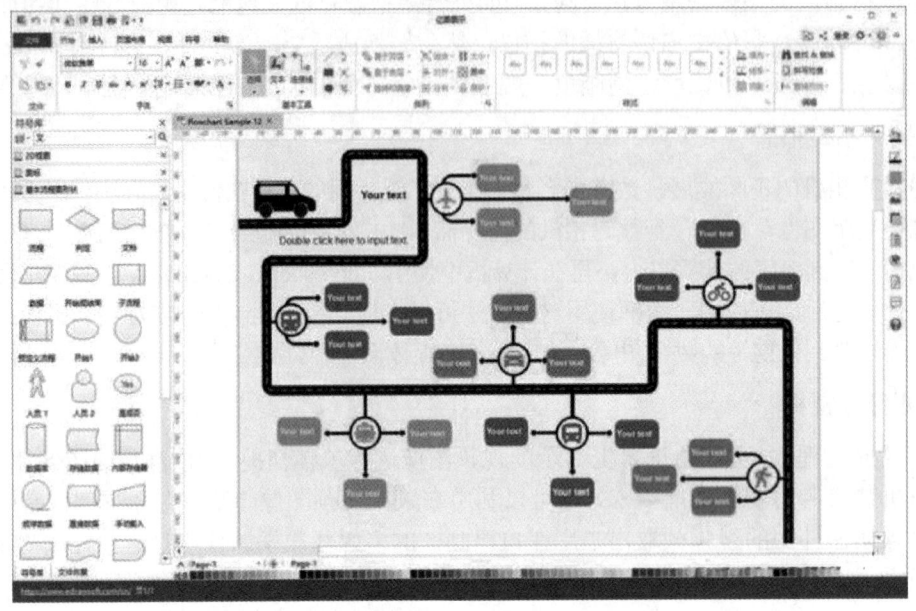

图 3-7　Office Visio 2016 的界面截图

（3）Windows 系统自带的画图工具

为方便用户办公，Windows 系统自带简易画图工具，可以在"开始"菜单中找到该工具并打开。图 3-8 是画图工具的界面截图。

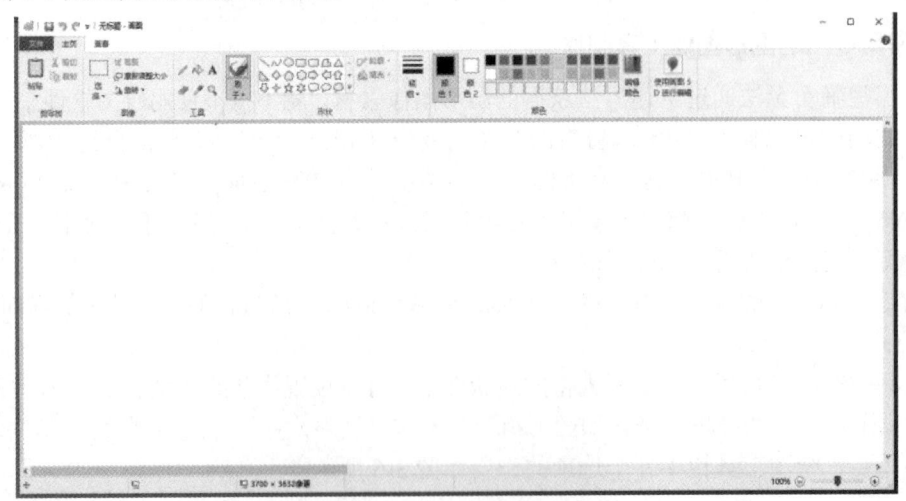

图 3-8　画图工具界面截图

7．从网络上下载

互联网提供了非常丰富的资源，特别是图像资源。对于网页上的图像，用户可以在所需的图片上单击鼠标右键，在弹出的快捷菜单中选择"图片另存为"命令，按提示把网页上的图片存储在本地计算机中；有些素材库网站提供了图片下载工具，可以直接把素材库中的图像素材下载到本地计算机中。

3.3.4 图形图像素材的采集技术

图形图像处理技术包括前期处理（采集）技术和后期处理技术。本节以数码相机采集图像为例介绍采集技术。

1．数码相机的一般使用方法

（1）设置参数

在使用数码相机时，要根据使用用途设定图像的分辨率（图像尺寸）。前已述及，图像显示的质量与分辨率的大小有直接关系，一般分辨率越高，图像质量越好，尺寸越大，占据的存储空间也越大。表3-3是数码相机的像素、输出分辨率和最大输出尺寸的关系列表，供使用时参考。

表3-3　数码相机各关系列表

数码相机像素	照片最大分辨率（像素×像素）	以200dpi分辨率输出，可以达到的最大尺寸（英寸×英寸）	以300dpi分辨率输出，可以达到的最大尺寸（英寸×英寸）
30万	640×480	—	—
80万	1024×768	5寸（3.5×5）	—
130万	1280×960	6寸（4×6）	—
200万	1600×1200	8寸（6×8）	5寸（3.5×5）
430万	2400×1800	12寸（10×12）	8寸（6×8）
600万	3000×2000	14寸（11×14）	10寸（8×10）
800万	3264×2488	16寸（12×16）	10寸（8×10）
1100万	4080×2720	20寸（16×20）	12寸（10×12）
1400万	4536×3024	24寸（18×24）	14寸（11×14）

（2）选择曝光（拍摄）模式

曝光是指在按下快门后光圈在开启状态下，光线传到影像传感器的过程。曝光量准确与否是决定图像质量的重要因素之一，也是早期胶片相机拍摄最难掌握的技巧之一。现在大多数数码相机都提供了拍摄场景选择模式或自动判断场景拍摄模式，拍摄时，只要选择相应的模式，相机可自动设定曝光量，方便了非专业的摄影师。比如，人像模式专门用于人物肖像拍摄，能使人物清晰而背景虚化，形成鲜明对比；风景模式用于一般风光拍摄，可使远近景物在画面上得到清晰表现，尤其适合拍摄深远辽阔、一望无际的自然景观；此外，还有用于夜景拍摄的夜景模式、拍摄运动物体的运动模式等。

（3）取景拍摄

在设定好参数后就可以进行取景拍摄了，一般数码相机都提供光学取景器和液晶取景器。光学取景器会有较大的视差，而液晶取景器则没有视差，图像的构图、色彩、亮度都与最终效果一样。取好景后，就可按下快门拍摄了。在按动数码相机的快门时，如果动作太猛或有抖动，成像会模糊，最好先将快门保持在一半的位置，启动相机的对焦和测光系统。一般只要使快门保持在轻轻压下的状态，就能锁住焦点，然后将快门按到底，随即释放快门，完成照片的拍摄。

（4）浏览和编辑

拍摄好的照片，可以在数码相机上进行浏览，可以放大或缩小显示，也可以对照片进行简单的编辑操作，如改变色度、亮度等。

（5）照片的输出

拍摄好的照片存储在数码相机的存储卡中，当需要将这些照片存放到计算机中的时候，通过 USB 接口将照片复制到计算机中即可。也可以卸下存储卡，将存储卡直接插入计算机的多功能读卡器，或是通过 USB 读卡器（见图 3-9）与计算机的 USB 接口相连。也可以插入打印机配置的存储卡读取器直接打印输出照片。有视频输出口的数码相机还可以通过一根视频线将照片输出到电视机上查看。

图 3-9　USB 读卡器

（6）照片的冲印

冲印数码照片时，有一个简单的计算方法，可以计算出多大分辨率的数码照片适合冲印多大的照片。如分辨率为 1600 像素×1200 像素的数码照片，计算方法是，先计算 1600÷250=6.4，然后四舍五入，所得数 6 即合适的冲印照片尺寸（6 寸），如果大于这个尺寸冲印照片就会模糊。这个方法也可以用来确定拍摄分辨率，即用事先确定好的照片尺寸乘以 250 即可。

2．数码相机的使用技术

（1）防止"红眼"产生

"红眼"是指数码相机在闪光灯模式下拍摄人像特写时，在照片上人眼的瞳孔呈现红色斑点的现象。"红眼"的产生原因：在比较暗的环境中，人眼的瞳孔会放大，此时，如果闪光灯的光轴和相机镜头的光轴比较近，强烈的闪光灯光线会通过人的眼底反射入镜头，因为眼底有丰富的毛细血管，这些血管是红色的，所以就形成了红色的光斑。防"红眼"是闪光灯的一种功能，在正式闪光之前预闪一次，使人眼的瞳孔小幅增大，从而减轻"红眼"现象。

（2）调节对比度

对比度指的是一幅图像中明暗区域最亮的白和最暗的黑之间不同亮度层级的表达，差异范围越大代表对比越大，差异范围越小代表对比越小。120∶1 以上的对比度可显示生动、丰富、层次感强的色彩；当对比度高达 300∶1 时，便可支持各阶的颜色。对比度与亮度一样，尚无绝对的标准来衡量，所以对照片亮暗层次，最好的辨识方式还是依靠使用者的眼睛，这个标准根据个人感官的不同而不同。

（3）设置白平衡

物体颜色会随着光线的改变而发生改变，在不同光线下拍摄出的照片会有不同的色温。例如，在钨丝灯（电灯泡）照明环境中拍出的照片可能偏黄，一般来说，图像传感器没有办法像人眼一样自动修正光线，所以通过白平衡修正，按目前照片的图像特质，立即调整整个图像中红、绿、蓝三原色的强度比例，以修正外部光线所造成的色差。有些相机除了提供自动白平衡或特定色温白平衡功能外，还提供手动白平衡调整。

（4）设置分辨率

必须根据图像最终的用途来设置合适的分辨率。设置分辨率的原则是，保证图像包含足够多的信息数据，能满足最终输出的需要，但也要尽量少占用一些计算机的资源。

（5）设置感光度（ISO）

可以根据光源的不同强度来调节相机的感光能力。在用传统相机时，可以根据拍摄环境的亮度来选购不同感光度（速度）的胶片（胶卷）。例如，一般阴天的环境，可选用 ISO 为 200 的胶片；黑暗环境，比如舞台、演唱会的环境，可选用 ISO 为 400 或更高的胶片。数码相机也有类似的功能，它通过改变感光芯片里信号放大器的放大倍数来改变 ISO，但当提升 ISO 时，放大器也会把信号中的噪声（称为图像噪声）放大，产生粗微粒的影像。

（6）调整光圈

光圈是一个用来控制光线透过镜头进入机身内感光面的光量的装置，通常在镜头内。光圈大小用 F 值表示，光圈 F 值=镜头的焦距/镜头口径的直径。从以上的公式可知，要达到相同的光圈 F 值，长焦距镜头的口径要比短焦距镜头的口径大。完整的光圈值系列如下：F1、F1.4、F2、F2.8、F4、F5.6、F8、F11、F16、F22、F32、F44、F64。这里需要注意的是，光圈 F 值越小，在同一单位时间内的进光量便越多，而且上一级的进光量刚好是下一级的 2 倍。例如，光圈从 F8 调整到 F5.6，进光量便多一倍，即光圈开大了一级。对于普通的数码相机而言，光圈 F 值常在 F2.8~F16 范围内。在调整很多专业的数码相机的光圈时，可以做到 1/3 级的调整，这样精确度就会更高。

（7）选择光圈及快门优先

进阶级以上的数码相机除了提供全自动（Auto）模式，通常还提供光圈优先（Aperture Priority）和快门优先（Shutter Priority）两种模式，在某些场合可以先决定某光圈值或某快门值，然后分别搭配适合的快门或光圈，以呈现画面不同的景深（锐利度）或效果。

（8）按需使用光圈先决曝光模式和快门先决曝光模式

先自行决定光圈 F 值后，相机测光系统依当时光线的情形，自动选择适当的快门速度（可为精确无段式的快门速度）以配合。设有曝光模式转盘的数码相机，通常会在转盘上刻上字母"A"来代表光圈先决模式。光圈先决模式适合重视景深效果的摄影。由于数码相机的焦距比传统相机的焦距短很多，使镜头的口径开度小，故很难产生较短的景深。

先自行决定快门速度后，相机测光系统依当时光线的情形，自动选择适当的光圈 F 值（可为无段式的 F 值）以配合。设有曝光模式转盘的数码相机，通常会在转盘上刻上字母"S"来代表快门先决模式。快门先决模式适合需要控制快门的摄影。利用高速快门可凝结动作，利用慢速快门可令行驶中的车辆变成光束。

（9）认识焦距

数码相机的说明书上一般会标有"f="，后面的数字就表示焦距。例如，"f=8-24mm，38-115mm（35mm equivalent）"，表示该数码相机的焦距为 8~24mm，同时对角线的视角换算后相当于传统 35mm 相机的 38~115mm 焦距。一般而言，35mm 相机的标准镜头焦距为 28~70mm，因此，若焦距长于 70mm 就代表支持望远效果，若短于 28mm 就表示有广角拍摄能力。"可对焦范围"则是焦距的延伸，通常分为一般拍摄距离与近距离拍摄，普通数码相机的一般拍摄距离通常都标为"从某公分（厘米）到无限远"，专业的数码相机还会提供近距离拍摄功能（Macro Mode），以弥补一般拍摄模式下无法对焦的缺陷。

（10）对焦及景深调节

在进行拍摄时，调节相机镜头，使距离相机一定距离的景物清晰成像的过程，称为对焦，景物所在的点，称为对焦点。

但是，由于人眼分辨率的限制，"清晰"程度对人眼来说并不是一个绝对的概念，所以，对焦点前（靠近相机一侧）后一定距离内的景物的成像在人眼看来都是清晰的，这个前后范围的总和，称为景深，只要在这个范围之内的景物，都能拍摄并清楚显示。

景深的大小，主要与三个因素有关。①与镜头焦距有关，焦距长的镜头景深小，焦距短的镜头景深大。②与光圈有关，光圈越小（数值越大，例如，F16 的光圈比 F11 的光圈小），景深越大；光圈越大（数值越小，例如，F2.8 的光圈比 F5.6 的光圈大），景深越小。③与拍摄物体的距离有关，主体越近，景深越小；主体越远，景深越大。另外，前景深总是小于后景深，也就是说，精确对焦之后，对焦点前面只有很短一点距离内的景物能清晰成像，而对焦点后面很长一段距离内的景物都是清晰的。一般来说，当需要突出人物面相时，只需小景深；当需要前后环境烘托主题时，则需大景深。景深有对应公式，可以进行计算。目前，一些单镜头反光相机设有景深预测按钮，在按下快门之前就可以预测到景深的情况。

（11）认识快门延迟时间

快门延迟时间指启动快门到快门打开所需时间。全自动相机，按下快门后，相机要完成自动对焦、测光、计算曝光量、选择合适曝光组合等设置。进行数据计算和存储处理所需要的时间就是快门延迟时间。

（12）按需使用连续快拍模式

连拍速度（Burst Speed），就是相机自动连续拍摄多张照片的速度。由于数码相机拍摄要经过光电转换、A/D（模拟/数字）转换及媒体记录等过程，其中无论是转换还是记录都需要花费时间，特别是记录，花费时间较多。因此，所有数码相机的连拍速度都不是很快。目前，数码相机中最快的连拍速度为 20 帧/秒，当然，随着技术的发展，连拍速度肯定会再提高。连拍速度对于摄影记者和体育摄影爱好者来说是必须注意的指标，而普通摄影场合可以不必考虑。

在连续快拍模式下，只需轻按按钮，即可按设定的速度连续拍摄，将连续动作生动地记录下来。

3.3.5 图形图像素材的后期处理技术

教学中使用的图形图像素材，可以使用常用软件（如 Office）处理，既简单又方便，教师也易于掌握。专业人员会使用一些专业软件处理图形图像，如常用的矢量图形处理软件有 Illustrator、HMI Draw、CorelDRAW 等；专业的图像处理软件主要有 Photoshop、PhotoPaint、PhotoImpact 等。这里主要介绍常用的图像处理软件 Photoshop 的基本功能。

Photoshop 是 Adobe 公司开发的功能强大的图像制作和图像处理软件。该软件目前较流行的版本是 Photoshop CS 与 Photoshop CC，已广泛应用于平面设计、图像编辑、广告、出版、动画、网页设计、多媒体制作和建筑等领域。

1．Photoshop CS6 的主要功能及特点

Photoshop CS6 的工作界面如图 3-10 所示，其主要功能及特点如下。

（1）支持扫描图像和多种图像格式

Photoshop 可以通过连接扫描仪将图像扫描后进行处理，同时支持多种图像格式文件的输入与输出，并且可以对图像进行优化，输出适合在网络上传输的图像。

（2）色彩调整

Photoshop 具有丰富的色彩调整功能，主要包括色阶调整、色彩平衡调整、亮度/对比度调整、色相/饱和度调整等。

（3）图像变换和修饰

Photoshop 可以对图像进行裁剪，更改图像大小、画布大小，对图像进行旋转、扭曲、翻

转、透视变形等操作。

图 3-10　Photoshop CS6 工作界面

（4）使用图层（Layer）来管理正在处理的图像

图层是 Photoshop 中的一个非常重要的概念，它就像是一些按一定顺序叠放在一起的透明画纸，每个画纸上有不同的图像，所有图层上的图像相互叠加的效果就是最终的图像。通过对图层的管理，可以单独对某个图层进行处理，而不影响其他图层的图像。

（5）提供多种选择工具

对图像的处理，很多时候是对图像局部进行加工，因此要先对处理的部位建立选区。建立了选区后，加工操作只对选区内的像素有效。Photoshop 提供了多种选择工具，如框类选择工具、套索类选择工具、魔棒工具等，可以满足用户在各种情况下的选择需要。

（6）文字功能

用户可以在图像中输入文字，这些文字将会成为图像的一部分。用户还可以对这些文字进行各种编辑操作，如字体设置、旋转、扭曲等。

（7）矢量绘图功能

Photoshop 除提供了处理原有图像的功能外，还提供了绘画功能，用户可以用画笔工具、钢笔工具、橡皮擦等进行绘画，提供了形状工具等矢量绘图工具。形状是面向对象的，可以快速选择形状、调整形状大小并移动形状，并且可以编辑形状的轮廓（称为路径）和属性（如线条粗细、填充色和填充样式）。利用形状可以建立选区，还可以将形状输出到其他的矢量图形处理软件中。

（8）通道（Channel）

Photoshop 采用特殊灰度通道存储图像颜色信息和蒙版（Mask）信息，它允许用户对通道进行创建和编辑。在 Photoshop 中，还可以添加专色通道，为印刷增加专色印版，比如印刷品上的金、银色都是采用这种方法设计的。

（9）滤镜（Filter）

滤镜是 Photoshop 中非常强大的工具，它可以对图像的某个区域进行处理并产生特殊的效果。Photoshop 提供了大量滤镜，大体可以分成以下几类：艺术效果滤镜、风格化滤镜、画笔描边滤镜、模糊滤镜、视频滤镜、扭曲滤镜、素描滤镜、锐化滤镜、纹理滤镜、渲染滤镜等。此外，Photoshop 还支持第三方滤镜，如 KPT、Eye Cady 等。

2．Photoshop 对图像局部的处理功能

在 Photoshop 中，可以利用选区、图层、通道等不同的形式对图像的局部元素进行加工处理。

（1）选区的建立

前已述及，对图像进行处理，有时只需要对图像局部进行处理，这时可以对要处理的部分建立选区。对创建好的选区，可以进行涂抹、复制、移动、变形等操作。

① 创建规则选区。利用矩形选框工具，在图像的合适位置按住鼠标左键并拖动，就可以创建出矩形工作区。如果在按住 Shift 键的同时拖动鼠标，则创建的是正方形选区。如果换成椭圆选框工具，用法相同。单行或单列选框工具，一次只能选定一行或一列像素。

建立选区的时候，用户可以根据需要在属性栏中进行模式、羽化、大小等属性的选择。

② 创建不规则选区。

- 利用套索工具制作不规则选区：套索工具可以创建任意形状的选区。套索工具就像手里拿着一支笔一样，在图像上画一个封闭的曲线，即可创建一个不规则选区。
- 利用多边形套索工具制作多边形选区：多边形套索工具可以通过单击图像上不同的点，来创建一些像三角形、五角星等棱角分明、边缘呈直线的多边形选区。用这种方法一般创建的都是精确的选区。
- 利用磁性套索工具制作边界明显的选区：使用磁性套索工具可以自动捕捉图像对比度较大的两部分的边界，像磁铁一样以吸附的方式，沿着图像边界绘制选取范围。这种方法特别适用于选择边缘与背景对比强烈的对象。

③ 利用魔棒工具创建选区。魔棒工具用于选择图像中颜色相同或相似的区域，而不必跟踪其轮廓。其中，颜色程度可以通过属性栏中的"容差值"来进行调节，容差值越大，则选择的区域越大。选项栏中的"连续的"选项，用来确定魔棒工具作用的区域是单击的邻近区域，还是整个图像。

④ 利用钢笔工具建立选区。钢笔工具的基本作用是绘制路径，但路径可以转化为选区。当要选取的图像形状比较复杂，其背景颜色又较多，利用一般的图像选取工具很难选取时，就可以使用钢笔工具来选取。用钢笔工具绘制路径及转化选区的一般过程如下。

第 1 步：选择钢笔工具。

第 2 步：在钢笔工具选项栏中单击"路径"按钮。

第 3 步：在图像中单击，为路径设置多个锚点。

第 4 步：将最后一个路径锚点与第一个锚点重合，完成路径绘制。

第 5 步：打开"路径"调板，这时系统自动在调板中生成一个工作路径。按 Ctrl+Enter 组合键，可以将封闭的路径转化为选区。

（2）图层及其应用

图层上有影像的地方不透明，没有影像的地方是透明的，图像就是由这些透明的图层叠加出来的效果。位于图层最下面的是背景，背景是不透明的特殊图层。处理图像时，可单独对某一图层中的影像进行编辑、移动、调色等各种处理，此时并不影响其他图层的影像。

对图层的管理，可以通过"图层"调板和"图层"菜单来完成，如可以创建、删除、重命名图层，可以调整图层顺序、创建图层组和图层蒙版，为图层添加效果等。

① 创建图层。选择"图层"→"新建"→"图层"命令，或单击"图层"调板底部的"创建新图层"按钮，可以创建一个新的图层。选择"图层"→"新建"→"通过复制的图层"命令，可将选区转化为图层。利用文字工具插入文字时，会自动增加文字图层。

② 调整图层顺序。图层自上而下依次排列，即位于"图层"调板最上面的图层在图像中也位于最上层，在编辑图像时，调整图层顺序可获得不同的图像处理效果。具体方法是在"图层"调板中按住鼠标左键拖动相应图层，当高亮度线移动到所需要的位置后松开鼠标。另外，选择"图层"→"排列"命令也可调整图层顺序。

③ 删除图层。单击"图层"调板底部的"删除"按钮，即可删除图层。

④ 复制图层。在"图层"调板中选中要复制的图层，然后按住鼠标左键，将其拖至"创建新图层"按钮上，即可复制一个图层。

⑤ 为图层建立链接。在"图层"调板中非当前图层前的链接框（第二列小方框）内单击，就可将相应图层与当前图层进行链接，或取消与当前图层的链接。链接后的图层可以同时进行移动、变形、对齐、合并等操作。

⑥ 合并图层。为了方便对多个图层进行统一处理，可以合并图层，这样做还可以节省存储空间。合并图层的方式有合并所有的图层（拼合图层）、合并可见的所有图层、合并所有的链接图层、向下合并图层等。

⑦ 进行链接图层的对齐和分布。用户在创建了两个或两个以上的链接图层后，便可以以当前图层为准重新对链接图层进行对齐操作。具体方法是选择"图层"→"对齐"菜单中的各命令或单击移动工具属性栏中的对齐按钮。

（3）通道及其用途

通道主要用于保存颜色数据。例如，一个 RGB 模式的彩色图像包括 RGB、红、绿、蓝四个通道。在对通道进行操作时，可以分别对各原色通道进行明暗度、对比度的调整，在对任意一个单色通道进行调整时，都会马上反映到 RGB 主通道中。

① 通道的原理。图像是由不同的颜色组成的，其不同的混合比例可获得不同的色光。Photoshop 基本上是依据此原理对图像进行处理的，这就是通道的由来。

② 通道的类型。对于不同颜色模式的图像，其通道表示方法也不一样。例如，对于 RGB 模式的图像来说，其通道有四个，即 RGB 合成通道、R 通道、G 通道与 B 通道。在 RGB 模式下，R、G、B 三原色的分量相等时，结果是灰色；所有分量的值为 255 时是白色；所有分量的值为 0 时是黑色。对于 CMYK 模式的图像来说，其通道有五个，即 CMYK 合成通道、C 通道（青色）、M 通道（洋红色）、Y 通道（黄色）与 K 通道（黑色），此通道是印刷及通常打印用的颜色模式。

选择"图像"菜单中的"应用图像"和"计算"命令，可将一些通道叠加到其他的通道上，产生特殊的效果。

3．Photoshop 对图像的基础性处理功能

（1）形体调整

形体调整有多种方法，既可以通过"编辑"菜单中的"自由变换"命令进行调整，也可以通过"编辑"菜单"变换"命令下的子命令变形。选择有关命令后，选区周围将出现控制点（句柄），拖曳控制点可使形体发生变化，双击鼠标左键（或按 Enter 键），选区内的图像即完成变换。自由变换图像是指对图像进行缩放、旋转、倾斜、透视和扭曲等操作。

选中图像，按 Ctrl+T 组合键，这时图像周围会出现控制点，可以对选区内的图像进行自由变形；或者选择"编辑"菜单"变换"命令下的子命令进行各种变形，如果选择的是"变形"命令，可以在属性栏中单击右侧的下拉按钮，在弹出的样式列表中选择合适的样式，并可设置相应的参数，对图像进行相应的变形操作。例如，选择"扇形""旗帜""鱼形"等样式，同时设置所需的参数后，即可得到相应的图像效果，如图 3-11 所示。

扇形效果　　　　　旗帜效果　　　　　鱼形效果

图 3-11　图像变形效果

（2）尺寸调节

改变图像的大小和分辨率不仅有利于节省磁盘空间，还可以更好地输出图像。在 Photoshop 中，可以使用图像大小设置工具来对图像进行更改与调整。操作方法如下：打开原始素材，选择"图像"→"图像大小"命令，打开"图像大小"对话框，如图 3-12 所示。在对话框中设置各参数，然后单击"确定"按钮即可。对话框中部分参数的含义如下。

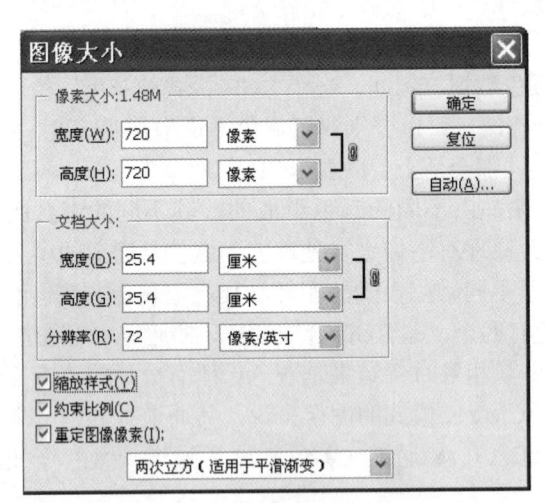

图 3-12　"图像大小"对话框

- 像素大小：显示图像的宽度和高度，它决定了图像在屏幕上的显示尺寸。
- 文档大小：用来决定图像输出打印时的实际尺寸和分辨率大小。
- 约束比例：勾选此复选框后，图像会按照原图像的长宽比例进行缩放，不会失真；若不勾选此复选框，则调整之后会改变长宽比。
- 重定图像像素：若勾选此复选框，在更改图像的分辨率时，图像的显示尺寸会相应改变，而打印尺寸不变；若取消勾选此复选框，则在更改图像的分辨率时，图像的打印尺寸会相应改变，而显示尺寸不变。

（3）修改画布大小

有时，用户需要的不是改变图像的显示或打印尺寸，而是对图像进行裁剪或增加空白区。此时可以通过"画布大小"命令来实现。

打开图像，选择"图像"→"画布大小"命令，打开"画布大小"对话框，如图3-13所示。可以在该对话框中设置画布的宽度和高度，也可以设置裁切方位，然后单击"确定"按钮。

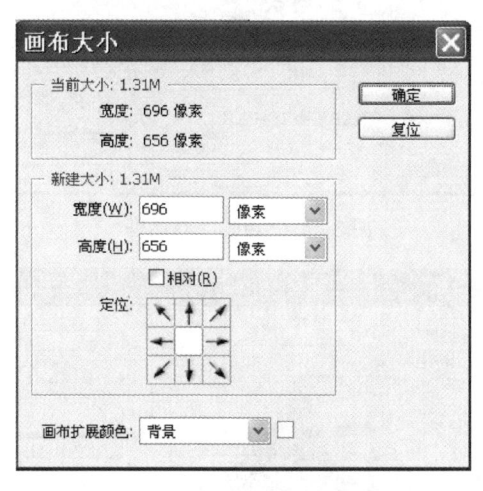

图3-13 "画布大小"对话框

当设置的尺寸小于原尺寸时，系统会弹出一个警告对话框，告知这样做将会剪切掉图像画面的某些部分；当设置的尺寸大于原尺寸时，则会在图像四周增加空白区域。

（4）利用裁剪工具裁剪图像

选择裁剪工具后，可以直接在图像区域拖拉，被选中部分的周围将出现控制点，这时还可以进一步调整大小，也可以通过控制点在图像上进行旋转操作，双击鼠标后完成图像裁剪操作。

4．图像色调和色彩的调节

Photoshop为用户提供了十分强大的图像色调和色彩调整功能（所有的命令都位于"图像"下的"调整"菜单中），利用这些命令可以轻而易举地创作出绚丽多彩的图像世界。

（1）调整色阶——让暗淡的照片变得色彩鲜艳

"色阶"命令对于调整图像色调来说是使用频率非常高的命令之一。它可以通过调整图像的暗调、中间调和高光的强度级别，来校正图像的色调范围和色彩平衡。具体操作步骤如下。

第1步：打开要处理的图像。

第2步：选择"图像"→"调整"→"色阶"命令或按Ctrl+L组合键，打开"色阶"对话框，如图3-14所示。从"色阶"直方图可以看出，这张照片的像素基本上分布在中等亮度和亮部区域，而左侧最暗的地方没有像素，这就是这张照片偏亮的原因。

第3步：将"输入色阶"的黑色滑块向左移动到直方图左侧起点稍向里一点的位置，确定这里是图像最暗的点，又称"黑场"；再将白色滑块向左移动到直方图右侧终点稍向里一点的位置，确定这里是图像最亮的点，又称"白场"，如图3-15所示。这样，图像有了最暗和最亮的像素，色调就基本正常了。最后单击"确定"按钮关闭对话框。

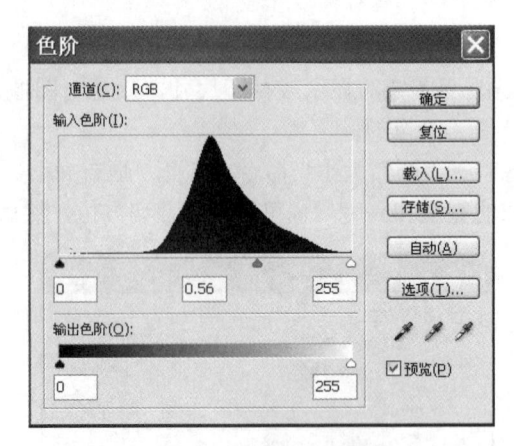

图 3-14 "色阶"对话框

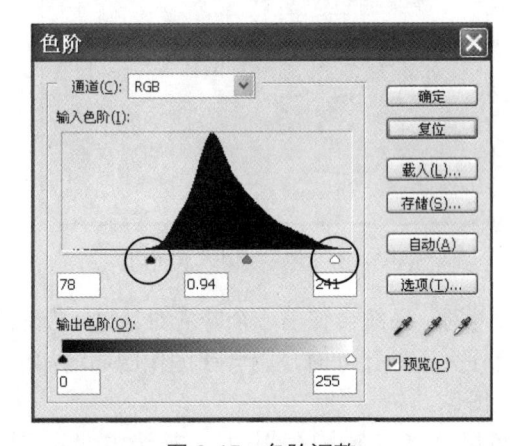

图 3-15 色阶调整

(2) 调整曲线——增强照片的层次感

"曲线"命令可以精确调整图像，赋予图像新的生命力。该命令不但可以调整图像整体或单独通道的亮度、对比度和色彩，还可以调节图像任意局部的亮度。

打开一张曝光不足的图像，选择"图像"→"调整"→"曲线"命令，打开"曲线"对话框，如图 3-16 所示。对话框中部分参数的含义如下。

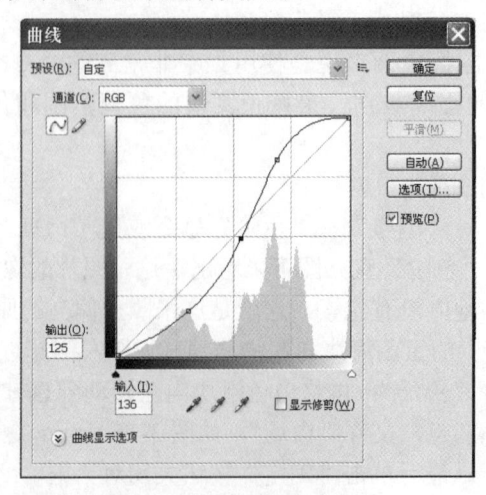

图 3-16 "曲线"对话框

- 通道：单击下拉按钮，可在弹出的下拉列表中选择混合通道或单色通道，从而对不同通道的曲线进行调整。
- ⌒按钮：默认为选中状态，表示可通过拖动曲线上的调节点来调整图像。
- ✎按钮：单击该按钮，可在曲线编辑框中手工绘制复杂的曲线。绘制结束后，单击⌒按钮可显示曲线及其节点。

（3）调整色彩平衡——照片偏色的判断与校正

偏色可以理解为图像的色彩不平衡，校正偏色就是恢复图像中正常的色彩平衡关系。可以利用"信息"调板进行偏色的判断，然后利用"色阶"命令校正偏色。下面通过实例来说明照片偏色的判断与校正方法。

第1步：打开偏色的图像。

第2步：打开"信息"调板，利用颜色取样器工具在图像中的各个地方检测，可看到"信息"调板上的颜色参数等信息在变化，这是光标所在位置的像素的颜色信息。

第3步：在图像中查找原本应该为黑白灰的地方，如水泥台、石柱等，其RGB值应该是R=G=B。

第4步：选择"图像"→"调整"→"色阶"命令，打开"色阶"对话框。选中对话框中的"设置灰点"吸管工具 ✐，在设置的取样点上单击，这个取样点位置的颜色就恢复为R=G=B，也就是自动减少了偏色，整个图像的颜色也就被校正过来了。

第5步：偏色得到校正之后，如果对照片的色调还不满意，可以通过调整"色阶"对话框中"输入色阶"下三个滑块的位置，使照片达到满意的效果。

（4）调整色相/饱和度——让照片的色彩更鲜艳

利用"色相/饱和度"命令可改变图像的颜色、为黑白照片上色、调整单个颜色分量的色相、饱和度和明度。下面举例说明如何让照片的颜色变得鲜艳。

第1步：打开照片。

第2步：选择"图像"→"调整"→"色相/饱和度"命令，打开"色相/饱和度"对话框。
- 编辑：选择"全图"，可一次性调整所有颜色；如果选择其他颜色，则调整参数时，只对所选颜色起作用。
- 色相：颜色的相貌，如红色、绿色、蓝色等。
- 饱和度：颜色的鲜艳程度。饱和度越高，颜色越鲜艳。
- 明度：颜色的明亮程度，如黄色比红色明亮，红色比黑色明亮等。
- 着色：若勾选此复选框，可使灰色或彩色图像变为单一颜色的图像，此时"编辑"下拉列表中默认切换为"全图"。

第3步：将"饱和度"滑块向右侧滑动，调整满意后，单击"确定"按钮，关闭对话框。如果向左滑动，则颜色变得越来越淡，最后照片中的所有颜色都去掉了，照片变成了黑白色。

（5）调整图像颜色——施加特殊颜色效果

利用"图像"→"调整"命令下的"去色""反相""色调分离"等子命令，可以使图像产生特殊颜色效果。
- 去色：将彩色图像转换为当前颜色模式下的灰度图像。
- 反相：反转图像中的颜色，即黑白颠倒、原色与补色互转。
- 色调分离：可以调整图像中的色调亮度，减少并分离图像的色调。色调分离后的黑白图像，具有木刻版画的视觉效果；色调分离后的彩色图像仅由几种鲜丽色块组成，具有套色版画的视觉效果。

5. 其他处理功能

（1）去除缺陷

图像上的污点、尘影、多余的景物等，都会成为画面的缺陷。通过图像局部处理可以去除缺陷，使画面更加完美。在 Photoshop CS6 版本中，提供了多种修复工具，不同的工具可以达到不同的效果，选择的工具合适可以达到更好的效果。

- 污点修复画笔工具：可以修复图像中的瑕疵或移除图像中的污点。
- 修复画笔工具：可以将一幅图像的全部或部分复制到同一幅图像或另一幅图像中，复制的图像能与周围的环境融合。
- 修补工具：可以将选区中的图像复制到新的位置，或用移到新位置的图像替换原选区的图像。
- 仿制图章工具：可以将一幅图像的全部或部分原样复制到同一幅图像或另一幅图像中，通常用来去除照片中的污点、杂点或进行图像合成。
- 图案图章工具：可以用 Photoshop 提供的一些图案进行涂抹绘画，也可以用用户自己添加的图案进行绘画。

（2）合成图像

图像的合成有多种方法，既可以通过复制粘贴的方法完成简单合成，也可以通过图层、蒙版、通道等多种途径完成复杂合成。

（3）施加特殊效果

在对图像进行处理时，可以使用滤镜对图像施加特殊效果。滤镜的种类很多，既要充分了解滤镜的种类和效果，又要能将各种滤镜合理地加以综合应用。

需要指出的是，Photoshop 的功能十分强大，由于篇幅所限，这里只做了一些概括性的介绍，有兴趣的读者可以进一步参考 Photoshop 的专门教材进行学习。

【实践活动】数码相机的使用

学习数码相机的使用，实地拍摄学校校园风景及人物，用 Photoshop 对校园照片进行编辑处理，制作一个艺术图片集。

1. 实践目的
① 能够根据不同需要生成不同格式的图像文件。
② 掌握图层、通道的概念，能够应用图层、通道并使用 Photoshop 进行基本的图形图像绘制。
③ 能够应用 Photoshop 的滤镜制作出具有特殊效果的图像。

2. 实践器材
① 计算机。
② Photoshop 软件。

3. 实践内容及要求

学习使用 Photoshop 进行多种图像的多种处理。

4. 实践过程
① 运行 Photoshop。
② 认识图像的属性。
③ 应用滤镜制作艺术字。

5. 实践注意事项

① 在 Photoshop 中将照片存储为不同的图像格式文件，对比图像质量。
② 应用滤镜制作艺术字时，要注意字体的安装方法、文字的栅格化处理、颜色处理等相关操作的配合运用。

3.4 音频素材及处理技术

3.4.1 常见音频文件的格式

声音是由物体振动产生的声波，是通过介质（空气、固体或液体）传播并能被人或动物听觉器官所感知的波动现象。声音是声波通过任何物质传播形成的运动，频率在 20Hz~20kHz 范围内的声音是可以被人耳识别的，通常有语音、音效和音乐三种形式。语音指人们讲话的声音；音效指声音的特殊效果，如雨声、铃声、机器声、动物叫声等，可以从自然界中录音，也可以采用特殊方法人工模拟制作；音乐则主要指由人创作的一种特殊声音形式。

1. 常见的音频文件格式

常见的音频文件格式有 WAV、MIDI、MP3、RA、WMA。不同格式的文件有不同的特点。

（1）WAV 格式

WAV 是微软公司开发的一种声音文件格式，它符合资源互换文件格式（Resource Interchange File Format，RIFF）规范，用于保存 Windows 系统的音频信息资源，被 Windows 系统及其应用程序所广泛支持，标准的 WAV 格式取样频率为 44.1kHz，量化位数为 16 位。该格式也支持 MS ADPCM、CCITT A-Law 等多种压缩算法。

（2）MIDI 格式

MIDI 声音文件格式是一个电子音乐设备和计算机的通信标准。MIDI 数据不是声音，而是以数值形式存储的指令。一个 MIDI 文件是一系列带时间特征的指令串。实质上，它是一种对音乐行为的记录，当将录制完毕的 MIDI 文件传送到 MIDI 播放设备中时，才形成了声音。MIDI 数据是依赖于设备的，MIDI 音乐文件所产生的声音取决于播放该文件的设备。

（3）MP3 格式

MP3 是以 MPEG Layer 3 标准压缩编码的一种音频文件格式。MPEG 编码具有很高的压缩率，可以高达 1∶12。1 分钟左右的 CD 音乐经过 MP3 格式压缩编码后，可以压缩到 1MB 左右的容量，其音色和音质可以保持基本完整而不失真。

（4）RA 格式

RA 是 RealAudio 的缩写，这种格式因强大的压缩量和极小的失真率而被广泛使用于互联网。和 MP3 格式相同，它也是为了解决网络传输带宽资源而设计的，因此主要优势在于压缩比和容错性，其次才是音质。

（5）WMA 格式

微软的 WMA 格式是一种压缩的离散文件或流式文件，相对于 MP3 格式的主要优点是在较低的采样频率下它的音质要好些。

当然，音频文件还有其他一些格式，如 Ogg、AAC、APE 等。

2. 常见音频文件格式的比较

作为数字音乐文件格式的标准，WAV 格式容量过大，因而使用起来很不方便，通常情况下把它压缩为 MP3 或 WMA 格式。压缩方法有无损压缩、有损压缩、混合压缩。通常情况下，压缩后的文件或多或少都会有数据丢失，如果把压缩的数据还原回去，数据其实是不一样的（肯定有减少），所谓无损压缩只不过是利用数据的统计冗余进行压缩，可完全恢复原始数据而不引起任何失真，但压缩率是要受到数据统计冗余度的理论限制的。一般有损压缩也会有度，还原后在通常情况下达到人耳无法分辨其差别的效果即可。因此，如果把 MP3、Ogg 格式从压缩的状态还原回去，就会产生损失。然而，APE 格式即使还原，也能毫无损失地保留原有音质。所以，APE 格式文件可以无损失、高音质地压缩和还原。在完全保持音质的前提下，APE 格式的压缩容量有了适当的减小。以一个 38MB 的 WAV 文件为例，压缩为 APE 格式后为 25MB 左右。现在流行的音乐格式文件是 MP3，随着压缩技术的不断提高，一首高保真的 MP3 音乐被压缩到了几兆字节。

3.4.2 音频素材的获取

1. 音频素材的获取途径

音频素材可以通过各种录音设备或录音软件直接进行录制得到，可以通过软件从 CD 中抓取数字音乐信息，也可以通过从其他媒介上复制或从网上下载得到。

通常，各种素材光盘上有大量丰富的音频素材，用户可以根据需要直接复制使用；网上也有各种类型的音频文件，通过下载也可以得到。这些方法简单快捷，可为教学带来方便。

但是有的时候需要自己的声音或进行加工处理后合成新的音频文件，那么就需要事先进行录制，再使用音频处理软件进行加工处理，最终得到所需要的音频文件。以前录音使用的是录音机，用的是电磁录音方式，不能直接用计算机进行后期处理，已被淘汰，现在使用的都是数字录音技术。

数字音频的录制可以通过各种硬件配合录音软件实现。通常录音的硬件设备有话筒、录音笔、声卡、音箱、耳机、录音卡座等；能进行音频录制的软件有 Windows 系统自带的"录音机"、GoldWave、Adobe Audition、Power MP3 Recorder、Auvisoft MP3 Recorder 等。下面对以上几种软件的功能进行简要的介绍。

（1）Windows 系统自带的"录音机"

该"录音机"不仅可以录音、放音，还可以对声音进行剪辑、插入、混音等简单的编辑处理。

（2）GoldWave

GoldWave 是一个功能强大的数字音乐编辑器，一个集音频编辑、播放、录制和转换于一体的音频工具。它还可以对音频内容进行格式转换等处理，支持许多格式的音频文件，包括 WAV、Ogg、VOC、IFF、AIFF、AIFC、AU、SND、MP3、MAT、DWD、SMP、VOX、SDS、AVI、MOV、APE 等音频格式；也支持从 CD、VCD 和 DVD 或其他视频文件中提取声音。GoldWave 还具有各种复杂的音乐编辑和特效处理功能，从一般特效（如多普勒、回声、混响、降噪）到高级的公式计算特效（利用公式在理论上可以产生任何想要的声音）均可实现，功能强大，简单易学。

（3）Adobe Audition

Adobe Audition 是一个专业的音频编辑和混合软件。Audition 可提供先进的音频混合、编辑、控制和效果处理功能，最多可混合 128 个声道，可编辑单个音频文件，创建回路并使用 45 种以上的数字信号处理效果。Audition 是一个完善的多声道录音室、非常出色的数字音乐编辑器和 MP3 制作软件，可提供灵活的工作流程，使用简便。该软件还包含 CD 播放器。其他功能包括支持可选的插件、崩溃恢复、支持多文件、自动静音检测和删除、自动节拍查找、录制等。另外，它还可以在 AIF、AU、MP3、RAW、PCM、SAM、VOC、VOX、WAV 等文件格式之间进行转换，并且能够保存为 RealAudio 格式。

Audition 用户群巨大，无论是专业音乐制作者还是普通用户，一般都首选该软件录制音频文件。

（4）Power MP3 Recorder

Power MP3 Recorder 是一款非常简单易用的 MP3 录音软件，可以将麦克风、CD、网络音频流等各种来源的音频录制为 MP3 或 WAV 格式文件，并且录制后的音质极佳。

（5）Auvisoft MP3 Recorder

利用 Auvisoft MP3 Recorder 可以录制任何来自声卡、麦克风、Line-In 设备（如磁带）的声音，如音乐、电影里的对话、游戏里的音乐等；还可以把录制的文件保存为 MP3 或 WAV 格式。

2．声音的采集

数字音频的采集是指通过电子设备从音源处获得音频信号后，再输送给计算机的声卡进行数字化处理的过程。在这个过程中，采样位数和采样频率决定了声音采集的质量。声卡的主要作用之一是对声音信息进行录制与回放。在声卡上一般有话筒输入（Mic）、线路输入（Line）和扬声器输出（SPK）接口。

（1）采样位数

采样位数可以理解为声卡处理声音的解析度。这个数值越大，解析度就越高，录制和回放的声音就越逼真。要知道：计算机中的音频文件是用数字 0 和 1 来表示的，所以在计算机上录音的本质就是把模拟声音信号转换成数字音频信号，在播放时则是把数字音频信号还原成模拟声音信号。

声卡的位是指声卡在采集和播放音频文件时所使用数字音频信号的二进制位数。声卡的位客观地反映了数字音频信号对输入声音信号描述的准确程度。8 位代表 2 的 8 次方（256），16 位则代表 2 的 16 次方（65536）。比较一下，一段相同的音乐信息，16 位声卡能把它分为 65536 个精度单位进行处理，而 8 位声卡只能处理 256 个精度单位，造成了较大的信号损失，最终的采样效果自然是无法相提并论的。目前市面上声卡的主流产品是 16 位的，专业声卡通过多音频流技术可以达到 32 位。不过 16 位的采样精度对于一般计算机多媒体音频而言已经足够了。

（2）采样频率

采样频率是指录音设备在一秒钟内对声音信号的采样次数。采样频率越高，声音的还原就越真实、越自然。主流声卡的采样频率一般分为 22.05kHz、44.1kHz、48kHz 三个等级，22.05 kHz 只能达到 FM 广播的声音品质，44.1kHz 则是理论上的 CD 音质界限，48kHz 更加精确一些。对于高于 48kHz 的采样频率，人耳已无法辨别出来了，所以在计算机上没有多少使用价值。现在一般都采用 44.1kHz 的采样频率。

3.4.3 音频素材的处理技术

语言解说与背景音乐是多媒体教学软件中重要的组成部分。通常人们最初获取的音频并不是最终所要的音频，需要经过进一步的编辑、合成、降噪、美化等处理，这就需要用专门的音频处理软件对它进行处理。音频处理是素材准备过程中的一个重要部分，下面就音频一般要进行的处理进行介绍。

1．声音格式的转换

通常的音频有三类，即波形声音、MIDI 和 CD 音乐，在多媒体教学软件中使用最多的是波形声音。如果素材是 RA、RM、RAM、APE 等格式的音频，就需要进行格式转换。

音频文件格式的转换可以通过音频文件格式转换器来轻松解决，操作比较简单，易于掌握。在文件格式转换的过程中需要注意一些问题，一些高质量的文件格式可以转换成低质量的文件格式，而低质量的文件格式转换成高质量的文件格式时，它的质量并不会真正得到提高。比如把一个 MP3 格式的文件转换成 WAV 格式，只是文件变大了，音质并不会得到提高，所以进行格式转换时应把握的一个原则是"向下转换"。

2．声音的编辑

音频的编辑主要包括音频的复制、移动、删除等操作。例如，需要重复使用的声音可以直接采用已有的部分进行复制得到，录制过程中不需要的部分可以直接删除等。

3．声音的拼接

可以把几个不同的音频文件通过软件拼接为一个文件，并设置过渡效果（如淡入/淡出），让连接部分自然过渡。

4．声音的合成

可以把背景音乐或伴奏带与人声合成一个文件，如制作解说文件时，就可以先录制出解说人员的声音，然后将人声与背景音乐合成，也可以直接用软件在播放背景音乐的同时录入解说人员的声音，保存为一个文件即可。

5．降噪

自己录制声音时，由于声卡、麦克风及录音环境都不能达到专业标准，会把噪声也一起录进去，所以后期可以通过软件对声音文件进行降噪处理，把环境噪声消除，使声音更加清晰。

6．调整音高

录制者的音高不同，在与背景音乐不匹配时，可以通过软件调整音高，即可以把原来较低的声音调高，也可以把原来较高的声音调低，以达到满意的效果。

7．声相处理

录制好的人声一般都是单声道，听起来会感觉很单调，没有空间感。这时可以用软件中的声相效果器来处理，改变原有声音的声相状态、声场宽度、输出电平等；也可以通过效果器来增加混响效果，或通过调音台来增加低音、消减高音等，达到一个满意的效果。

8．声音美化

一些声音激励器（如 BBE Sonic Maximizer 声音激励器）可以修饰和美化声音信号，增强声音的穿透力，增加原声的质感与空间感。

【实践活动】录音及音频素材处理软件——Adobe Audition CC 2015 的操作与应用

Audition 是一款集声音的采集与处理于一体的音频软件,以界面简洁、简单易学、功能齐全而被广大用户喜爱。下面以 Adobe Audition CC 2015 为例介绍其操作与应用。

1. 认识它的界面

Audition 启动以后,出现的界面分单轨界面和多轨界面,可以通过▇▇按钮来切换。图 3-17 和图 3-18 是 Adobe Audition CC 2015 绿化版的界面截图。Audition 窗口有菜单栏、工具栏、播放控制按钮、放大/缩小按钮,最大的显示区为单轨界面或多轨界面。

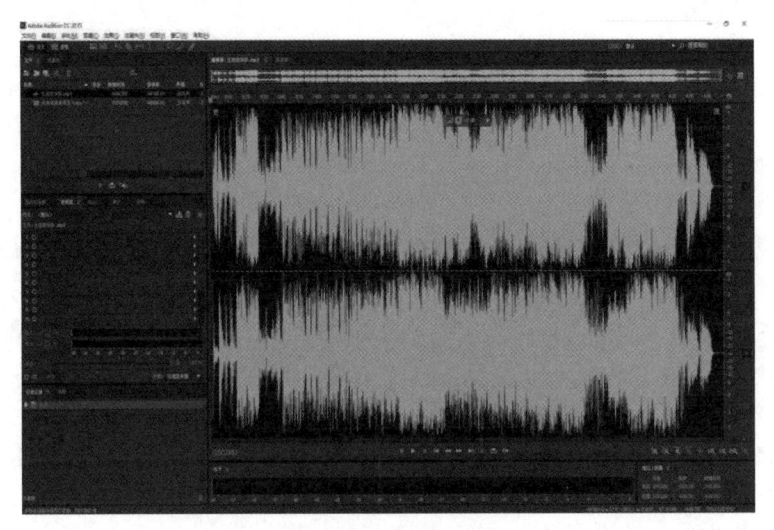

图 3-17 单轨界面

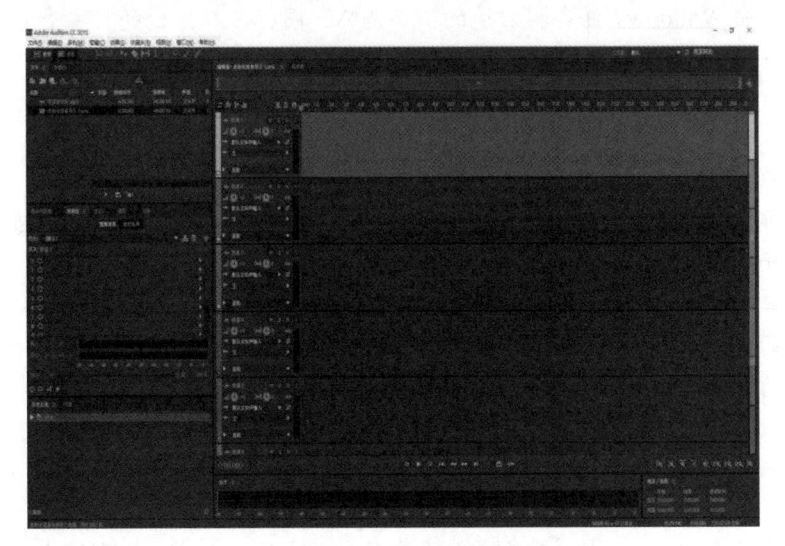

图 3-18 多轨界面

在单轨界面下,可以看到分为左右两个声道,可以对一个音频文件进行打开、编辑、效果处理、保存等操作。

在单轨界面下打开音频文件,在音轨上单击鼠标右键,在弹出的快捷菜单中选择"插入多轨中"命令，可以把音频插入多轨界面的音轨中。

在多轨界面下，可以同时打开多个音频文件，每个音轨上可以放置一个或多个文件，可以同时对多个音频文件进行处理。

在多轨界面下打开音频文件，用拖动的方法，可以放置到不同的音轨中。

2. 编辑音频

在单轨界面下，选择"文件"菜单中的"打开"命令或单击工具栏上的"打开"按钮 打开一个音频文件，这时可以对这个音频文件进行各种编辑操作。

（1）选中一段声音

按住鼠标左键在音轨上左右拖动即可把一段声音选中，双击鼠标能够全部选中，再单击鼠标可以释放选中状态。

（2）复制声音

先选中要复制的部分，按 Ctrl+C 组合键，然后单击要插入的位置，按 Ctrl+V 组合键粘贴即可。选中后，如果使用"剪切"命令，则是移动操作；如果使用"删除"命令，则此部分声音被消除。各种软件的编辑操作大同小异，这里不再赘述。

（3）保存成新文件

处理过的声音，可以使用"保存"命令保存为原来的名字和类型，也可以使用"另存为"命令，更改存储位置、文件名称和文件格式。比如原来的文件是 WAV 格式，另存为的时候，选择新的文件类型 MP3 格式，则新生成的文件为 MP3 格式。Audition 支持的声音格式有 WAV、MP3、SVX、SND、VOC、VOX、DWD、AU、ASX、PCM、WMA 等。

3. 内录或外录音频

内录是指把在计算机上播放的歌曲用 Audition 重新录成一个音频文件。外录是指运用麦克风、耳机等设备播放歌曲，用 Audition 录音。要使用 Audition 进行内录或外录，需要完成一些相应设置，以内录为例，操作步骤如下。

第 1 步：双击 Windows 任务栏右边的"小喇叭"图标，在弹出的"主音量"窗口中选择"选项"→"属性"命令，在弹出的"属性"对话框中选择"录音"单选项，然后在"显示下列音量控制"项中取消勾选"麦克风音量"复选框，勾选"立体声混音"复选框，单击"确定"按钮。

第 2 步：启动 Audition，将录音状态设置在内录状态下。

第 3 步：在单轨界面下，单击左下方播放控制台中的"录音"按钮 ，播放计算机中的歌曲，就可以开始内录。

第 4 步：单击"停止"按钮 ，即可停止录音。

需要注意的是，运用 Audition 进行录音，录音的质量会受用户设备（如声卡、麦克风、话筒、耳机等）的质量影响，还会受到周围环境噪声的影响。

4. 制作伴奏带

有时需要一首歌曲的伴奏带，这时可以利用 Audition 将歌曲中的音乐部分"剥离"出来，操作步骤如下。

第 1 步：启动 Audition，打开要制作伴奏带的歌曲文件，双击，全部选中。

第 2 步：选择"效果"→"立体声声像"→"声道重混缩"命令，在弹出的"声道重混缩"对话框的"预设"下拉列表中选择"Vocal Cut"选项，单击"确定"按钮。这时会看到一个进度条，Audition 开始进行处理，去掉歌曲中的原唱声音。

用这种方法得到的伴奏带，原唱声音不会消除得十分干净，但是已经能够满足一般的教学需要了。

5. 拼接两段音频

现在需要把两段来源不同的音频文件拼接成一个音频文件，操作步骤如下。

第 1 步：启动 Audition，在单轨界面下，打开要作为开头部分的音频文件，进行一定的剪辑处理后，留下需要的部分等待进一步处理。

第 2 步：对留下的部分声音的结尾处进行处理，使过渡比较自然。具体方法如下：用鼠标拖选后面的一部分声音，选择"效果"→"振幅与压限"→"淡化包络（处理）"命令，在弹出的"效果-淡化包络"对话框的"预设"下拉列表中选择"淡出"选项，然后设置初始音量和结束音量的淡出效果，单击"确定"按钮。这时，单击鼠标右键，在弹出的快捷菜单中选择"插入多轨中"命令，把处理好的前半部分声音先放到多轨界面的一个音轨中。

第 3 步：回到单轨界面，再打开另外一个音频文件，作为后半部分。同样先进行所需的各种编辑处理，然后选中声音前面的一小段，等待处理。

第 4 步：选择"效果"→"振幅与压限"→"淡化包络（处理）"命令，在弹出的"效果-淡化包络"对话框的"预设"下拉列表中选择"淡入"选项，然后设置初始音量和结束音量的淡入效果，单击"确定"按钮。播放，试听，前面部分的声音是渐渐开始的。这时，单击鼠标右键，在弹出的快捷菜单中选择"插入多轨中"命令，处理好的后半部分声音放到了多轨界面的另一个音轨中。

第 5 步：连接两部分。将第二段文件拖动到第一段文件的末尾，然后保存为新文件即可。

6. 调整音高或音速

（1）调整音高

用 Audition 打开一段音乐，选择"效果"→"时间与变调"→"变调器（处理）"命令，在弹出的"变调器"对话框中选择"预设"下拉列表中的一种效果就可以了。也可以在右侧的菜单中自己设置参数，通过"试听"按钮试听效果，设置满意后，单击"确定"按钮即可。

（2）调整音速

用 Audition 打开一段音乐，选择"效果"→"时间与间距"→"变速"命令，在弹出的对话框中根据需求设置相关参数即可。

7. 在伴奏带下录音

如果已有一首歌的伴奏带，想把自己的声音也录进去，合成一个音频文件，可以运用 Audition 的外录功能来实现，具体操作步骤如下。

第 1 步：启动 Audition，切换到多轨界面，打开伴奏带所在的文件，并把它拖到音轨一上。

第 2 步：双击系统任务栏右边的"小喇叭"图标，在弹出的"主音量"窗口中选择"选项"→"属性"命令，在弹出的"属性"对话框中选择"录音"单选项，然后在"显示下列音量控制"项中取消勾选"立体声混音"复选框，其他保持默认，确认"麦克风"复选框被选中，单击"确定"按钮，回到"主音量"窗口，这时再确定所有的静音选项均未选中，单击"确定"按钮，关闭对话框。

第 3 步：打开麦克风，戴上耳机，单击音轨二左边的"录音"按钮，再单击左下方播放控制台的"录音"按钮，开始进行人声录制，歌曲结束后单击"停止"按钮，完成录音。

第 4 步：切换到单轨界面，进行降噪处理。在录音的时候，有一段没有任何伴奏和人声的室内环境噪声，将此声音作为降噪采样的部分，选中此部分（几秒钟即可），然后选择"效果"

→"修复"→"降噪器"命令，在弹出的对话框中设置参数后单击"获取特性"按钮，再单击"保存"按钮，将此采样部分保存为文件。将声音全部选中，选择"效果"→"修复"→"降噪器"命令，在弹出的对话框中单击"加载"按钮，打开刚才已保存的采样文件，单击"确定"按钮，即可实现降噪处理。

第5步：如果录制的人声音高不够，可以进行增大处理。选择"效果"→"振幅与压限"→"音量标准化"命令，在弹出的对话框中选择"100%"选项即可；还可使用"放大"菜单，对左右声道音量独立进行放大或降低。

第6步：将合成后的文件保存为一个 MP3 格式的声音文件。

8. 添加混响等音效

录制完成后，还可以添加一些音效，以使声音变得更动听。双击录音文件，选择"效果"→"混响"命令，再选择"房间混响""回旋混响""简易混响""完美混响"中的一个子命令即可。

另外，还可以给原声补充一些低音或高音，使声音更加富于变化。双击录音文件，选择"效果"→"滤波与均衡"→"图形均衡器"命令，在弹出的对话框中有10段、20段、30段均衡等，选择10段均衡，然后用鼠标调节低音块和高音块，直到满意为止，单击"确定"按钮。

9. 使用 BBE Sonic Maximizer 声音激励器

BBE Sonic Maximizer 声音激励器（插件）主要用来修饰和美化声音信号。它对人声和类似木吉他的乐器原声的激励效果非常明显，可以增强声音的穿透力，增加原声的质感与空间感。使用方法如下。

先从网上下载 BBE 插件，保存在 C 盘以外的其他位置，接着安装到指定位置。启动 Audition，选择"效果"→"刷新效果列表"命令，在弹出的对话框中选择"刷新"选项，刷新完成后，BBE 插件就可以使用了。

例如，对前面录制的人声进行激励，方法如下：在单轨界面下，先选中音频文件，选择"效果"→"DirectX"→"BBE Sonic Maximizer"命令，在弹出的对话框中，既可以在下拉列表中选择一种预设的声音激励方案，也可以通过三个简洁的旋钮来进行手工设置。左边的"LO CONTOUR"旋钮用来调节低音；中间的"PROCESS"旋钮用来调节高音；右边的"OUTPUT LEVEL"旋钮用来调节激励及输出水平。通常选择预置的调节值。

需要注意的是，如果把"PROCESS"（高音）旋钮的值调得过高，会使声音刺耳；而把"LO CONTOUR"（低音）旋钮的值调得过高，会使声音模糊。因此，要根据不同的声音类型来进行效果调节。

尝试自制伴奏带或为一段画面配音并加入背景音乐。

3.5 视频素材及处理技术

3.5.1 常见视频文件的格式

视频技术，指将一系列静态影像以电信号的方式加以捕捉、记录、处理、存储、传送与重现的各种技术。连续的图像变化每秒超过24帧（Frame）画面以上时，根据视觉暂留原理，人眼无法辨别单幅的静态画面，看上去是平滑连续的视觉效果，这种连续的画面称为视频。视频技术最早是为了电视系统而发展起来的，现在已经发展为多种不同的格式，以便在各种应用环境下使用。网络技术的发展，促使视频片段以流媒体的形式在互联网进行传播和播放。视频按录制方式一般分为模拟视频和数字视频。多媒体素材中的视频主要指数字化的活动图像。

视频文件是由一组连续播放的数字图像和一段随连续图像同时播放的数字伴音共同组成的多媒体文件。其中的每一幅图像称为一帧，随视频同时播放的数字伴音简称为"伴音"。

1. MPEG 格式

MPEG（运动图像专家组）格式包括 MPEG-1、MPEG-2 和 MPEG-4 等多种视频格式。使用 MPEG-1 压缩算法，可以把一部 120 分钟长的电影压缩至 1.2GB 左右的大小。MPEG-2 则应用在 DVD 的制作上，同时在一些 HDTV（高清晰度电视）和高要求的视频编辑、处理上也有相当多的应用。使用 MPEG-2 压缩算法压缩一部 120 分钟长的电影，可以压缩至 5~8GB 的大小（MPEG-2 的图像质量远高于 MPEG-1）。

2. AVI 格式

AVI 是音频视频交错（Audio Video Interleaved）的英文缩写，由微软公司开发。这种视频格式的文件采用了一种有损压缩方式，压缩率较高，因此尽管画面质量不是太好，但其应用范围仍然非常广泛。AVI 格式支持 256 色和 RLE（游程编码）压缩。AVI 格式主要应用在多媒体光盘上，用来保存电视、电影等各种影像信息。

3. RA/RM/RAM 格式

RM 格式是 Real Networks 公司制定的音频/视频压缩规范 Real Media 中的一种，Real Player 能做的就是利用互联网资源对这些符合 Real Media 规范的音频/视频进行实况转播。Real Media 规范主要包括三类文件：RealAudio、Real Video 和 Real Flash（Real Networks 公司与 Macromedia 公司合作推出的高压缩比动画格式）。Real Video（RA、RAM）格式从一开始就定位在视频流应用方面，也可以说是视频流技术的始创者。

4. MOV 格式

使用过 Mac OS 系统的读者应该使用过 QuickTime 软件。QuickTime 软件原本是 Apple 公司用于 Mac 计算机上的一种图像视频处理软件，提供了两种标准图像和数字视频格式，支持静态的 PIC 和 JPG 图像格式，也支持动态的基于 Indeo 压缩算法的 MOV 和基于 MPEG 压缩算法的 MPG 视频格式。

5. ASF 格式

ASF（Advanced Streaming Format）的中文名称为高级流（媒体）格式，是微软公司为了和 Real Networks 公司竞争而发展出来的一种可以直接在网上观看视频节目的文件压缩格式。ASF 格式使用了 MPEG-4 压缩算法，压缩率和图像的质量都很不错。

6. WMV 格式

WMV（Windows Media Video）是微软公司推出的一种流媒体格式，基于 ASF 格式升级而来。在同等视频质量下，WMV 格式的文件可以边下载边播放，因此很适合在网上播放和传输。

WMV-HD 格式是 WMV 格式中的一种，是微软公司创立的一种视频压缩格式。其压缩率可高于 MPEG-2 标准，比如 120 分钟长的 HDTV 节目，如果使用 MPEG-2 标准最多只能压缩至 30GB，而使用 WMV-HD 这样的高压缩率编码器，在画质相同的前提下，可压缩至 15GB 以下。

7. DivX 格式

这是由 MPEG-4 标准衍生出的另一种视频编码（压缩）标准，也即通常所说的 DVDrip 格式，在采用 MPEG-4 压缩算法的同时综合了 MP3 各方面的技术，也就是使用 DivX 压缩技术对 DVD 的视频图像进行高质量压缩，同时用 MP3 或 AC3 对音频进行压缩，然后将视频与音频合成并加上相应的外挂字幕文件而形成的视频格式。其画质与 DVD 文件相当，但是文件容量仅为 DVD 文件的数分之一。

8．RMVB 格式

RMVB 是一种由 RM 格式升级延伸出的视频格式。RMVB 中的 VB 指可改变的比特率（Variable Bit Rate，VBR），与 RM 格式相比，画面清晰了很多，主要是因为降低了静态画面的比特率。这种格式文件可以通过 Real Player、暴风影音、QQ 影音等播放软件来播放。

9．FLV 格式

FLV 格式是随着 Flash MX 软件的推出而发展出的视频格式，全称为 Flash Video。这种格式的视频文件容量较小、加载速度非常快，很适合在互联网上进行传播及播放。目前主要的在线视频网站（如爱奇艺、优酷等）都采用该视频格式。

另外还有多种视频格式，如 MP4、3GP 是手机常用的视频格式；AMV 是一种 MP4 播放器专用的视频格式；VOB 是 DVD 视频文件存储格式；DAT 是 VCD 视频文件存储格式。

3.5.2 视频素材的获取

视频素材的获取途径很多，一般主要从网上各种资源库、光盘版素材库、影视文件、电子书籍、电子课件中获取。资源库、素材库、电子书籍中的视频资料可以直接调用，课件中的视频文件一般是独立存放的，也可以直接复制调用。如果是老式磁带录像中的资料，可以用专业数字视频采集卡进行采集，把录像资料转换为 MPEG 或 AVI 格式后再使用。DVD 中的视频可以用视频播放软件提取并转换为其他格式。视频格式转换工具有很多种，常用的有格式工厂、狸窝全能视频格式转换器、万能视频格式转换器等。

总之，视频素材的收集与处理，可以采用不同方法，运用多个软件处理，要根据具体情况、具体环境来决定如何处理，以求用最经济、最方便的方法取得最实用的效果。

3.5.3 视频素材的采集技术

视频处理技术主要包括视频的采集技术和后期处理技术。下面介绍重要的视频采集工具——数码摄像机的使用。

视频的采集除了前面介绍的方法以外，还可以直接用数码摄像机录制相关视频，或者直接用智能手机录制。下面主要介绍小型数码摄像机的使用技术。

小型数码摄像机就是通常所说的 DV，如图 3-19 所示。DV 即 Digital Video（数字视频）的缩写，是由索尼、松下、夏普等多家著名家电巨头联合制定的一种数码视频格式。数码摄像机根据用途可分为广播级、专业级、普通级三种机型；按存储介质可分为磁带式、光盘式、硬盘式、存储卡式四种。

图 3-19 小型 DV

1．数码摄像机的工作原理

数码摄像机的基本工作原理就是光信号→电信号→数字信号的转换及传输，即通过摄像头的输入，用感光元件将光信号转换成模拟电信号（电流），再转换成数字信号，最后经一系列的图像处理后输出可见的动态画面。

2. 数码摄像机的功能及特点

数码摄像机的功能和特点主要体现在以下几个方面。

① 多种格式高画质数字摄影功能。
② 数码相机（照相）功能。
③ USB 移动磁盘及 SD 卡存储功能。
④ 电视输出显示功能。
⑤ 与数码相机一样，具有即拍即看、多角度拍摄、光学变焦等功能。

3. 数码摄像机的基本操作

用数码摄像机摄像的大体操作流程如下：首先给数码摄像机供电（用电池或交流适配器供电）、开启电源开关、置入存储卡（或光盘）、调整寻像器，然后调节镜头或摄像机机位，通过寻像器观察景物，在需要正式录像时按下摄像机的"开始/停止"按钮进行拍摄，拍摄完成后，再次按"开始/停止"按钮暂停录像。在拍摄过程中，需要根据拍摄要求及目的进行技术性调整与选择。

（1）摄像机工作状态选择

摄像机的工作模式一般有自动、手动和固定程式拍摄三种。

在自动模式下，焦距、光圈、快门、白平衡等全部处于自动调整状态，绝大多数拍摄都采用该模式。但是，在一些特殊拍摄条件下，或者为了取得某些特殊的拍摄效果时，需要采用手动模式或摄像机内置的固定程式（如运动模式、风景模式、人像模式、微距模式、聚光灯模式等）拍摄。比如，要在白天获得夜景效果，或者需要获得"朦胧美"效果的时候，都要采用手动模式拍摄，根据实际情况手动设置参数。

（2）变焦

变焦是指改变画面中景物的远近（视物距离），摄像时的变焦分为电动变焦和手动变焦两种。

① 电动变焦。通常数码摄像机的握机把手上部两端会有"T""W"字样的"船形"按钮。按下"T"按钮，镜头焦距变长，拍摄范围变小，景物所成像变大；按下"W"按钮，焦距变短，拍摄范围变大，景物所成像变小。有的摄像机在改变按下"T"按钮或"W"按钮的力量大小时，还可以改变变焦速度，按力大则变焦快，按力小则变焦慢。

② 手动变焦是指用左手操作变焦环（让镜头伸缩）或用变焦手柄改变焦距的方式。

电动变焦与手动变焦的区别在于：电动变焦能够使焦距的改变速度均匀，一般摄像时，多使用电动变焦；但是如果需要快速改变拍摄物成像大小时，应该使用手动变焦。

（3）对焦

对焦是指改变画面的清晰度，有自动对焦、手动对焦和多重对焦方式。大多数情况下应使用自动对焦，只有在自动对焦不能使主体清晰成像或想取得某些特殊效果时，才用手动对焦。手动对焦一般是调节对焦环，自动对焦则是摄像机自动改变焦距使画面清晰。

（4）光圈调整

摄像机中的光圈调整分为手动光圈调整与自动光圈调整两种方式，绝大多数条件下的摄像应用自动光圈调整，因为手动调整光圈常常不能准确计算曝光量。光圈的自动调整类似于照相机上的快门先决式自动曝光。

摄像机的自动光圈调整以被摄主体总体亮度的平均值为调整基准,当被摄主体与周围环境亮度相差过于悬殊时,采用自动光圈调整所拍摄画面的主体影像就会显得太亮或太暗。比如,环境较亮、主体较暗时,从主体的局部"拉"出带有较大环境的全景时,主体便会黑下去,细部层次无法表现。又如,镜头从比较暗的环境切换到比较亮的环境时,画面会出现短暂的发亮、发白现象,物体的色彩与质感会丧失,随后才慢慢恢复正常。

在以下几种情况下摄像,手动调整光圈能拍摄到更好的效果:
- 逆光下摄像;
- 被摄主体明亮而背景很暗;
- 照度非常低;
- 要真实表现黑暗下的环境气氛;
- 要获得所需大小的景深。

手动调整光圈时一定要注意技巧,比如镜头从暗处"摇"向亮处时,应兼顾落幅时的画面亮度和起幅时的画面亮度,取其适中光圈,正式拍摄前要先行预演,效果满意后才正式拍摄。

有些摄像机具有逆光补偿功能,在逆光下采用自动光圈摄像时,拍摄在画面上的主体若较小,会显得非常暗。逆光补偿是指在此条件下按下"逆光补偿"按钮(标有"BACK LIGHT"字样),让摄像机使用更大的光圈拍摄,从而使处于逆光下的景物清晰明亮。若没有"逆光补偿"按钮,则此条件下拍摄必须手动调整光圈。

(5)白平衡调整

摄像机的白平衡调整分为自动调整和手动调整两类方式。

① 自动白平衡调整是指由摄像机根据照明光线的色温情况自动调整。

② 手动白平衡调整有选择滤色片挡位和改变电路增益两种方法。

有些摄像机,在白平衡调整开关处标有不同光源或不同色温的挡位,使用这类摄像机手动调整白平衡时,只要将挡位开关拨至与摄像光源种类或色温一致的挡位即可。

改变电路增益的手动白平衡调整方式大体操作为,使白平衡调整处于手动方式,盖上纯白色的镜头盖或对准白纸或纯白色的物体,变焦至电子寻像器的屏幕完全变白,此时按下"白平衡调整"按钮(标有"WB""W.BAL"或"WHT BAL"字样),直至电子寻像器中表示白平衡调整完毕的指示出现为止。

手动调整白平衡后,当拍摄环境的光线色温条件发生了变化,或更换电池后,都必须重新调整白平衡。

摄像时一般采用自动白平衡调整,只是在以下几种情况下,才手动调整白平衡:
- 在水银灯、钠光灯或某些荧光灯下拍摄;
- 在摄像机镜头前加用有特殊效果的单色滤色镜拍摄;
- 拍摄环境的照度突然发生变化,如在舞厅变幻的灯光下拍摄;
- 日落、日出时拍摄;
- 拍摄室外夜景(如焰火、霓虹灯);
- 拍摄单色物体或单色背景前的物体;
- 拍摄时,摄像机与被摄主体不在同一照明光源下;
- 手动调整光圈在逆光下拍摄,以及用微距功能拍摄大特写。

4. 数码摄像机的几种常用拍摄技巧

摄像技巧很多，可以根据拍摄主题和内容的改变而改变。一般来说，摄像技巧主要有推、拉、摇、移、跟、甩、升降等基本技巧，下面摘录介绍。

（1）推/拉镜头

推镜头相当于沿着直线不断地向拍摄主体走近，引导观众的视线逐渐接近物体，是一个从整体到局部的过程，突出重点；拉镜头则相反，是不断地离开物体，逐步扩大视野，可以同时表现局部和整体的关系。

（2）摇镜头

使用摇镜头拍摄的时候，摄像机自身的位置不动，仅仅变动镜头的方向，类似于人们站在原地只是头部扭动观看景色一样。镜头的摇动，可以上下、左右、斜向。需要注意的是，在拍摄摇镜头的过程中，镜头的摇摆一定要匀速，不要停滞，移动时要缓慢自然。

（3）移镜头

移镜头就是摄像机自身移动，镜头与被摄主体的角度不变，一般用来表现物体与物体之间、人与人之间的空间关系，适合近距离拍摄。移镜头按照移动方向一般可以分为横向移动和纵向移动，拍摄的时候一般将摄像机固定于在轨道上运行的动力车上，运动的汽车、自行车、轮船、飞机都可以作为摄像机移动载体。

（4）跟镜头

跟镜头的特点是摄像机跟随运动的主体拍摄，这种拍摄方式不但可以突出主体，而且能表现出主体的运动方向、速度等与环境的关系。

（5）甩镜头

甩镜头是指拍摄完一个镜头后不停机，直接极速地转向另一个方向，从而直接改变画面内容，而中间的那段画面应为极速而模糊不清的，主要用于表达在同一时间、同一空间发生的事件的结合。

（6）升降镜头

升降镜头是指摄像机上下移动地拍摄画面，是一种多视点地表现场景的方法，可以分为垂直方向、斜向、不规则方向升降，这样做的好处是能够带来高度感，增强空间深度的幻觉性。

拍摄技巧非常多，只要掌握好基础的技巧，根据实际的拍摄主体和要求，多种技巧搭配运用，就能起到很好的效果。

3.5.4 视频素材的后期处理技术

1. 主要的视频处理工具

采集到的视频，还要进一步进行加工处理，才能得到最终符合教学需要的视频。视频的处理主要包括视频编辑、切割、转码、合并等。视频处理的主要工具有以下几类。

① 视频编辑工具：会声会影、Adobe Premiere、Windows Movie Maker、Sony Vegas Movie Studio、Video Edit Magic 等。

② 视频切割工具：Easy Video Splitter、Asf Tools、RealProducter Plus 等。

③ 视频转码工具：Amigo Easy Video Converter、ConvertMovie、Video Conversion Expert、OSS Media Converter 等。

④ 视频合并工具：Easy AVI/MPEG/RM/WMV Joiner、Zealot All Video Joiner 等。

⑤ 电子相册常用工具：MemoriesOnTV、MediaShow、ACDSee、Adobe Premiere、会声会影等。

以上工具中常用的软件是会声会影和 Adobe Premiere。下面以会声会影为例，介绍进行视频处理的基本方法和技巧。

2. 视频处理

会声会影软件是一款功能强大的视频编辑软件，具有图像抓取和编辑修复功能，可以实时抓取画面，并提供 100 多种编辑功能与视频效果，可导出多种常见的视频格式，甚至可以直接制作成 DVD。使用此软件可以对用数码相机或摄像机记录下来的照片和视频进行编辑、剪辑，然后配以文字、音乐及其他特效，形成有声有色的电子相册或高清视频。

下面按使用流程对会声会影软件进行介绍。

（1）准备工作

会声会影的主工作界面如图 3-20 所示，其中包含的主要部分及功能介绍如下。

① 菜单栏：包括文件、编辑、工具等。

② 步骤标签：包括捕获、编辑、共享等。

③ 预览窗口：用来预览视频、图片等，以及应用设置后的效果。

④ 导览面板：用于对视频、图片、音频等的播放进度进行设置、控制，包括飞梭栏、剪辑按钮、导览按钮、时间码等。

⑤ 素材库面板：其中预设了一些视频、音频、滤镜、效果、转场、图片等文件，切换到相应素材库后，就可以查看和使用。

⑥ 编辑面板：显示编辑视频、图片等文件的功能按钮。

⑦ 工具栏：包括一些编辑文件、切换、撤销/恢复、轨道管理器、音频等的按钮。

⑧ 时间轴：显示当前项目中包含的所有素材、背景音乐、标题和各种转场效果等。

图 3-20 会声会影的主工作界面

（2）导入视频、图像等素材

素材可以导入素材库中，也可以直接导入时间轴上。导入素材库中，可以更好地管理这些素材，并按照设计要求来选用素材。素材可以按不同类型分别放置在不同的时间轴上，等待进一步的剪辑处理。

① 将素材导入素材库的方法。

方法1：在素材库面板中，先选择要导入的素材类型，再单击加载素材的文件夹按钮，在弹出的对话框中选择素材保存的位置，选中要导入的素材文件，单击"打开"按钮即可。

方法2：利用菜单导入，选择"文件"→"将媒体文件插入到素材库"命令，在弹出的对话框中选择素材保存的位置，选中要导入的素材文件，单击"打开"按钮即可。

② 将素材导入时间轴的方法。

方法1：在素材库面板中，先选择要导入的素材类型，在出现的素材列表中选择要导入的素材，然后将素材拖动到相应类型的时间轴上，释放鼠标即可。

方法2：利用菜单导入，选择"文件"→"将媒体文件插入到时间轴"命令，在弹出的对话框中选择素材保存的位置，选中要导入的素材文件，单击"打开"按钮即可。

方法3：在时间轴上单击鼠标右键，插入相应素材。

导入时间轴的素材要根据设计需要，按顺序放置素材，并等待进一步的编辑处理。

（3）剪辑与修整

对视频、图像、音频等素材进行裁剪、复制、删除、分割场景等编辑操作，可以得到符合需要的最终素材。

① 在视频中选取其中一段进行播放。选中视频，先播放一遍，确定视频开始位置，把时间轴放在开始位置，单击前大括号按钮；然后确定视频结束位置，把时间轴放在结束位置，单击后大括号按钮，此时单击"播放"按钮，预览窗口中只播放视频被选取的部分。

② 裁剪视频。选中插入的视频，先播放一遍，然后把时间轴放在需要剪切的开始位置，单击"剪刀"按钮；采用同样的方法，在需要剪切的结束位置放置时间轴，然后单击"剪刀"按钮。在使用时间轴确定位置的时候，还可以按帧进行剪切，这样可以精确地对视频进行裁剪。

③ 多重修整视频。选中插入的视频，单击"多重修整"按钮，进入多重修整界面，界面中有屏幕和各种修剪工具。先播放一遍视频，在视频需要修整的地方单击"暂停"按钮，然后单击前大括号按钮，继续播放，在需要修整视频的结束位置单击"暂停"按钮，再单击后大括号按钮；如此反复，就可以对需要修整的视频部分进行修整。

④ 按场景分割。在拍摄过程中，每一场次拍摄完成后的视频称为一个场景，单击"按场景分割"按钮，就会按照场景的先后顺序对视频进行分割。分割后可以对场景的顺序进行调整。

⑤ 分割声音。有时只需要视频中的某段声音，而不需要动画，就可以单击"分割音频"按钮，将视频中的声音提取出来。也可以只留下动画，去掉声音。

⑥ 保存为静态图像。在播放视频的时候，如果需要将视频中的某一帧动画作为图片保存下来，那么可以单击"保存为静态图像"按钮，保存后的图像存储在素材库中。

⑦ 音频剪辑。在使用音频的时候，往往会出现主题已表现完成，但音乐还有一段没有播完的情况，这时就需要将多余的音乐剪掉，操作步骤如下：单击音频，在时间轴上确定好要剪切的开始位置，然后单击"剪辑"按钮，就可以剪去多余的部分。需要注意的是，在音乐结束部分，需要进行淡化效果处理，让声音慢慢地从大变小，操作步骤如下：单击"音频视图"按钮，选中需要操作的音频，待界面中出现红线后，在音频结束位置的前三四秒的位置单击鼠标，这时会出现一个小方块，然后在音频正式结束位置单击鼠标，最后把这个小方块变为斜三角形即可。

（4）给视频、图片添加特效

为了达到更好的显示效果，一般会给视频或图片添加以下特殊效果。

① 转场效果。转场效果分为随机效果和手动效果，随机效果是指在制作视频的前期将特效参数设置完成，在视频与照片的编辑过程中，随机插入效果。手动效果的添加步骤如下：在素材管理面板中单击小三角按钮，选择"转场"选项，出现多种转场效果，根据需求选中需要的效果，按住鼠标左键不放，将此效果拖放到需要设置转场效果的两段视频连接处即可。

② 滤镜效果。添加滤镜效果是指通过滤镜插件在视频或图像上设置一些特殊的效果，如下雨、刮风、打雷、气泡等。操作步骤如下：在素材管理面板中单击小三角按钮，选择"视频滤镜"选项，将出现不同滤镜的图标，选中所需要的效果，按住鼠标左键不放，将此效果拖曳到正在编辑的视频或图像上即可。

③ 翻转视频。翻转视频是指从视频的结束位置开始播放，使原本向前运动反转为向后运动，比如在街上正常行走的人，使用了这种效果后，视频播放的却是人往后退的效果。操作步骤如下：选中视频，然后勾选"翻转视频"复选框。如果想取消这个效果，取消勾选该复选框即可。

④ 回放速度。通过设置回放速度，可以将视频时间拉长或压缩，从而实现改变视频中运动物体速度快慢的效果。比如，视频中正常行驶的汽车，通过压缩回放时间设置，视频展示的汽车行驶速度会快很多。操作步骤如下：选中视频，单击"回放速度"按钮，在弹出的对话框中进行速度调节，在预览窗口中可以随时查看效果。

⑤ 色彩校正。单击"色彩校正"按钮，打开"色彩调整器"面板，然后拖动鼠标来调整色彩，直到满意为止。

⑥ 大小调整。在电影结尾部分常常看到的斜放效果就是通过调整视频的大小效果来实现的。操作步骤如下：选中视频，单击鼠标右键，在弹出的快捷菜单中选择"属性"命令，在弹出的对话框中勾选"素材变形"复选框，这时屏幕上会出现四个小黄块和四个小绿块，再勾选"显示网络线"复选框，开始调整小黄块或小绿块，直到效果满意为止。

⑦ 图像的摇动与缩放。这种效果的适用对象仅为图像，可以使原本静止的图像产生多种摇动和缩放效果，使之视觉效果更佳。

（5）添加文字、声音

① 添加标题。一个好的作品一定要有一个生动、醒目的标题，文字一定要简洁、通俗、紧扣主题。标题文字的效果主要靠颜色、字体、动画来表现。操作步骤如下：设置好文字的字体、颜色、字号，然后输入文字，在时间轴下方的文字栏中，可控制文字出现的时间长短，单击"动画"按钮，选择需要应用的动画，预览后单击"确定"按钮即可。

② 添加声音。将事先录制好的解说词文件拖放到时间轴上，试听后单击"确定"按钮。需要注意的是，如果解说词比较长，需要先在解说词上断句。一般屏幕上显示的文字最好是一行，文字不要太大。如果是较长的语句，有必要在语句中间进行划分，但要做到语句通顺，意思表达清晰，不会产生歧义。

③ 播放解说词并认真听取内容，有解说词之处，就立即停下，用鼠标在时间轴上做标记。

④ 根据标记输入文字，设置字体、颜色、字号，调整位置等，在时间轴上控制时间长度。

（6）添加音乐

有些视频，如果配上合适的音乐能带来更多的享受，增添不少的活力。

① 输入音频。在素材库中，先选择音频类型，然后在出现的素材中找到需要配置的音乐，

将音乐拖放到音乐轨中相应的位置。

② 修改音频。单击音频,音频变为黑色以后,找到需要修改的开始位置和结束位置,将其用"音频剪刀"剪切,然后将其删去,再把后面的音频拖至前面,弥补删除的空间。

③ 复制小段音频。将需要重复的音频用"音频剪刀"剪切,然后单击鼠标右键,在弹出的快捷菜单中选择"复制"命令,在音频素材库的任一位置单击鼠标右键,在弹出的快捷菜单中选择"粘贴"命令,最后将其拖到音乐轨中,放到需要的位置。

④ 在音乐轨中置换音乐。如果在拍摄过程中,视频中的音乐不清晰,需要进行替换,可以这样操作:用鼠标做好标记,然后将视频中的音乐设置为静音状态,重新导入同名称的歌曲,将其输入到时间轴的音乐轨上并放置在刚才做好的标记处即可。

⑤ 调整音乐音量。操作步骤如下:在音乐轨中,选中要处理的音频,单击"音乐视图"按钮,用鼠标靠近声音平衡红线,当鼠标指针由"十字"形转变为箭头时,平衡红线上的小方块处形成一个红色的方块,在这个小红块稍近的地方再次单击,又形成一个小红块,用鼠标控制这个小红块向下移动,使音乐音量变小。

(7) 分享作品,刻录成 DVD

作品制作好后,就可以输出保存为成品。可以根据需要选择不同的成品格式,如可以直接保存为视频文件,也可以刻录成 DVD。

① 创建视频文件。单击"共享"标签,单击"创建视频文件"选项,选择"[PAL MPEG2 720*576 25fps]"格式,然后选择存放文件的位置,单击"保存"按钮后,软件开始进行渲染,渲染的时间较长,需要耐心等待。

② 刻录成 DVD。单击"共享"标签,单击"创建光盘"选项,然后按照软件提示开始刻录。需要注意的是,如果要刻录为 DVD,还需要配置一台 DVD 刻录机。

3. Adobe Premiere 简介

Adobe Premiere 是一款常用的专业视频编辑软件,功能比会声会影更加强大,是视频编辑专业工作者必不可少的视频编辑工具。Premiere 提供了采集、剪辑、调色、美化音频、添加字幕、输出、DVD 刻录等一整套流程,和其他 Adobe 软件高效集成,能够创造出高质量的作品。目前这款软件广泛应用于广告制作和电视节目制作中。有兴趣者可以参考相关教材学习。

【实践活动】数码摄像机的使用

练习使用 DV 拍摄一段 20 分钟以上的校园活动场景;用会声会影对用 DV 拍摄的校园活动场景进行简单编辑,加入图片、文字或背景音乐等信息,自制一段影片,并生成不同格式的文件。

1. 实践目的
① 掌握 DV 的基本操作技巧。
② 掌握会声会影的基本界面。
③ 掌握会声会影导入、编辑、处理素材的功能。
④ 掌握运用会声会影对素材添加特效。
⑤ 创作者分享作品。
2. 实践器材
① 计算机。
② 预先处理好的各种素材:图片、图像、视频、音频。

③ 会声会影等软件。

3. 实践内容及要求

利用会声会影自制一段影片，制作成MP4等格式的文件。

要求：使用视频、音频、图像、旁白、文字等素材，做得有声有色，富有创意。

4. 实践过程

（1）准备素材

按照主题要求自行获取素材（拍摄视频、收集图片、获取背景音乐等），并用相应处理软件加工处理成最终使用的素材和类型，分别按类型保存到不同的文件夹中。

（2）打开会声会影，并导入素材

用"会声会影编辑器"启动模式启动会声会影。启动成功后，用自己喜欢的一种方式导入不同素材，可以导入素材库中，也可以直接导入时间轨。

按照设计要求，把所有的视频、图像、音频等素材按顺序放置到相应的时间轨上，并进行试播和调整。

（3）编辑处理素材

根据需要，对视频、图像、音频等素材进行进一步编辑处理，如裁剪、删除、复制、预演，直到满意为止。

（4）添加各种特效

应熟练掌握标题、效果、覆叠等各项功能。

① 按设计要求，在相应的位置处添加标题和文字，并设置满意的格式、动画等效果，使文字更自然、贴切。

② 为图像添加转场、视频滤镜等效果，使影片更生动，更具感染力。

③ 为视频设置特效。

④ 添加覆叠效果，使影片更富有变化，更富有创意。

（5）共享

根据不同的制作目的，选择相应的共享去向和格式。

5. 实践注意事项

① 在充分了解和掌握会声会影基本功能的基础上进行。

② 要事先掌握各种素材的收集和处理技术。

③ 熟悉视频的不同格式及用途。

④ 会使用刻录机。

3.6 动画素材及处理技术

3.6.1 常见动画文件的格式

1. 动画简介

（1）动画的制作原理

动画的制作原理与电影、电视一样，都利用了人眼视觉暂留原理。医学证明，人眼具有视觉暂留的特性，就是说人眼看到一幅画或一个物体后，在0.1~0.4秒内不会消失（具体时间因人而异）。利用这一原理，在一幅画还没有消失前播放下一幅画，就会给人造成一种连续流畅的视觉变化效果。所以，只要将一段连续的动作分解成一系列画面，然后按一定的幅频（动画中称为帧频）播放，人眼看到的就是连续的场景，这就是动画。

（2）传统动画制作方式

传统动画制作是通过把人和物的表情、动作、变化等分段画成许多幅画面，再用摄影机连续拍摄成一系列画面，给视觉一种连续变化的场景。

（3）现代动画制作方式

随着科学技术的发展，现已开发出了许多动画制作软件。这些软件具有两个特点：一是对一段连续的动作，不再需要画出多幅画面，只需要画出一些关键画面（关键帧），中间的画面由软件根据物体运动的规律自动生成；二是可以生成一定格式的文件，通过特定播放器就可以在计算机、电视中进行播放。

动画发展到今天，产生了二维动画和三维动画两种形式，用 Focusky、Animate 等制作的就是二维动画，而三维动画则主要是用 Maya 或 3ds Max 制作成的。

（4）动画在教学中的作用

在教学中，往往需要利用动画来模拟事物的变化过程，说明科学原理，尤其是二维动画，在教学中应用较多。在许多领域中，利用计算机动画来表现事物甚至比电影的效果更好（因为动画可以按创作者的意图进行任意分解）。因此，较完善的多媒体教学软件一般都配有动画以加强教学效果。

2．动画文件的格式和特点

（1）FLA

FLA 是 Flash 源文件存放格式。在 Flash 中，大量的图形是矢量图形，因此在放大与缩小的操作中没有失真。这种格式的动画文件所占的体积较小。

（2）SWF

SWF 是 Flash 动画文件格式，主要用于在 Web 上发布文件。

（3）FS

FS 是用 Focusky 创建的工程文件的默认格式，可以基于此工程文件导出 EXE、PPT、ZIP、PDF、HTML5 等动态文件。

（4）GIF

GIF 格式是常见的二维动画格式，动画文件所占体积较小。

（5）AVI

严格来说，AVI 格式并不是一种动画格式，而是一种视频格式，它既包含画面信息，又包含声音效果。因为包含声音的同步问题，因此，这种格式多以时间为播放单位，在播放时，一般不能控制其播放速度。

3.6.2 动画素材的获取

动画素材的获取途径一般有以下几种。

① 从已有的动画素材库（如资源库、电子书籍、课件、录像片、DVD、互联网等）中获取。

② 利用专用动画制作软件（如二维动画制作软件 Focusky、Animate，三维动画制作软件 Maya、3ds Max 等）制作。

③ 利用多媒体创作软件中的动画制作功能模块［如 Authorware 中的"移动图标"，该功能提供了五种方式的运动路径设定；PowerPoint 中的"自定义动画"，可设定屏幕中对象（文

字块、图形等）的呈现方式，如飞入、渐出、展开等几十种动画效果］制作。

3.6.3 动画素材的制作和处理技术

下面简要介绍 Focusky 及其在动画素材制作和处理中的应用。

1. Focusky 简介

Focusky（简称 FS）是一款动画宣传视频、演示文稿（PPT）制作软件，于 2013 年由广州万彩信息技术有限公司自主研发而成。它界面简洁，易于操作，采用整体与局部的演示方式，便于建立逻辑清晰的演示。所有演示内容平铺在一张可无限缩放的画布上，有点类似于思维导图，场景以缩放/旋转/移动的方式切换，一目了然。Focusky 不但能制作动画 PPT，而且可输出视频，所以可用于制作动画视频、企业宣传片、微课等。用户完全可以使用 Focusky 制作出专业级的动画视频、PPT、纪念册、公司报告等。

2. Focusky 的主要特点

（1）操作界面简洁，易上手

Focusky 的操作界面简洁直观，尊重用户已有的软件使用习惯；可轻松导入 PPT，所有操作即点即得，在漫无边际的画布上，拖曳移动也非常方便。

（2）思维导图式的体验，从整体到局部

使用 Focusky 可轻松创建思维导图风格的动态幻灯片，以逻辑思维组织内容，从整体到局部，让观众跟随作者的思维方式理解和思考。

（3）3D 幻灯片演示特效打破常规

Focusky 打破传统的 PPT 切换方式，模仿电影视频转场特效，加入生动酷炫的 3D 镜头缩放、旋转和平移特效，带来震撼的视觉冲击。

（4）无限的想象+无限的画布

Focusky 把图片、视频、文字等内容，以逻辑为引导，在漫无边际的画布中生动演绎出来。

（5）无限放大、缩小不模糊

在画布上滚动鼠标轻松实现局部放大与缩小，局部放大甚至无限放大后，矢量元素也不模糊。

3. Focusky 的基本操作

下面就以 2021 年 12 月更新的 Focusky v4.1.001 为例介绍 Focusky 的基本操作。

（1）打开文件

在左侧的导航窗格中单击"最近工程"按钮，按提示选择软件中或计算机中保存的 FS 文件，单击"打开"按钮即可打开文件。

（2）新建文件

单击"新建空白项目"按钮或左侧导航窗格中的"在线模板"按钮，按需创建文件，即可开始动画 PPT 的设计与制作。

（3）保存文件

单击"保存工程"按钮，在弹出的对话框中将文件保存为 FS 格式，并把它保存在指定的文件夹中。

4．Focusky 的工作界面

Focusky 的工作界面主要包括菜单栏、工具栏、标题栏、编辑区（画布）、镜头帧窗口等部分，如图 3-21 所示。

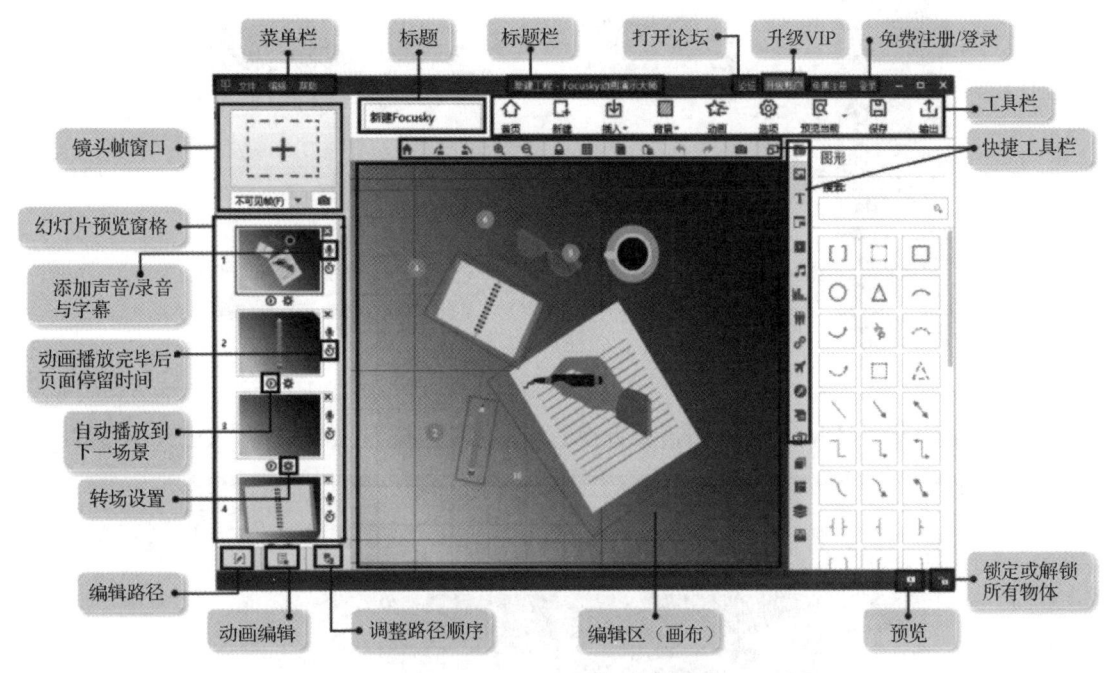

图 3-21 Focusky 的工作界面

5．Focusky 的播放界面

Focusky 文件（除视频外）的播放界面主要由两部分组成：全局菜单栏和导航，如图 3-22 所示。

图 3-22 Focusky 的播放界面

6．Focusky 快速制作流程

第 1 步：新建一个 Focusky 工程文件时，可下载在线模板，然后直接套用模板，如图 3-23 所示。

图 3-23 新建工程文件

第 2 步：选择一张幻灯片，双击需要替换的地方，修改成自己的内容，如图 3-24 所示。

图 3-24 自定义内容

第 3 步：编辑或修改路径，如图 3-25 所示。

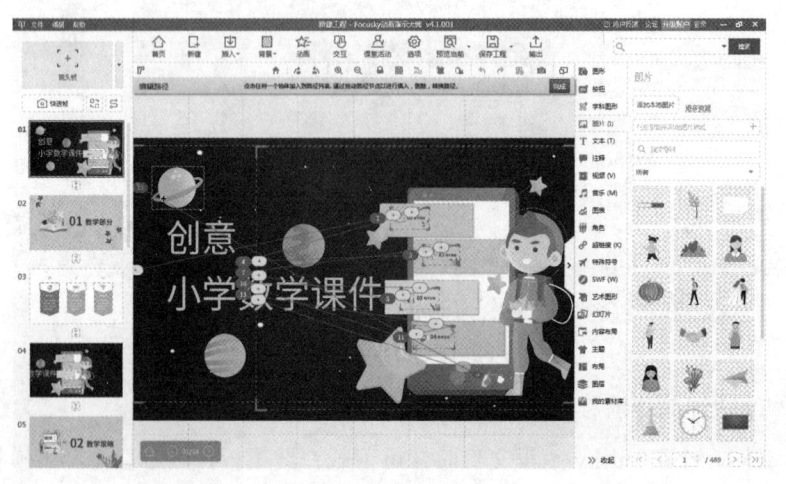

图 3-25 编辑或修改路径

第 4 步：调整路径顺序，设置路径播放时间，如图 3-26 所示。

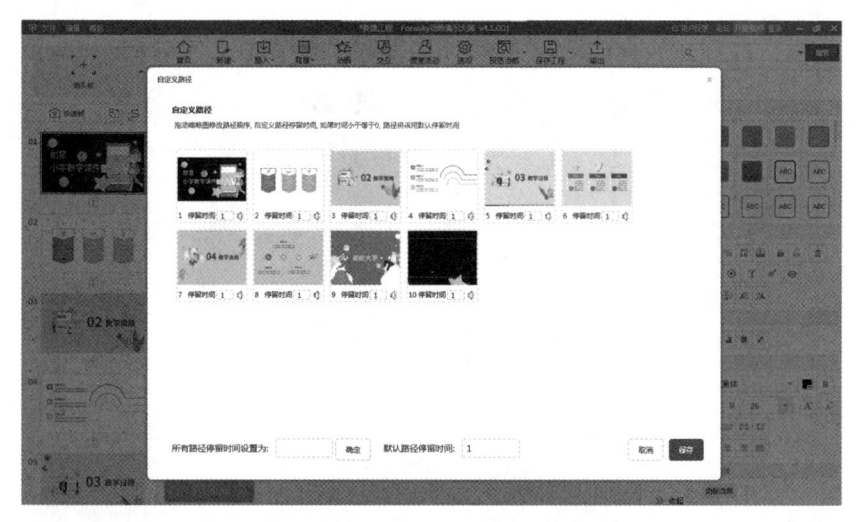

图 3-26　调整路径顺序，设置路径播放时间

第 5 步：添加或修改动画效果，如图 3-27 所示。

图 3-27　添加或修改动画效果

第 6 步：预览及发布。单击工具栏上的"预览"按钮，开始预览整个动画 PPT 的效果，无误便可输出（按 F5 键预览整个动画 PPT，按 Shift+F5 组合键是预览当前的幻灯片），如图 3-28 所示。

- 输出到云:分享到微信：上传到官网在线浏览，可分享到微信。
- Windows 应用程序（.exe）：Windows 计算机离线浏览，无须安装任何软件，即可直接打开。
- 视频：输出为视频格式。
- 输出成 PPT：输出为 PPT 格式。
- HTML5 网页：上传到网站服务器，适合用手机浏览。
- 压缩文件（.zip）：输出为压缩文件格式。
- 输出成 PDF：输出为 PDF 格式。

87

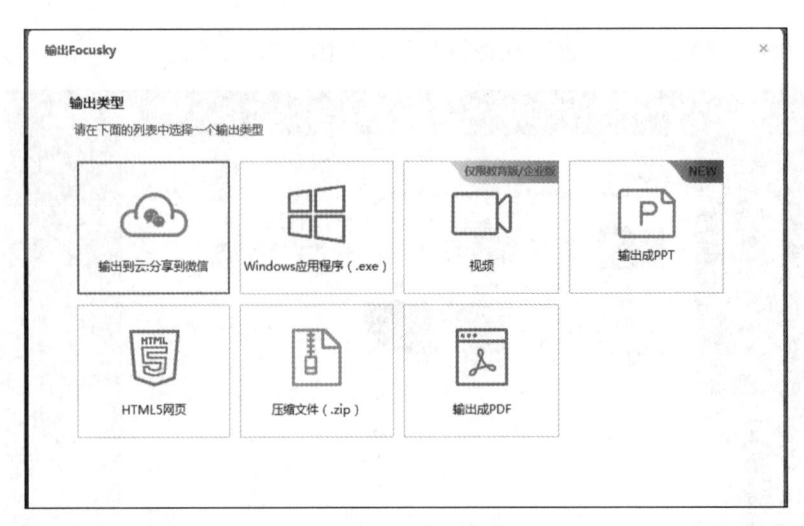

图 3-28　预览及发布

【实践活动】人物对话场景制作实例

在 Focusky 中，可以通过角色和动画功能实现人物对话场景，如图 3-29 所示。具体制作流程如下。

图 3-29　人物对话场景制作实例

1. 为人物对话设置一个合适的场景

第 1 步：启动 Focusky，单击"新建空白项目"按钮，在空白的画布中添加镜头帧。

第 2 步：单击"背景"按钮，设置一个合适的背景颜色。

第 3 步：选择"插入"→"图片"命令或单击快捷工具栏中的"图片"→"添加本地图片"按钮，在弹出的对话框中选择制作对话场景所需的元素，单击"打开"按钮将其添加至画布中。

第 4 步：将添加的元素在镜头帧内排好版。

2. 添加角色和对话框

第 1 步：单击快捷工具栏中的"角色"按钮，在右侧的列表中选择一个角色人物。

第 2 步：打开角色动作界面，可以滑动查看角色的动作和表情，单击任意动作即可将其添加至画布中。

第 3 步：用同样的方法在画布中添加两个对话角色，调整角色的大小、位置和图层。

第 4 步：单击快捷工具栏中的"图形"按钮，在右侧的下拉列表中选择"对话框"选项，单击对话框即可将其添加至画布中。

第 5 步：单击添加的对话框，在右侧属性栏中可以自定义大小、位置、填充、边框和效果。这里为两个人物角色都添加相应的对话框，并添加文字内容。若想实现对话框出现和消失交替，即人物角色轮流说话的效果，则两个人物角色需要叠加至少两个对话框和文本内容。

3. 设置动画

单击工具栏中的"动画"按钮，进入动画编辑界面。选中需要设置动画的元素对象，单击"添加动画"按钮，选择合适的进入特效。

第 1 步：女性角色说话（对话框出场，文字内容出场），男性角色进行表情动作（或停止说话动作），因为一开始添加角色的时候为女性角色选择了说话动作，所以这里只需要设置：

● 男性角色表情（或停止说话动画）；
● 对话框出场；
● 文字内容出场。

播放方式设置："与上一个一起"，播放时长根据实际需要进行调整。

第 2 步：男性角色说话（对话框出场，文字内容出场），女性角色进行表情动作（或停止说话动作），这里还需要添加第 1 步女性角色说话的对话框和文字内容的退场，所以需要设置：

● 女性角色表情（或停止说话动画）；
● 女性角色对应的对话框退场；
● 女性角色对应的文字内容退场；
● 男性角色说话动作；
● 男性角色对应的对话框进场；
● 男性角色对应的文本内容进场。

播放方式设置：将第 1 个出场的动画设置为"在上一个之后"，其他设置为"与上一个一起"，播放时长根据实际需要进行调整。

第 3 步：女性角色说话（第 2 个对话框出场，第 2 个文字内容出场），男性角色进行表情动作（或停止说话动作），这里还需要添加第 2 步男性角色说话的对话框和文字内容的退场，所以需要设置：

● 男性角色表情（或停止说话动画）；
● 男性角色对应的对话框退场；
● 男性角色对应的文字内容退场；
● 女性角色说话动作；
● 女性角色对应的第 2 个对话框进场；
● 女性角色对应的第 2 个文本内容进场。

播放方式设置：将第 1 个出场的动画设置为"在上一个之后"，其他设置为"与上一个一起"，播放时长根据实际需要进行调整。

第 4 步：男性角色说话（第 2 个对话框出场，第 2 个文字内容出场），女性角色进行表情动作（或停止说话动作），这里还需要添加第 3 步女性角色说话的对话框和文字内容的退场，所以需要设置：

● 女性角色表情（或停止说话动画）；
● 女性角色对应的第 2 个对话框退场；
● 女性角色对应的第 2 个文字内容退场；
● 男性角色说话动作；

- 男性角色对应的第 2 个对话框进场；
- 男性角色对应的第 2 个文本内容进场。

播放方式设置：将第 1 个出场的动画设置为"在上一个之后"，其他设置为"与上一个一起"，播放时长根据实际需要进行调整。

第 5 步：添加女性角色和男性角色的停止说话动画效果。

设置完动画效果后，可以单击动画编辑界面右下方的"播放动画"按钮预览效果，然后单击右上方的"退出动画编辑"按钮返回画布编辑界面。

4. 语音同步

为角色人物的对话添加同步语音，让整个演示更具画面感。

第 1 步：单击镜头帧右侧的"添加声音/录音与字幕"按钮进入录音模式。

第 2 步：在录音模式界面，单击"添加录音"按钮，在弹出的对话框中勾选"同步播放动画"复选框，单击"开始录音"按钮，即可根据人物对话的动画效果来添加真人录音，实现录音和动画同步。也可以通过导入音频、播放动画效果来调整音频时间点，实现音频和动画同步。

【本章小结】

本章介绍了教学媒体的相关概念、作用、分类、特性、发展状况及其教学应用，并重点介绍了多媒体素材的分类，对文本、图形图像、音频、视频、动画等媒体素材的格式和特点，以及素材的获取途径和处理技术进行了较为详细的介绍；配合实例介绍了几种常用多媒体素材处理软件的使用方法，使读者能够较为全面地掌握多种媒体的一般处理技术。

【思考与练习】

1. 使用 Word 编辑和排版教案、办公文件、信函、通知书、明信片等。
2. 什么是矢量图和位图？各有什么特点？
3. 图形图像有哪些获取方法？运用这些方法分别收集几种格式的图片，并分类保存。
4. 音频文件的格式有哪些？不同格式如何进行格式转换？
5. 在有伴奏带的情况下录制一首歌，对设备有哪些要求，要进行哪些设置？检验自己计算机的声卡、麦克风等设备，录制一首歌曲并运用 Audition 进行后期处理。
6. 视频有哪些文件格式？在网上搜寻不同格式的视频文件，并播放观看，注意观察文件大小、画面质量和播放方式。
7. 运用会声会影制作一个电子相册，要求包含大量图片，有前后字幕（中间也可添加一些文字），有背景音乐，有转场特效等。
8. 分小组完成一个主题的拍摄，主题可以是一个演出、一小段幼儿活动、一个科学实验等。运用会声会影对得到的视频进行后期剪辑处理，添加旁白、字幕、背景音乐等，恰当使用一些特技，最后合成输出一个视频文件。不同小组间进行交流、互评。
9. 动画文件有哪些格式？常用的动画制作软件有哪几种？
10. 某个动画场景如下：蓝蓝的天上白云飘，鸟儿欢声唱，路边小草茁壮成长，太阳正冉冉升起来，小朋友们在草地上嬉戏玩耍。请利用 Focusky 制作一段帧速不低于 12f/s、时间大于 30s 的动画。
11. 完成图 3-30～图 3-32 所示文章的图文混排。

秋是什么颜色的？

谷子说：秋是黄色的，我就是叫秋风吹黄的。高粱说：秋是红色的，我就是叫秋气染红的。棉花说：秋是白色的，不然，我哪里会这银装素裹呢？墨菊却说：秋是黑色的，我开放的花朵就是明证。松柏说：秋和夏没什么区别，都像我一样青翠……

秋天听了摇摇头说：不，不，我是五彩缤纷的。如果我只属于一种颜色，那秋天该是多么单调啊！

图 3-30　文章 1

生命是自己的，生活也是自己的，不是为负担别人的目光而生存的。

这世间，只有一个人能跑到你背后，去追寻你身影里的落寞与痛苦——那就是你自己。

让我们以生命之火点燃自己，去找回失落已久的自我。重新认识之后，在人生的旷野中，确立属于自己的品质与风格。施予合理的心理引导，卧则高枕无忧，立则挺拔伟岸，行则昂头挺胸——走自己的路，让别人说去吧！

图 3-31　文章 2

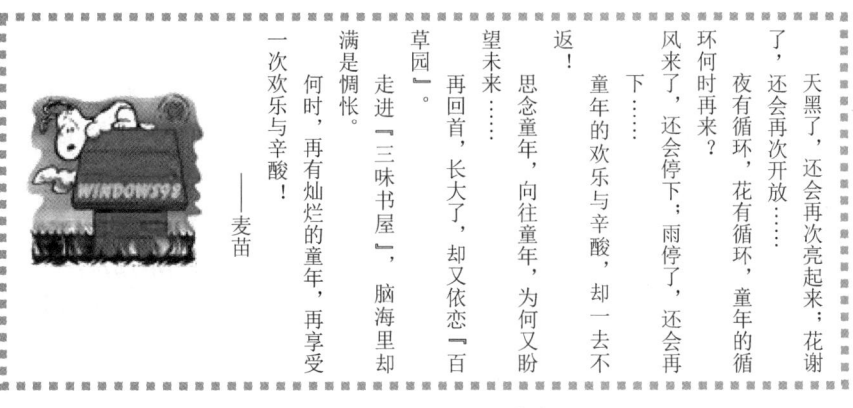

天黑了，还会再次亮起来；花谢了，还会再次开放……夜有循环，花有循环，童年的循环何时再来？

风来了，还会停下；雨停了，还会再下……

童年的欢乐与辛酸，一去不返！

思念童年，向往童年，为何又盼望未来……

再回首，长大了，却又依恋"百草园"。

走进"三味书屋"，脑海里却满是惆怅。

何时，再有灿烂的童年，再享受一次欢乐与辛酸！

——麦苗

图 3-32　文章 3

第4章

多媒体课件制作技术

【本章导读】

多媒体课件制作能力已成为衡量教师教学能力的一项重要标志，是教师必须学习和掌握的重要技能。本章旨在通过介绍多媒体课件的基础知识、设计方法和通过案例教学讲解PowerPoint和Focusky两个重要的多媒体课件制作工具的使用，使读者具有一定的课件开发能力。建议读者在学习过程中注意：①本章的定位不是要详细介绍课件制作工具的使用方法，而是试图通过实例分析和练习，使读者逐步领会和掌握两个多媒体课件制作工具的一般使用方法和某些特殊的技巧，所以要将案例当成练习来做；②必须多实践，从单项技巧到某个课件整体，从易到难，逐步提高多媒体课件的制作水平。

【本章学习目标】

通过对本章的学习，将实现下列学习目标：
- 了解多媒体课件的相关概念、类型、特点及作用。
- 掌握多媒体课件的设计原则及儿童教学课件设计的异同。
- 掌握多媒体课件制作的一般步骤。
- 掌握用PowerPoint和Focusky制作课件的常用技术。

4.1 多媒体课件概述

4.1.1 多媒体课件的概念与类型

1. 多媒体课件的概念

要弄清什么是多媒体课件，首先得弄清多媒体教学软件。多媒体教学软件是一种根据教学目标设计，以信息技术为主要手段，表现特定的教学内容，反映一定教学策略的计算机教学程序。它可以用来存储、传递和处理教学信息，能让学生进行交互操作，并对学生的学习做出评价。

多媒体课件简单来说就是教师用来辅助教学的工具，创作人员根据自己的创意，先从总体上对教学信息进行分类组织，然后把文本、图形图像、声音、动画、影像等多种教学媒体素材在时间和空间两个方面进行集成，使它们融为一体并赋予它们交互特性，从而制作出各种精彩纷呈的多媒体应用软件产品。如果要给它下一个准确的定义的话，可以定义如下：多媒体课件是在多媒体计算机系统硬、软件环境中，利用多媒体工具开发出来的，实现教学设计过程、方法和策略的，反映教材内容、结构和教师教学意图的多媒体应用软件产品，它仍属于多媒体教学软件的范畴。

可以看出，多媒体教学软件既可以是多媒体教学软件开发工具本身，也可以是直接用于具体教学的多媒体应用软件产品；而一般多媒体课件是直接用于具体教学的多媒体应用软件产品。但是，随着人们对多媒体软件开发工具应用能力的不断提高，很多课件也嵌入了特色开发模块，留下了可以根据不同教学环境和要求进行二次开发的空间，所以也可以称之为多媒体教学软件。相应的教学活动称之为多媒体课件教学或多媒体软件应用教学，简称多媒体教学，现在更广泛地称之为信息化应用教学。

多媒体课件具有直观、生动、形象、感染力强的特点，可以激发学生的学习兴趣和主动性，能有效提高教学效果，是目前实现最优化教学不可或缺的方法或手段。

对多媒体课件的认识，可以从技术和内容两个方面来理解。从技术上讲，多媒体课件是采用多媒体技术交互综合处理文本、图形图像、声音、动画、影像等信息媒体以表现教学内容的一种计算机软件；从内容上讲，它是以教学理论和学习理论为指导，运用系统方法，针对教学目标和教学对象的特点，合理地选取与设计教学信息媒体并进行有机组合，从而形成优化的教学结构的一种教学系统。多媒体课件的内容通常包括两部分：一是利用符号、语言、文本、声音、图形图像等多种信息媒体描述的教学信息；二是引导学生通过人机交互作用展开学习过程的各种控制信息。多媒体课件中，各种媒体信息是按超文本或超媒体方式来组织的，最大的特点是具有交互性和共享性。

2. 多媒体课件的类型

多媒体课件的分类方法很多，如按课件的组织形式分类，按课件的呈现方式分类，按课件的制作软件分类，按课件的教学功能分类等。根据对课件问题的研究应以教学理论特别是学习理论为依据的观点，本书按学习类型对课件进行分类，即不同类型的学习对应不同类型的课件。而学习类型的分类也是复杂的理论问题，这源于学习本身的复杂性和人们依据的分类标准不同，如按学习的内容和结果、教育目标、各类学习的简繁程度等进行分类。不管依据哪种分类标准，必然形成不同的学习方式，因此，对课件类型的研究应以学习方式的差异为依据。

根据奥苏贝尔的学习分类观点，学习可分为"内容以现成的、相对定论的形式提供给学生"的接受学习、"让学生自己去探索解决问题的原则和方法，进而获得知识"的发现学习，以及"区别于知识和技能等学习内容"的操作学习。以此分类，相对应的课件形式有演示型课件、自主学习型课件、实验探索型课件。

（1）演示型课件

演示型课件主要用于课堂演示教学，大多用于学生接受学习，课件信息量大，能直观演示多种教学信息。这种类型的课件要求画面直观，尺寸比例较大，能按教学思路逐步深入地呈现。它注重对学生的启发、提示，反映解决问题的全过程。

演示型课件除了适合展示一般现成的、相对定论的教学信息外，还特别适合表现用其他手段难以表现的微观现象、真实实验中有危险的现象、真实实验中要很长时间或极短时间才能看到的现象、过去的过程或事件、需要反复观察的动态现象等，可以突破传统教学手段难以解决的教学难点。

演示型课件注重设计的表现力，如版面设计、背景设计、文字设计、音/视频设计等。各种信息媒介的表达和组合要做到优化设计、精心选择、取长补短、相辅相成；对于每一帧画面的设计，构图、大小、颜色、文字、解说、呈现方法等都要精心设计，以符合学生的认知规律，激发学生的学习兴趣。

（2）自主学习型课件

自主学习型课件主要用于学生自主学习，包括学习指导型（类似于学习手册）、训练复习型、教学游戏型、资料工具型（协助自主学习），甚至集合上述各种类型的网络课程，都属于自主学习型教学课件。课件具有完整的知识结构，能反映一定的教学过程和教学策略，提供相应的形成性练习供学生进行学习评价，设计了许多友好的界面让学习者进行人机交互。

自主学习型课件最典型的特点是具有互动性。学生可以利用课件进行操作与练习、游戏、模拟、测试、问题解答、信息检索等，还可以利用课件提供的指导功能进行新知识、新技能的学习，甚至可以和教师进行跨时空的互动交流（如网络课程互动模块）。在互动过程中，学生与"机器导师"或者教师之间可以实时地相互交换信息，从而激发学生的学习兴趣，强化认知，促使学生有效地学习，彻底改变传统教学模式中学生的被动地位。大多自主学习型课件是为课后辅助学习而设计的，可以对已学习的课程知识和技能进行强化学习和训练。如为学生熟练地掌握诸如操作键盘、外语拼写等而设计的操练与练习游戏型教学软件即属于自主学习型课件，运用这类软件进行学习，可以产生良好的学习兴趣，使学生在一种轻松和娱乐的心境中完成学习任务。

（3）实验探索型课件

实验探索型课件是借助计算机仿真技术开发出的一套模拟实验系统，可以模拟一个或者多个科学实验或实训项目，提供可更改参数的指标项或不同的设计方法，当学生输入不同的参数时，能随时真实模拟对象的状态和特征，供学生进行模拟实验或探究发现学习使用。

大型的实验探索型课件利用虚拟现实技术可以建立一个功能强大的虚拟实验平台，在这个平台上，学生可以使用虚拟设备与部件，虚拟完成真实环境下的各种实验。同时教学内容还可以随软件的升级而不断更新，使实验及时跟上课程的发展。虚拟现实的沉浸性、交互性和跨时空性，使学生能够选择任意时间和地点在虚拟的学习环境中扮演一个角色，全身心地投入到学习环境中去，这非常有利于学生的技能训练。像汽车拆装维修、汽车驾驶、外科手术、电子设计、电器维修、果树栽培、电子商务等各种职业技能的训练，由于采用了虚拟的训练系统，无任何危险，所以学生可以不厌其烦地反复练习，直至掌握操作技能为止。例如，在汽车拆装维修训练系统中，学生可以反复拆装汽车设备，学习判断各种运行故障，通过反复训练，达到熟练掌握汽车拆装维修技术的目的。

4.1.2 多媒体课件的特点与教学功能

1. 多媒体课件的特点

（1）表现力强

多媒体课件具有真实再现客观事物的时间顺序、空间结构和运动特征的能力，可以将一些抽象的概念、复杂的变化过程和运动形式，以内容生动、图像逼真、声音动听的教学信息展现在学生面前，引导学生去探索事物的本质及内在联系。

（2）交互性强

多媒体课件提供了图文并茂、丰富多彩的人机交互式学习环境，使学生能够按自己的知识基础和习惯爱好选择学习内容，这样，可充分发挥学生的主动性，真正体现学生的认知主体地位。智能多媒体软件还可以根据学生输入的信息，理解学生的意图，并运用适当的教学策略指导学生进行有针对性的学习；教师可以利用即时的反馈信息，调整教学的深度和广度，保证学生获得知识的可靠性与完整性；给学生以自主权，学生可以通过反馈的信息进行自我调整。

（3）共享性好

随着互联网的不断发展和普及，课件所包含的教学内容可以通过互联网进行相互传递，网络上的信息资源可以实现共享。以网络光盘为载体的多媒体课件，使知识的传播不再受时间、地点的限制，单位、家庭及社会都可以成为学习的"学校"，学习的时间可以根据个人情况灵活选择。

2. 多媒体课件的教学功能

多媒体课件的基本功能就是辅助教学，解决用传统教学手段无法解决的教学难点，促进实现教学过程最优化。其教学功能主要体现在以下几个方面。

（1）学习内容丰富，形式多样，优化了学习环境

多媒体课件由文本、图形图像、声音、动画、视频等多种媒体信息组成，给学生提供的外部刺激不是单一的刺激，而是多种感官的综合刺激，这种刺激能引起学生的学习兴趣，提高学生学习的积极性。

（2）交互界面友好，能调动学生积极参与

多媒体课件交互方式丰富多样，能够较好地构建学生的学习环境。"交互"能引发学生的操作激情，从而激发其学习兴趣，使学生充分发挥主动性。

（3）学习资源丰富，拓宽了学生的知识面

多媒体课件提供大量的多媒体信息和资料，创设了丰富有效的教学情境，不仅有利于学生对知识的获取和保持，而且大大拓宽了学生的知识面。

（4）以超媒体组织信息，提供了多种学习路径

超媒体是按照人的联想思维方式非线性地组织和管理信息的一种先进技术。由于超媒体信息的联想性和非线性符合人类的认知规律，所以便于学生进行联想思维。另外，由于超媒体信息结构的动态性，学生可以按照自己的目标和认知特点重新组织信息，按照不同的学习路径进行学习。

3. 评价多媒体课件的标准

评价多媒体课件的质量一般从教育性、技术性和艺术性三个方面进行。

（1）教育性

多媒体课件的教育性评价是指课件一定要体现辅助教学是其根本目的这一原则，如果多媒体课件脱离了教学而进行设计，那么它做得再好也没有教学价值。所以，多媒体课件的教育性评价是最重要的评价指标之一，一般从教学内容和教学设计两个方面进行评价。教学内容主要看内容的科学性、规范性，知识体系结构和资源的应用等方面，如课件的教学内容是否正确、表达是否符合国家标准、知识结构是否完整、能否正确利用各种辅助资源等；教学设计主要看目标设计、内容设计和学习设计，如课件的教学目的是否明确、目标定位是否符合教学实际、重点/难点是否突出、是否有交互教学设计、是否有学生练习等。

（2）技术性

多媒体课件的技术性是指课件制作的技术手段和技术水平，一般从运行环境、可操作性、软件选用与应用水平、多媒体手段的利用等方面进行评价，如运行平台兼容性好坏、容错性能高低、有无清晰导航、操作是否方便灵活、链接是否正确、切换时间长短、软件选用是否恰当或创新、软件应用水平高低、是否合理利用了各种多媒体技术、是否借助多媒体手段真正解决

或突破了一般教学手段难以解决的教学难点或教学重点等。
   （3）艺术性
   多媒体能产生早期常规媒体无法比拟的视听效果，具有美学价值，可以很好地起到提高教学效果的作用，这就是多媒体课件还有一项艺术性评价指标的原因。多媒体课件的艺术性一般从界面设计和媒体效果两个方面进行评价，如界面布局是否合理、形式是否新颖、整体风格是否统一协调、色彩搭配是否协调、是否产生了良好的视觉效果、媒体选择是否切合教学主题、是否配合适当、媒体及元素制作是否精细逼真、能否对学生产生强烈的吸引等。

4．多媒体课件在幼儿园教学活动中的应用

   "兴趣是最好的老师，是幼儿主动学习、积极探讨的内在动力。"教育心理学研究表明，教育手段的新颖多样是吸引幼儿注意、激发幼儿的学习兴趣、形成学习动机的条件。传统的幼儿园教学活动中，教师进行的大多是"满堂灌"式教学，幼儿死记硬背，致使幼儿产生厌烦情绪，甚至丧失学习的自信心和积极性。而多媒体技术以其多样性、新颖性、艺术性、可操作性和创造性等特点，通过动态的画面和音响刺激，将教学信息转化为鲜明的视听形象展示在幼儿面前，使教学活动更生动形象，富有感染力，有效地激发了幼儿的学习兴趣，使幼儿的知识、技能、情感在不知不觉中得以发展。以下以多媒体课件在幼儿园语言、社会、美术、数学、科学教学活动中的应用为例加以说明。

   （1）多媒体课件在幼儿园语言教学活动中的应用
   欣赏优美的散文、诗词及儿歌，是幼儿语言活动中的一个十分重要的内容。通过对这些语言文字的理解、欣赏、朗诵，能培养幼儿对语言美的感悟及语言表达能力。相比传统的语言教学，多媒体课件更能完整地表现出散文、诗歌及儿歌的意境和内容，影响幼儿对文字的理解和体验。例如，多媒体课件"春雨"，首先，画外音是"滴答、滴答"的下雨声，接着是配乐诗朗诵《春雨》，同时相应的动画依次呈现在荧屏上：天空中下着春雨，种子长出小绿芽，从泥土中钻出；梨树开出了小白花；青青的麦苗慢慢地长高；小朋友播撒种子在种植。这个多媒体课件将诗歌意境、内容和语言整合在一起，将诗歌的整体意境呈现在幼儿的面前，给了他们极美的视、听享受，使幼儿在美的感染下理解，又在理解的基础上学习、记忆，在学习、记忆的过程中，用语言、动作去表现自己对诗歌美好意境、美好情感的感受。这种教学效果是传统教学手段无法比拟的。

   由于幼儿间存在个体差异，所以在语言方面也有明显的差异。运用多媒体课件营造一个丰富热烈的动态语言环境，也就成为一个必然的选择。例如，通过多媒体课件呈现给幼儿整个故事的背景，启发其思维；同时让幼儿参与语言活动，促使他们的语言得以发展，提高幼儿整体的语言表达能力。比如，制作一种集演示、操作、游戏为一体的听听、说说、唱唱、做做的多媒体课件，让幼儿跟随计算机"娃娃"玩丰富多彩的游戏，在操作中感知，在游戏中学习，积累丰富的经验，可以提高幼儿在不同情景中运用语言的能力。

   （2）多媒体课件在幼儿园社会教学活动中的应用
   社会教学中有些内容与幼儿的现实生活及经验有较大距离，是无法现实感知的，实施时具有一定的难度。在传统的社会教学中，幼儿对这些抽象事物的认识与理解，往往局限于从教师的语言描述中获得，即使采用一些挂图、模型等直观手段也显得比较呆板。相比之下，运用多媒体课件可以有效地弥补其不足，跨越时间和空间，把难以理解的或抽象的或微观的社会现象、社会事件或事物进行动态模拟，揭示现象、事件或事物发展的规律及本质特征，化抽象为具体，化难为易，化静为动，突出教育教学中的重点、难点，使之直观化、感性化、形象化和具体化，易于幼儿观察、想象、理解。

（3）多媒体课件在幼儿园美术教学活动中的应用

传统的美术教学模式是，教师出示范例→讲解范例→幼儿模仿→教师讲评。对幼儿来说，枯燥的形式缺少审美的感知，幼儿的作品往往千篇一律，依样画葫芦，而多媒体课件声色并茂、动静结合、高度智能化等强大的技术，使在传统教学中无法或难以表达的内容，形象直观地展现在幼儿的面前，幼儿在其中按照自己的意愿和兴趣来表达体验和情感，获得满足，激发其表现美、创造美的兴趣。

当今的社会日新月异，对人类提出了更高的创新要求，而多媒体教学在幼儿创新意识的培养中有着很大的优势。利用多媒体能突破时间和空间的限制这一特征，动画课件通过声音和图像为幼儿创设形象、直观的和谐情境，使幼儿思路开阔。想象力丰富了，创造力也随之被调动了。

（4）多媒体课件在幼儿园数学教学活动中的应用

多媒体课件视听结合、集图文声像于一体，富有吸引力和感染力，用于数学教学，有利于引发幼儿学习数学的兴趣。例如，小班数学活动"认识图形宝宝"，即让幼儿认识各种图形。如果教师单纯地出示若干几何图形的图片，并机械地重复演示给幼儿看，幼儿很容易失去兴趣。而如果制作"为图形宝宝找朋友"的多媒体课件：画面上有三个美丽的家，它们分别是小猪、小羊、小猴的家，小猪喜欢与三角形交朋友，小羊喜欢与圆形交朋友，小猴喜欢与正方形交朋友。当用鼠标单击某个形状时，请幼儿帮它找朋友，并拉到相应的家里。如果找对了，就会发出小动物欢快的叫声；如果找错了，这个形状会自动回到原来的位置，同时发出"你找错了，请再想想"的声音。课件中由计算机制作的形态各异、活泼可爱的小动物，配上色彩鲜艳的背景及活泼动听的声音，整个过程清晰、生动、形象、逼真，能够有效地刺激幼儿的听觉、视觉，使幼儿产生浓厚的学习兴趣和强烈的探究欲望，为完成教学活动目标奠定良好的基础。

（5）多媒体课件在幼儿园科学教学活动中的应用

幼儿园科学教育是指幼儿在教师的指导下，通过自身的活动，对周围的自然世界进行感知、观察、操作来发现问题和寻求答案的探索过程。但是，由于幼儿对客观事物的直接经验不足，加上幼儿生活、学习条件的限制，使得幼儿对自然世界的感知很有限，而且水平参差不齐。例如，在"认识青蛙"的科学教育活动中，有些幼儿是没有见过青蛙的，更不了解青蛙的生活，如果仅靠几张挂图、几个玩具，是很难让幼儿在头脑中建立真实的青蛙图像的。

多媒体课件正好可以解决这一难题，高清晰的投影、音频、视频、动画等多种媒体的综合应用，不仅可以真实再现自然世界，还可以使抽象、深奥的科学知识具体化、形象化、趣味化，让幼儿获得不易或不能亲身感知或接触的经验，并将不易或不能亲身感知的事物和现象放大或模拟，从而激发幼儿对科学的兴趣，使他们主动观察、探索、思考。

可以说，自然科学的特殊性使得在幼儿园科学教育活动中运用现代多媒体技术手段进行教学有着独特的作用，它可以帮助幼儿获得科学知识，促进幼儿形成良好的生活行为和科学行为。

另外，多媒体课件在幼儿音乐活动、生活活动、体育活动中都有着一定的作用，能有效帮助教师提高教学效果。

4.1.3 几种常见的多媒体课件制作工具

多媒体课件制作工具一般可分为两大类：通用工具和专用工具。通用工具是指国际上各大型软件公司开发的通用性较强的应用软件，这类软件并不是专为课件开发而设计的，但是能很好地为课件开发服务，如 PowerPoint、Authorware、Animate、Focusky、方正奥思等；专用工具是指专为学科教学服务，或专为课件开发而设计的软件工具，如几何画板等。

1. PowerPoint

PowerPoint 是微软公司出品的制作幻灯片的软件，用此软件制作的 PPT 被广泛地应用于学术报告、会议等场所。用 PowerPoint 制作课件也是目前中小学、幼儿园教师常用的手段。它的优点是比较方便，很容易上手，可以边学边做，制作的课件可以在网上通过浏览器播放；缺点是功能相对较少，动画制作功能不够强大，需要注意在使用不同计算机时的音/视频文件路径和超链接的变化。

2. Authorware

Authorware 是 Macromedia 公司推出的多媒体开发工具，由于它具有强大的创作能力、简便的用户界面及良好的可扩展性，所以深受广大用户欢迎，成为应用广泛的多媒体开发工具。缺点是如果不借助其他软件，动画制作比较困难；制作完成后发布的文件容量较大，不利于在互联网上传播。

3. Animate

Adobe Animate CC 由原 Adobe Flash Professional CC 更名得来，除维持原有 Flash 开发工具支持外，新增 HTML5 创作工具，为网页开发者提供更适应现有网页应用的音频、图片、视频、动画等创作支持。Animate 拥有大量新特性，特别是在继续支持 Flash SWF、AIR 格式的同时，还支持 HTML5 Canvas、WebGL，并能通过可扩展架构去支持包括 SVG 在内的几乎所有动画格式。用 Animate 制作小动画比较方便，所以常用于多媒体课件制作。

4. Focusky

Focusky 操作简单，在掌握 PowerPoint 的情况下容易学习，用户能更快地制作出有多媒体元素的动画 PPT。相比 PowerPoint 的单线条时序，Focusky 明显的优点就是采用系统性的方式来进行演示，能缩放 PPT，使观众的注意力从整体到局部，再从局部到整体，做出 3D 效果。目前，因 Focusky 所展现的强大功能和优越性能，很多教师开始用 Focusky 制作多媒体课件。

5. 方正奥思

方正奥思是北大方正技术研究院面向教育领域研究开发的一个可视化、交互式多媒体集成创作工具。方正奥思能在 Windows 环境下运行，具有直观、简便、友好的用户界面。用户能够根据自己的创意，将文本、图片、声音、动画、影像等多媒体素材进行集成，使它们融为一体并具有交互性，从而制作出各种多媒体应用软件产品。

6. 几何画板

几何画板是由美国 Key Curriculum Press 公司开发的数学课件制作工具，是尤其适用于几何（平面几何、解析几何、射影几何等）教学的软件平台，为教师和学生提供了一个观察和探索几何图形内在关系的环境。它以点、线、圆为基本元素，通过对这些基本元素的变换、构造、测算、计算、轨迹跟踪等，构造出其他较为复杂的图形。

此外，还有专门用于制作数学和物理课件的 Mathcad。以上多媒体课件制作工具中，中小学教师用得较多的是 PowerPoint 和近几年开始流行的 Focusky。

4.2 多媒体课件的设计原则

多媒体课件的制作必须服务于教学，其目的是改革教学手段和提高教学质量。在设计和制作多媒体课件的过程中，应遵循教育性、科学性、主体性、技术性、艺术性、经济性原则。

4.2.1 教育性原则

多媒体课件的基本功能是教育功能，即辅助教育教学。所以多媒体课件的设计首先必须符合教育心理学规律，要根据不同的学习对象设计不同的教学内容和课件形式，即课件是为特定的教学对象而设计制作的，其内容的选择和操作的难易程度要有明确的针对性，要符合课件学习者的年龄特点、知识水平和智力发展的实际情况，切忌追求形式上的流行和视听感受上的新鲜。其次，必须以教学大纲为依据，制定明确的教学目标，教师必须明白课件的教学目的是什么，在课堂中让学生学会什么，通过学习要解决什么问题，教学中的重点和难点是什么等。明确了这些，就可以充分发挥多媒体课件工具的优势，设计出图文并茂、形声并举的多媒体课件来辅助教学。

4.2.2 科学性原则

科学性原则是指课件必须正确表达学科的知识内容，不能出现科学错误，对概念的阐述、观点的论证、事实的说明、材料的组织、公式的演算都必须符合科学逻辑。例如，学科术语要正确，和现行教材保持一致；各种演示、示范，以及绘制的图表和书写的公式，要按学科要求标准化；选择的资料、史料和文献等要真实、具体。

根据科学性原则，在设计学科教学课件时要善于利用学科的特点，将通用工具和专用工具结合使用，设计出表现准确、省工省时、画面精美、形态逼真的多媒体课件。例如，数学、物理课程涉及大量的公式演练、各种函数的表达，不使用专用工具很难表现各种函数符号、公式、图表等；物理、化学课程涉及大量仪器仪表，没有专用工具（如化学工具 ChemOffice）是很难做出来的，所以要善于将这些工具嵌入通用工具中使用。

4.2.3 主体性原则

任何教学活动都必须遵循学生的主体性原则，用多媒体课件辅助教学当然也要遵循学生是学习的主体这一原则，所以多媒体课件的设计必须考虑学生的"学"，即怎样吸引学生学，怎样引导学生学，怎样突破障碍学，怎样突出重点学，尤其是自主学习型课件，更要帮助学习者能够自主学习，获得知识，提高能力。这就要求教师在课件的设计中形式新颖，达到吸引学生的目的；要多设计一些启发性元素（如问题、画面、影音观感等）；要善于把复杂的难以表述的问题，在课件中用一些简单的比喻或直观的图形图像画面来表述，把语言很难表述的抽象问题具体化，让深奥的问题简单化，达到突破学习障碍、学习难点的目的。总之，要使多媒体课件能活跃学生的思维、开启学生的联想，促进学生更有效地学习，促进学生的个性化发展。

4.2.4 技术性原则

多媒体课件的技术性是指课件采用的技术结构的易操作性、通用性及运行的可靠性。课件制作工具的选择要简单但又功能齐全，要具有可移植性和通用性；要使制作的课件尽量小，便于用 U 盘存储和携带；要精心设计导航界面，使得课件操作简便，播放流畅；要使各种链接准确无误，资源集中打包，不会因为播放环境的改变而出现链接错误，保证运行的可靠性。

4.2.5 艺术性原则

多媒体课件的一个重大特点就是艺术感染力强，除了具有教育价值外还有艺术观赏价值，这对刺激学生的学习兴趣很有帮助。所以，在多媒体课件制作中要善于用精美的画面、悦耳的声音、独特的动画，以及多种人机交互的形式来传递教学信息，表现教学内容，以刺激学生的学习兴趣，变厌学为乐学，变难学为易学。

但是，在多媒体课件艺术性设计的过程中，要注意掌握度，要有环境考量，不能"喧宾夺主"（以教学为主）。要注意，多媒体课件不是特技效果展示，效果的展示一定要有分寸，不能分散学习者的注意力。

4.2.6 经济性原则

多媒体课件设计也要考虑经济性，要考虑制作的难度和耗费，还要考虑个人的工作环境，是否适用本地教学。如果要推广，就要考虑制作的性价比和当前社会的可接受度。

4.3 幼儿园多媒体课件的设计原则

对幼儿园甚至小学低年级的教育教学活动来说，多媒体课件的设计、制作与中小学等其他层次的教学课件相比，有其特殊性，因为幼儿处于心理懵懂期，有其自身的特点，要设计适合他们心理特征的教学活动课件，达到令人满意的效果，还必须考虑以下几个原则。

4.3.1 必要性原则

课件应作为一种为教学活动服务的辅助手段。运用多媒体课件的确能为教学活动注入生机，但并不意味着所有的教学活动都必须用多媒体课件。因此，教学活动是否运用多媒体课件，要以活动设计为依据，根据活动目标、活动内容及活动过程中各个环节的需求而定。一个思路新颖、富有创意的教学活动设计是课件制作的必要前提，在此基础上，将教学活动与课件巧妙组合，融为一体，使教师和幼儿全身心地进入自己的角色，让幼儿在欣赏课件过程中自然接受知识，在玩乐和游戏中轻松掌握技能，达到引导、刺激、提示、启发、激发兴趣、加深印象的目的。如果无视课件的必要性，盲目运用，反而会分散幼儿的思维注意力，产生负面的效果。

4.3.2 趣味性原则

趣味性是指课件要富有一定的童趣，以幼儿喜爱的动画、游戏形式为主，把活动内容故事化、游戏化，使活动内容有规律地渗透于课件之中，让孩子与课件充分交互和渗透，成为课件当中的一个角色，成为活动当中的主体，充分发挥自己的能力，这样的课件才符合幼儿的学习特点和思维水平。要达到这一点，则需要根据教学内容发挥创意；在课件制作过程中，要围绕活动目标，设置幼儿感兴趣的片段和场景，来激发幼儿的兴趣，加深印象。

4.3.3 形象性原则

幼儿的知识经验少，思维形象具体，但想象力非常丰富，学习时需要某种事物的牵引或适当的点拨。多媒体课件正好能起到把知识形象化的作用，架起幼儿思维与客观事物相结合的桥梁。例如，多媒体课件"风和云彩"是这样设计的：针对"天上的云彩真有趣，天上的风儿有本事"，画面上对应出现蓝天、草地背景，蓝蓝的天空上徐徐飘过几朵白云，人物化的风和云在追来追去地嬉闹玩耍，很有情趣；针对"吹呀吹，云彩变成小白船，竖起桅杆，扬起风帆，小白船漂呀漂，漂到远处看不见"，画面上对应出现风吹云彩情景，然后风慢慢后退，一朵云彩变成一只小白船，一朵云彩变成桅杆竖在小白船上，一朵云彩变成风帆挂在桅杆上，然后，漂荡着的小白船渐渐消失。这些场景能使幼儿完全融入其中，伴随教师有感情的讲解和抑扬顿挫的朗诵声，使幼儿陶醉在这首优美的诗歌中，在轻松、愉快、和谐的气氛中为幼儿插上了想象的翅膀。

4.3.4 交互性原则

一个好的课件，必须有极强的交互性。幼儿的兴趣来得快，消失得也快，要抓住幼儿兴趣的最高点，不失时机地将幼儿最感兴趣的东西快速直接地展示在幼儿的面前，使幼儿的兴趣和思维得以连贯、加深、延续。

在制作课件的过程中，要注意课件的交互灵活性，也就是交互的可操作性和操作的随意性，交互不仅仅局限于按钮和热区的响应，还要有其他创意。一个好的幼儿园多媒体课件，必须能够根据教学过程的各个具体环节适时进行变化，而且能够根据情节的变化及幼儿的适应状况和知识掌握情况反复调用、反复操作。例如，各个场景的按钮贯穿于片头到结尾，能在教学过程当中根据课程进展随意转换，对幼儿不懂的地方、理解不深的场景和片段，反复操作、反复播放；同时让幼儿自己操作，选择自己喜欢的场景和片段进行反复操作、反复观看。

4.3.5 真实性原则

幼儿园教育是启蒙教育，幼儿园多媒体课件中的事物、景象、动物和人物直接影响着孩子的认知。所以在课件制作过程中要认真负责，特别是在自然科学方面，更要展示真实世界。取材方面，力争接近自然，内容真实且全面，不要有所误导。

课件和活动设计应该是一个有机的整体，课件为整个活动服务，而不为某个环节服务。只有紧紧围绕活动目标和幼儿学习的兴趣与启发点，切实注意上述几点，才能制作出高水平的课件。

4.4 多媒体课件的制作步骤

4.4.1 多媒体课件的一般开发方法与设计步骤

1. 选择课题

通常选择那些既适合用多媒体技术表现，又是在教学活动中急需解决的问题作为研究课题。课题选择应注意以下几个方面。

① 教学要求：明确多媒体课件是对哪个学科的课程进行辅助教学，确定教学内容和教学范围，明确多媒体课件所要实现的目的和达到的目标。

② 教学对象：明确所制作的课件适合哪类学生使用，要着重考虑学生的文化程度、年龄、学习能力、计算机操作能力和其他条件。

③ 课件类型：要清楚所制作的课件属于哪种类型，了解课件的大体结构、主要模块及各个主要模块之间的相互联系。

2．进行课件的教学设计

课件的教学设计主要涉及教学单元的划分、教学模式的选择、多媒体信息的选择、知识结构的建立和形成性练习的设计等。

3．进行软件的系统设计

多媒体课件具有存储信息量大和交互友好的特征，因此软件的系统设计通常包括如下内容。

① 选择软件：根据课件的教学设计要求和教学模式，确定制作课件所需的软件。

② 设计封面：封面用于说明多媒体课件所包含的主要教学内容及该课件的使用方法等重要信息，决定着课件总体设计是否合理，使用是否方便。

③ 建立教学单元间的层次结构：通过分析，将教学内容分为一个个教学单元后进一步细分知识点，形成一系列学习子目标，并建立学习子目标间的逻辑结构和相互间的联系，生成学习目标的层次结构图。

④ 确定教学单元的超链接：设置实现跳转的条件，能从某个具体的信息或主题跳转到与其相关的另一个信息或主题，使知识点与知识点之间的逻辑关系、层次关系及连接关系形成一个非线性的结构。

4．编写脚本

编写脚本是由教师按照教学的思路和要求对课件的教学内容进行描述的一种形式，也是开发课件的直接依据。编写脚本工作就是具体规定在每个单元中用多媒体课件向学生传送什么信息，从学生处得到信息后又如何判断和反馈，后续在脚本的基础上根据计算机媒体的特征与计算机的特点编排课件。

5．准备素材

素材包括文本、图形图像、动画、视频等。素材的准备工作一般主要包括文本的输入、图形图像的制作与后期处理、动画的编制和视频的截取等。素材要以理想的形式呈现教学内容，不能选择那些不符合教学规律和教学内容的素材。

6．编辑课件

利用课件制作工具或编程语言对各种素材进行编辑，按照前面所确定的课件结构和稿本的具体内容将各种素材有机地整合在一起，编辑成交互性强、操作灵活、视听效果好的多媒体课件。

7．课件的试用与评价

课件编制完成后，要检查课件的教学单元、教学设计、教学目标等是否都已达到了教学要求，对课件信息的呈现、交互性、教学过程控制、素材管理等进行评价。

按评价实施的时机分为教学之前、教学期间、教学之后的形成性评价。教师在使用课件之前已基本了解班级每个学生的学习能力，然后通过观察课堂中学生的表现和学生使用课件后对知识的掌握水平，形成对课件的总体评价。

8. 课件修改与成型

评价与修改后的课件还需要经过一段时间的试用，以便进一步修改完善。最终确定多媒体课件教学设计、程序设计和素材设计之后，就可将此多媒体课件制作成产品推广使用了。

4.4.2 多媒体课件设计实例分析

下面以小学数学"长方形与正方形的周长"课件为例，讲述其设计过程。该多媒体课件设计制作的基本流程如图 4-1 所示。

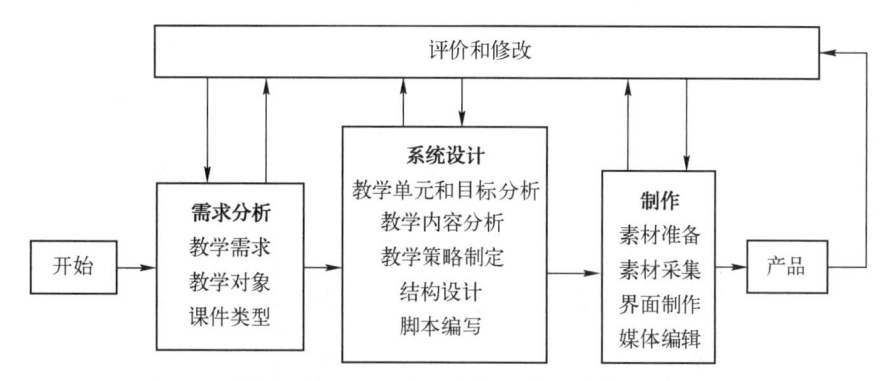

图 4-1 "长方形与正方形的周长"课件设计制作的基本流程

本节着重讲述该课件的需求分析和系统设计部分。

1. 需求分析

需求分析是课件设计的前提，直接影响着课件设计的好坏，包括教学需求分析、教学对象分析和课件类型分析。

（1）教学需求分析

认识图形，观察图形的主要特征，学会计算基本图形的周长，是学生今后进一步学习图形知识的基础，在整个"图形与几何"知识体系中具有重要的纽带作用。通过多媒体课件的演示，学生会被课件的画面内容吸引，学习兴趣得到提高。通过直观形象的具体案例帮助学生理解周长的概念与计算方法，再通过教师的讲解，结合一定的计算练习，学生可以较轻松地掌握周长的计算，相对于传统教学，多媒体教学省时省力，学生的能力也得到了提升。

（2）教学对象分析

此课件面向的对象是八九岁的儿童，这个年龄段的儿童已经具有一定的抽象概括能力，并且掌握了一些概念，能够初步进行判断和推理，但思维过程仍多依靠具体的表象，不易理解较抽象的经验，思维还具有很大的依赖性和模仿性。因此，课件应选用直观形象的具体案例，交互性操作也要简单明了。

（3）课件类型分析

此类课件属于演示型课件，采用演示讲解加互动的模式，学生在观看学习长方形与正方形周长的计算方法后，通过完成课堂练习来巩固知识。

2. 系统设计

（1）教学单元和目标分析

学生对知识的理解要经过逐步深化、提高的过程，应根据学生的年龄特点与认知能力，形成逐步拓展、螺旋上升的认知结构。对长方形与正方形周长的计算也是循序渐进的教学过程，目的是让学生在理解的基础上有一个独立思考、不断感悟和比较的过程，教学时应恰当把握教学要求，不要任意提高要求。

（2）教学策略制定

教学策略是指为达到预期目的，教师在教学活动中采取的教学方法。教师在使用课件时，可以结合课件中的直观案例边演示边讲解，过程中适当向学生提一些问题，最后让学生主动练习。

（3）结构设计

对应学生的年龄特点与认知能力，结合教学内容的特点，将整个学习过程分为课前导入、探究新知、课堂练习、课堂小结和课后作业五个部分。

（4）脚本编写

脚本是结构设计的具体实现，是教学目标的详细注解，是制作课件的最终依据。脚本分为文字脚本和制作脚本。

文字脚本是按课件中教学内容出现的先后顺序，对每部分内容及其呈现方式用文字进行描述的一种形式。表 4-1 所示为"长方形与正方形的周长"课件的文字脚本。

表 4-1 "长方形与正方形的周长"课件的文字脚本

序号	内　　容	媒体类型	呈现方式
1	课程内容展示	图片、解说、导航	先出现图片，再同时出现声音和文字
2	课前导入	图片、动画、解说、导航	依次以动画形式出现图片、声音和文字
3	探究新知	同上	同上
4	课堂练习	同上	同上
5	课堂小结	同上	同上
6	课后作业	同上	同上

制作脚本是在文字脚本的基础上，具体标明所呈现的各种信息内容的位置、大小及显示特点，是制作课件的直接依据。它不是文字脚本的翻版，而是要根据教学需求和多媒体特点对画面进行构思，对所要表现的内容进行创意设计，对交互界面上信息的呈现方式、控制方法进行统一的安排和设计。制作脚本一般包括课件的系统结构说明、界面设计、知识单元的分析、连接关系的描述。对文本、图形、动画等的设计都要考虑课件界面、屏幕对象、风格等艺术性设计的要求。

脚本卡片是脚本的基本单元，文字脚本中给出的教学创意和教学设计的结构，以及对课件制作的要求和指示就是通过脚本卡片来描述的。多媒体课件是以一屏一屏的方式呈现给学习者进行学习的，每一屏如何设计、如何制作应有相应的说明。以下为"长方形与正方形的周长"课件的制作脚本卡片示例。

① "课程内容展示"的制作脚本卡片如表 4-2 所示，屏幕画面如图 4-2 所示。

表 4-2 "课程内容展示"的制作脚本卡片

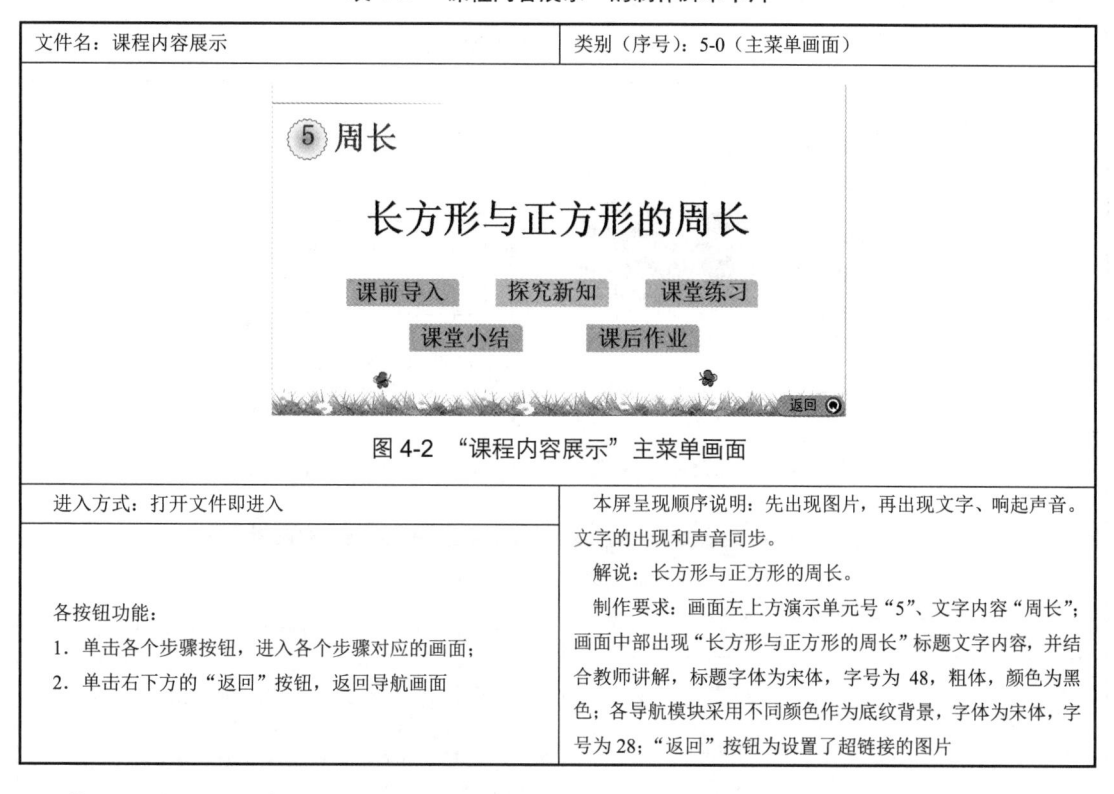

文件名：课程内容展示	类别（序号）：5-0（主菜单画面）
图 4-2 "课程内容展示"主菜单画面	
进入方式：打开文件即进入	本屏呈现顺序说明：先出现图片，再出现文字、响起声音。文字的出现和声音同步。 解说：长方形与正方形的周长。 制作要求：画面左上方演示单元号"5"、文字内容"周长"；画面中部出现"长方形与正方形的周长"标题文字内容，并结合教师讲解，标题字体为宋体，字号为 48，粗体，颜色为黑色；各导航模块采用不同颜色作为底纹背景，字体为宋体，字号为 28；"返回"按钮为设置了超链接的图片
各按钮功能： 1. 单击各个步骤按钮，进入各个步骤对应的画面； 2. 单击右下方的"返回"按钮，返回导航画面	

② "课前导入"的制作脚本卡片如表 4-3 所示，屏幕画面如图 4-3 所示。

表 4-3 "课前导入"的制作脚本卡片

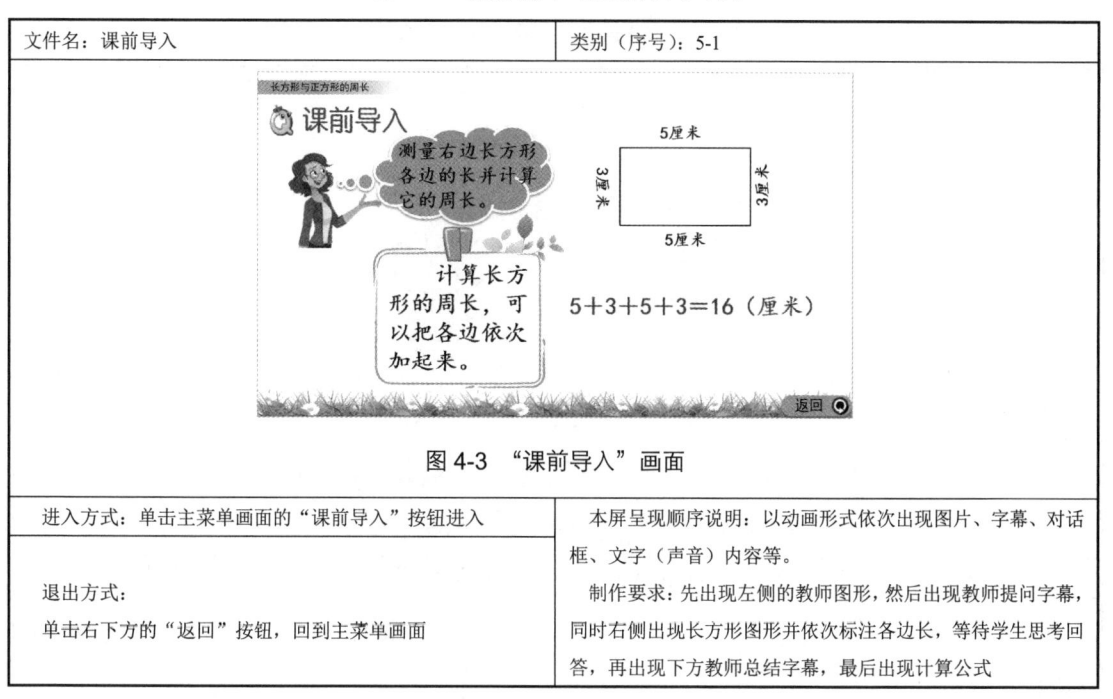

文件名：课前导入	类别（序号）：5-1
图 4-3 "课前导入"画面	
进入方式：单击主菜单画面的"课前导入"按钮进入	本屏呈现顺序说明：以动画形式依次出现图片、字幕、对话框、文字（声音）内容等。 制作要求：先出现左侧的教师图形，然后出现教师提问字幕，同时右侧出现长方形图形并依次标注各边长，等待学生思考回答，再出现下方教师总结字幕，最后出现计算公式
退出方式： 单击右下方的"返回"按钮，回到主菜单画面	

③"探究新知"的制作脚本卡片如表4-4所示,屏幕画面如图4-4所示。

表4-4 "探究新知"的制作脚本卡片

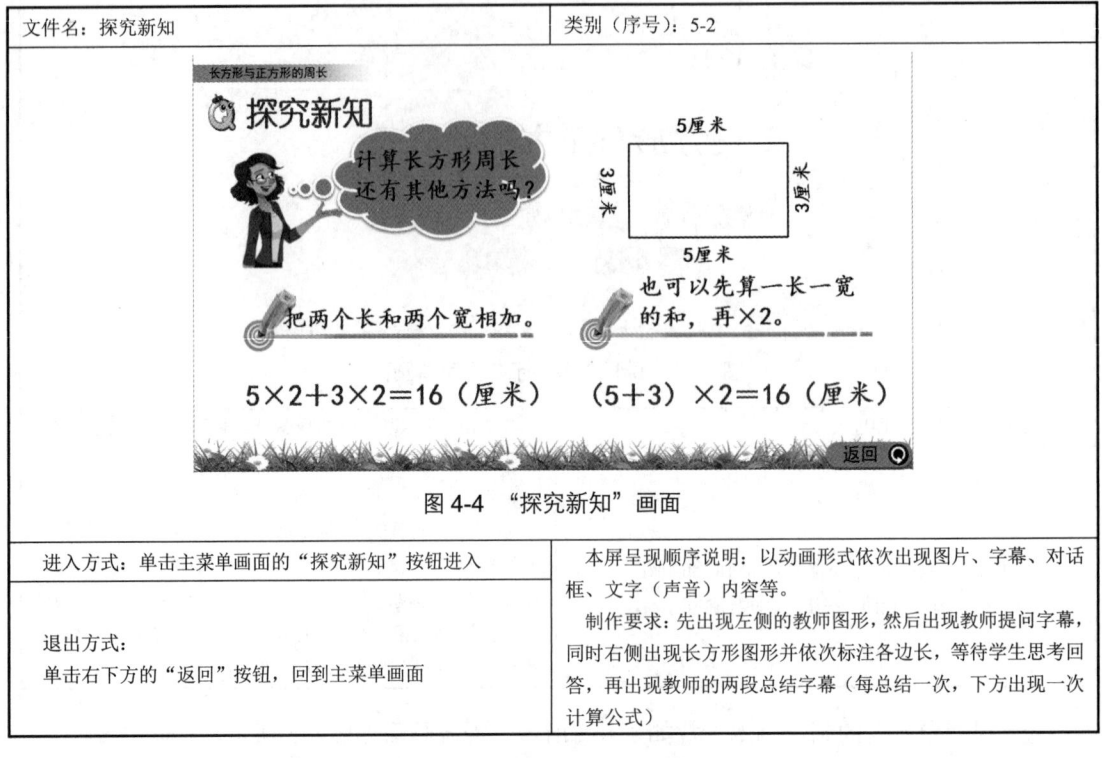

文件名:探究新知	类别(序号):5-2
\[图4-4 "探究新知"画面\]	
进入方式:单击主菜单画面的"探究新知"按钮进入	本屏呈现顺序说明:以动画形式依次出现图片、字幕、对话框、文字(声音)内容等。
退出方式: 单击右下方的"返回"按钮,回到主菜单画面	制作要求:先出现左侧的教师图形,然后出现教师提问字幕,同时右侧出现长方形图形并依次标注各边长,等待学生思考回答,再出现教师的两段总结字幕(每总结一次,下方出现一次计算公式)

图4-4 "探究新知"画面

④"课堂练习"的制作脚本卡片如表4-5所示,屏幕画面如图4-5所示。

表4-5 "课堂练习"的制作脚本卡片

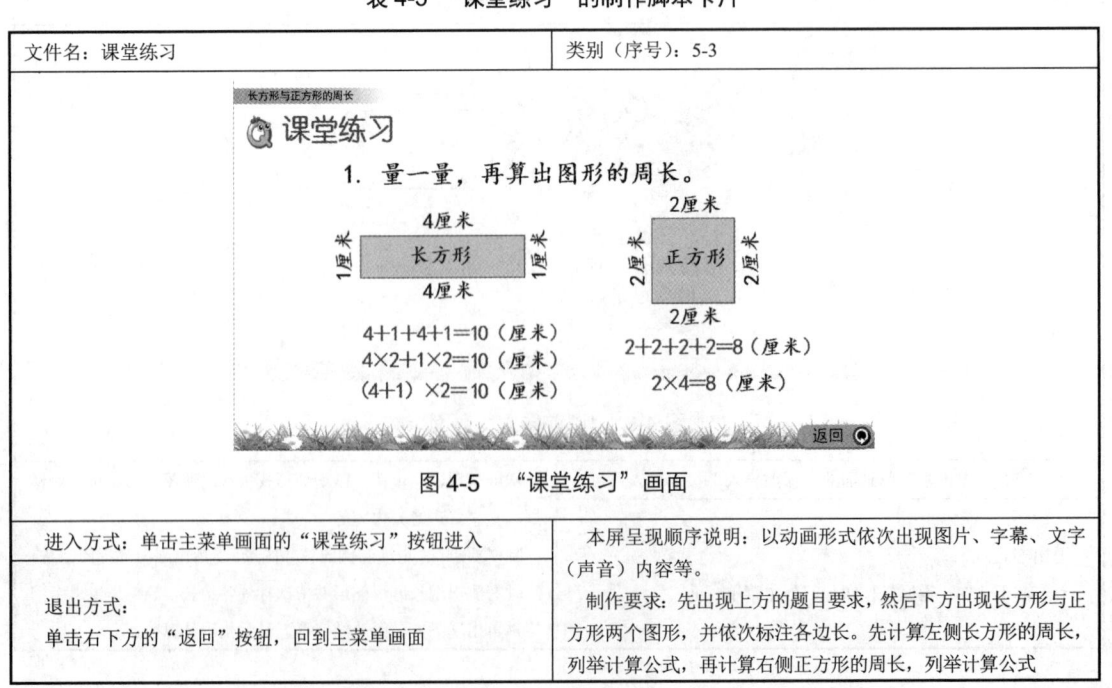

文件名:课堂练习	类别(序号):5-3
\[图4-5 "课堂练习"画面\]	
进入方式:单击主菜单画面的"课堂练习"按钮进入	本屏呈现顺序说明:以动画形式依次出现图片、字幕、文字(声音)内容等。
退出方式: 单击右下方的"返回"按钮,回到主菜单画面	制作要求:先出现上方的题目要求,然后下方出现长方形与正方形两个图形,并依次标注各边长。先计算左侧长方形的周长,列举计算公式,再计算右侧正方形的周长,列举计算公式

图4-5 "课堂练习"画面

⑤ "课堂小结"的制作脚本卡片如表 4-6 所示,屏幕画面如图 4-6 所示。

表 4-6 "课堂小结"的制作脚本卡片

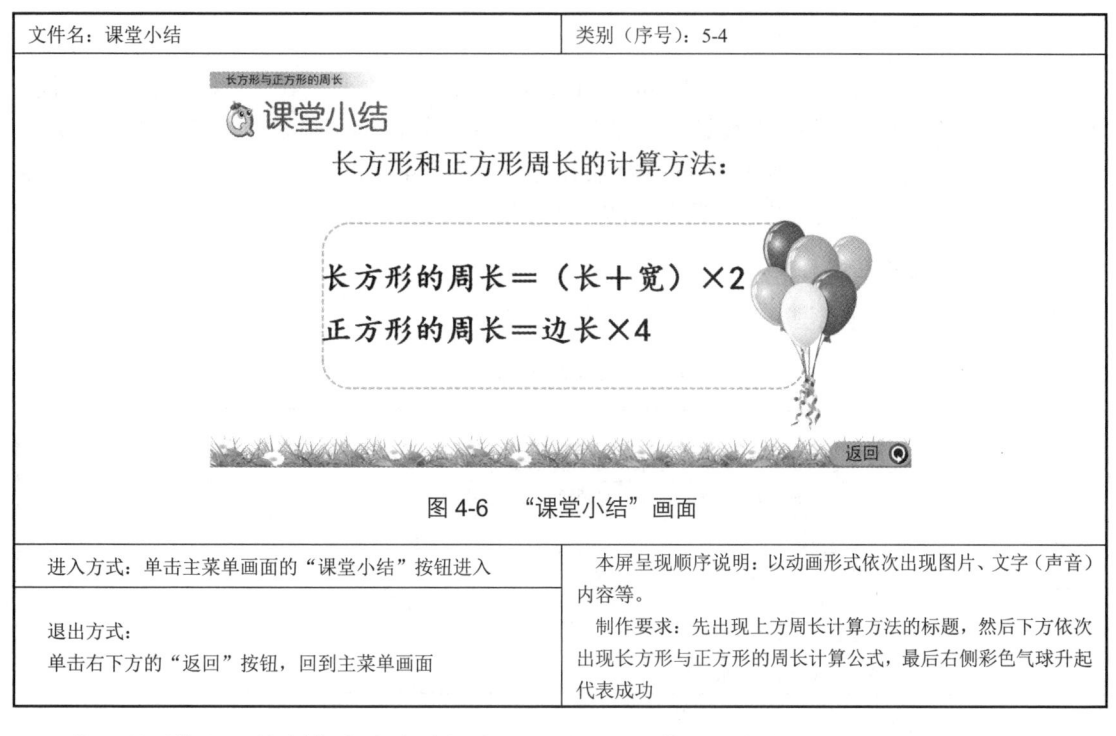

文件名:课堂小结	类别(序号):5-4
图 4-6 "课堂小结"画面	
进入方式:单击主菜单画面的"课堂小结"按钮进入	本屏呈现顺序说明:以动画形式依次出现图片、文字(声音)内容等。
退出方式: 单击右下方的"返回"按钮,回到主菜单画面	制作要求:先出现上方周长计算方法的标题,然后下方依次出现长方形与正方形的周长计算公式,最后右侧彩色气球升起代表成功

⑥ "课后作业"的制作脚本卡片如表 4-7 所示,屏幕画面如图 4-7 所示。

表 4-7 "课后作业"的制作脚本卡片

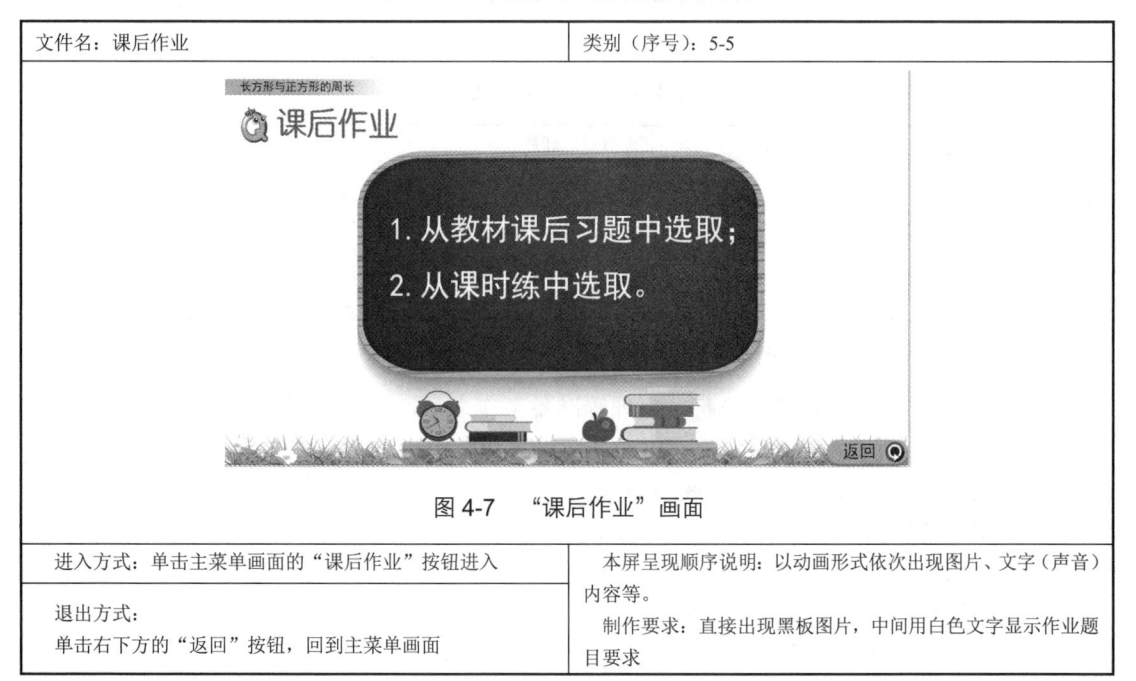

文件名:课后作业	类别(序号):5-5
图 4-7 "课后作业"画面	
进入方式:单击主菜单画面的"课后作业"按钮进入	本屏呈现顺序说明:以动画形式依次出现图片、文字(声音)内容等。
退出方式: 单击右下方的"返回"按钮,回到主菜单画面	制作要求:直接出现黑板图片,中间用白色文字显示作业题目要求

4.5 常用的多媒体课件制作技术

4.5.1 PowerPoint 课件制作

在所有 PPT 制作软件中，PowerPoint 一直被视为佼佼者，主要是其在可操作性、交互性、制作 PPT 的效果及提供的模板数量方面都大大优于同类软件，而且其智能的制作向导更是获得了广大用户的青睐。由于 PowerPoint 的优越性能（如能够添加文本、图片、声音、动画、视频等），使得教学变得丰富多彩，因此非常适合教师根据自己的教学需要自行制作多媒体课件。

1．PPT 的基本功能

PPT 是常见的课件类型，其基本功能如表 4-8 所示。

表 4-8　PPT 的基本功能

基本功能	说　明
幻灯片支持	幻灯片是 PPT 的基本单位，承载屏幕显示信息
媒体支持	每张幻灯片支持文本、图形图像、视频和声音的集成和使用
表格支持	提供表格的建立和编辑
超链接	提供 PPT 内外的超链接，支持链接至网络
动画支持	提供幻灯片上媒体对象的动画支持，提供幻灯片切换动态效果
图表支持	提供多种形式的数据图表
演示播放	按顺序播放，支持播放重组

2．PPT 的基本架构

教学 PPT 的一般形式是以第 1 张幻灯片作为封面，展示题目，然后是目录幻灯片（常带有课件导航条）和内容幻灯片，在此基础上，根据教学需要添加一些超链接，实现跳转或其他交互功能。PPT 的基本架构如表 4-9 所示。

表 4-9　PPT 的基本架构

封面幻灯片	目录幻灯片	内容幻灯片
内容： 标题 作者 其他信息（如单位、时间等）	内容： 导航目录 布局	内容： 文字内容 素材 布局 动画效果 超链接等

3．利用 PowerPoint 制作课件的一般步骤

在完成了教学设计，素材的收集、整理等准备工作之后，就可以开始课件的具体制作了。

（1）课件整体制作的一般步骤

① 启动 PowerPoint，新建 PowerPoint 文件。
② 应用设计模板。
③ 逐张制作幻灯片。
④ 设计幻灯片之间的联系（超链接）。
⑤ 设计幻灯片动画运动方案。
⑥ 设计幻灯片切换效果。

⑦ 预览效果，修改和保存。

（2）单张幻灯片制作的一般步骤

① 插入新幻灯片。

② 应用设计模板。

③ 设置幻灯片版式。

④ 设置配色方案。

⑤ 设置幻灯片背景。

⑥ 在文本框中输入文字。

⑦ 在幻灯片中添加各种元素（插入图片、艺术字、声音等）。

⑧ 对各元素设置自定义动画。

⑨ 预览效果，修改和完善。

鉴于 PowerPoint 在计算机相关课程中已经学习过，其工作界面、功能菜单及基本操作在此不再赘述。

【实践活动】小学数学"认识立体图形"课件制作

1. 确定教学目标

使学生能认识并分辨出不同的立体图形；掌握立体图形的基本特征；在认识立体图形的基础上，体验数学在生活中的广泛应用。

2. 设计课件结构

课件呈现的结构如图 4-8 所示。

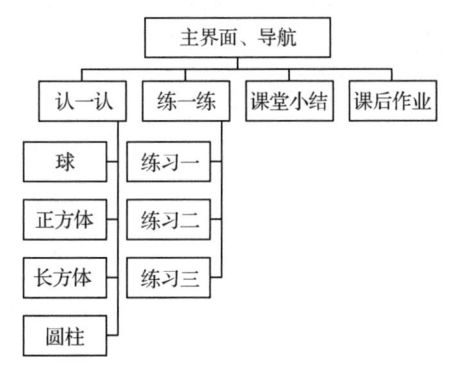

图 4-8 "认识立体图形"课件结构

3. 收集素材

素材包括文字、声音、图片。这些素材可以是自己制作的，也可以是从互联网上下载而来的。

4. 制作课件界面及导航

本案例以主界面为例进行介绍，其他界面操作相似。

（1）设置背景

课件中使用与主题内容相适应的背景，将起到烘托主题的作用。背景的设置大体有两种方法。

方法 1：利用系统图片做课件背景。单击"设计"选项卡"主题"工具组中的下拉箭头，在打开的系统模板中选择合适的设计模板即可，如图 4-9 所示。

图 4-9 用系统模板设置背景

方法 2：利用外部图片做课件背景。单击"设计"选项卡"自定义"工具组中的"设置背景格式"按钮，在弹出的"设置背景格式"对话框中选择"图片或纹理填充"选项，单击"文件"按钮，在弹出的"插入图片"对话框中根据图片保存的位置找到所需图片，单击"插入"按钮，如图 4-10 所示。单击"全部应用"按钮。

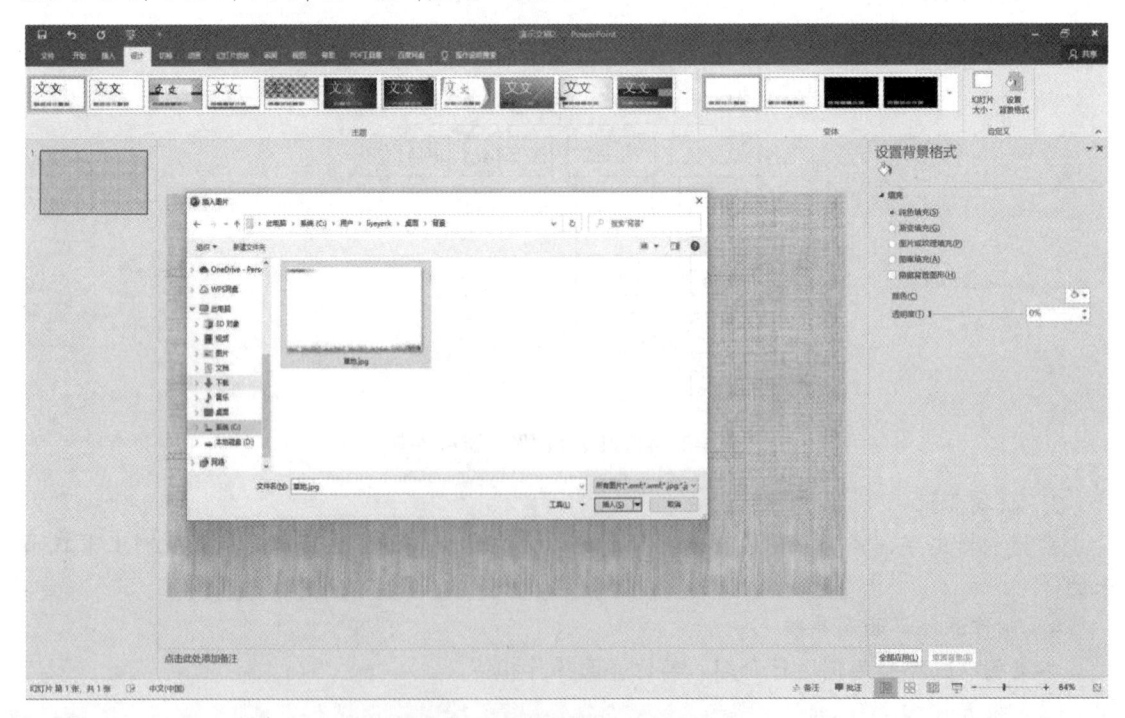

图 4-10 用外部图片设置背景

以上方法将课件中所有幻灯片的背景都设置为一个。如果希望每张幻灯片的背景不一样，那么就不要单击"全部应用"按钮，直接单击"关闭"按钮即可。背景的选取应以简单、素雅为原则，太过鲜艳、凌乱的图片不宜用来设置背景。

（2）插入标题文字及图片

标题文字的插入方法：单击"插入"选项卡"文本"工具组中的"文本框"或"艺术字"按钮，在其中输入标题文字。

图片的插入方法：单击"插入"选项卡"图像"工具组中的"图片"按钮，在弹出的"插入图片"对话框中，根据图片保存的位置找到所需图片，单击"插入"按钮。图片插入到幻灯片中后，可以调整其位置及大小。

（3）添加声音

在课件中添加声音有很多种方法，可以插入，也可以在幻灯片切换中添加背景声音，常用的有以下几种。

方法1：循环播放声音直至幻灯片放映结束。这种方法适用于不需要讲解的PPT，多用于图片欣赏，往往伴随着声音出现一幅幅图片。操作步骤如下（假设共有五张幻灯片）。

第1步：在需要声音的第1张幻灯片中单击"插入"选项卡"媒体"工具组中的"音频"按钮，在打开的下拉列表中选择"文件中的音频"命令，在弹出的"插入音频"对话框中选择声音文件，单击"插入"按钮，第1张幻灯片上将出现一个"喇叭"图标。

第2步：选中该"喇叭"图标，选择"音频工具—播放"选项卡"音频选项"工具组中的"跨幻灯片播放"和"循环播放，直到停止"复选框，如图4-11所示。

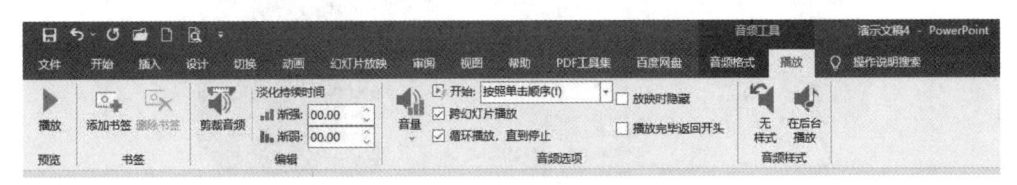

图4-11 设置循环播放声音

以上操作无论是向前翻还是向后翻都可以连续播放声音，直至放映结束。

方法2：声音只出现在当前一张幻灯片中，切换至任意其他幻灯片则停止。这种方法适用于出现在当前一张幻灯片的声音，无论声音播放完与否，都可进入下一张幻灯片，结束本张幻灯片的声音播放。操作步骤同方法1中的第1步。

方法3：随动画效果出现的声音。这种方法适用于有动画效果的幻灯片，以营造生动的场景。操作步骤如下：选中要设置声音的对象，利用"动画"选项卡的"动画"工具组添加动画；然后单击"动画"工具组右下方的箭头，在弹出的对话框中的"声音"下拉菜单中选择声音文件。

方法4：几个声音在同一张幻灯片中等待播放。这种方法适用于教师随课堂变化选择播放内容的情况。例如，让学生辨别五种乐器的声音，在同一张幻灯片中放置五种音乐，并随机挑选一种来播放，且可以重复。操作步骤如下。

第1步：在幻灯片中选中对象后单击"插入"选项卡"媒体"工具组中的"音频"按钮，在打开的下拉列表中选择"文件中的音频"命令，在弹出的"插入音频"对话框中选择声音文件，单击"插入"按钮，幻灯片上将出现一个"喇叭"图标。

第2步：选中该"喇叭"图标，将"音频工具—播放"选项卡"音频选项"工具组中的"开始"选项设置为"单击时"。

第3步：重复第1、2步操作，将其余的声音分别插入即可。

方法5：给幻灯片配音。这种方法适用于需要重复对每张幻灯片进行解说的情况，解说可由自己录制。操作步骤如下。

第1步：单击"插入"选项卡"媒体"工具组中的"录制音频"按钮。

第 2 步：在弹出的"录音"对话框中单击"录音"按钮录制声音，录制完成后单击"确定"按钮，幻灯片上将出现一个"喇叭"图标。

第 3 步：选中该"喇叭"图标，在"音频工具—播放"选项卡中进行相关设置即可。

注意：在使用声音时要分清哪些是辅助的，哪些是主要的，不要喧宾夺主，否则会适得其反。

5. 设置超链接

幻灯片间的超链接可以在文字上，也可以在图片上，这里选择在文字上。在"正方体"文字上单击鼠标右键，在弹出的快捷菜单中选择"超链接"命令，在弹出的"插入超链接"文本框中选择"本文档中的位置"选项，然后在"请选择文档中的位置"下拉列表中选中"幻灯片5"，单击"确定"按钮即可，如图 4-12 所示。

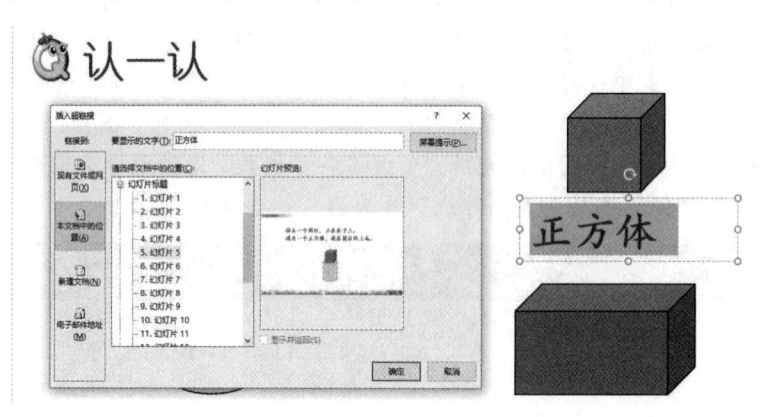

图 4-12　设置超链接

6. 设置页面的切换

在"切换"选项卡"切换到此幻灯片"工具组中选择切换方式，如图 4-13 所示。如需要也可加入声音和设置换片方式，"换片方式"中的"单击鼠标时"复选框未选中时，表示鼠标事件被屏蔽，这样的好处是在课堂教学时不会因为鼠标的误操作而造成幻灯片切换。

图 4-13　设置页面的切换

7. 保存课件

课件制作完成后，需要进行保存。操作步骤如下：选择"文件"→"保存"或"另存为"命令。第一次执行"保存"命令时，系统会提示用户选择一个保存文件的地址和文件名称，以后再执行此命令时就不需要了，系统会自动覆盖原文件；若选择"另存为"命令，则需要选择保存文件的地址和文件名。在制作 PPT 的过程中应注意及时保存文件，以免由于出现一些意外情况导致 PowerPoint 的不正常关闭，造成不必要的损失。

【实践活动】制作小学语文"识字"课件

1. 确定教学目标

通过课件教学生识字并掌握正确的笔画顺序。

2. 制作课件

① 启动 Word，新建空白文档，并将文档格式保存为"Word 97-2003 文档"类型。单击"插入"选项卡"文本"工具组中的"艺术字"按钮，在打开的艺术字样式列表中选择第一款样式，如图 4-14 所示。在弹出的"编辑艺术字文字"对话框中输入文字，如"正"，在"字体"下拉列表中选择"楷体_GB2312"，设置合适的字号，如图 4-15 所示。

② 在插入的艺术字上单击鼠标右键，在弹出的快捷菜单中选择"复制"命令，如图 4-16 所示。

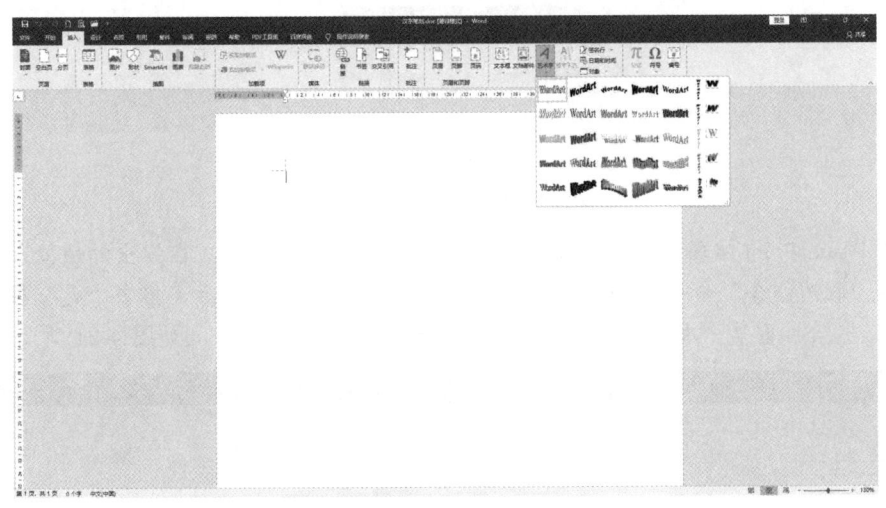

图 4-14　插入艺术字

图 4-15　编辑艺术字　　　　图 4-16　复制艺术字

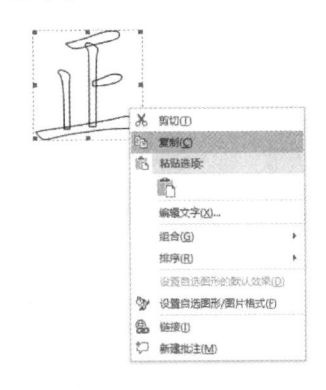

③ 启动 PowerPoint，单击"开始"选项卡"剪贴板"工具组中的"粘贴"下拉按钮，在打开的"粘贴选项"中选择"选择性粘贴"命令，如图 4-17 所示。在弹出的"选择性粘贴"对话框中选中"粘贴"单选项，在"作为"列表框中选择"图片（Windows 元文件）"选项，单击"确定"按钮，如图 4-18 所示。

图 4-17　粘贴艺术字

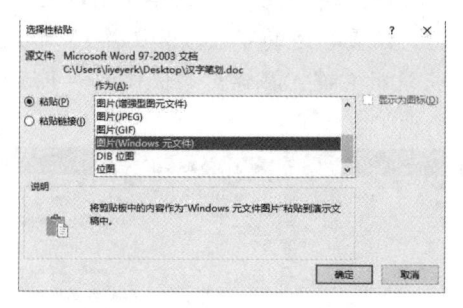

图 4-18　粘贴艺术字设置

④ 在 PowerPoint 编辑窗口中选中插入的图片，单击鼠标右键，在弹出的快捷菜单中选择"组合"→"取消组合"命令，如图 4-19 所示。系统会弹出警告提示，单击"是"按钮，如图 4-20 所示。然后再重复一次"取消组合"命令，得到拆分好的笔画，如图 4-21 所示。

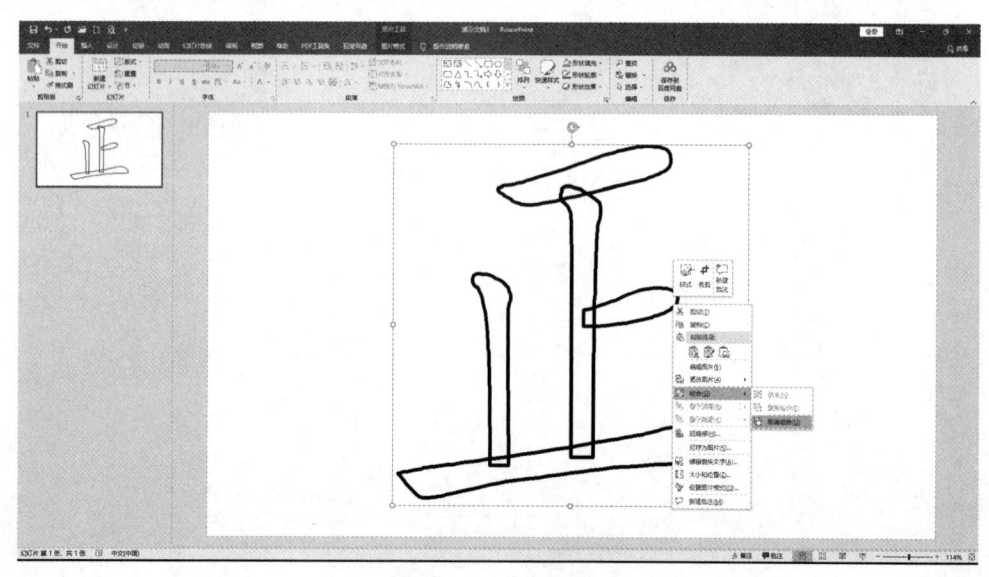

图 4-19　取消组合

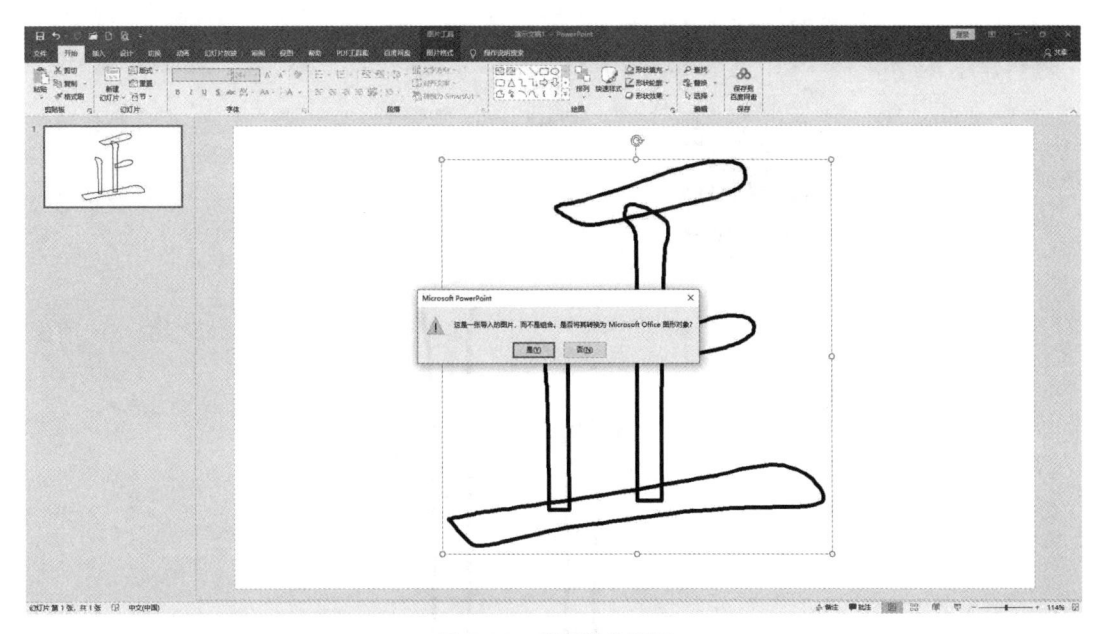

图 4-20 处理警告提示

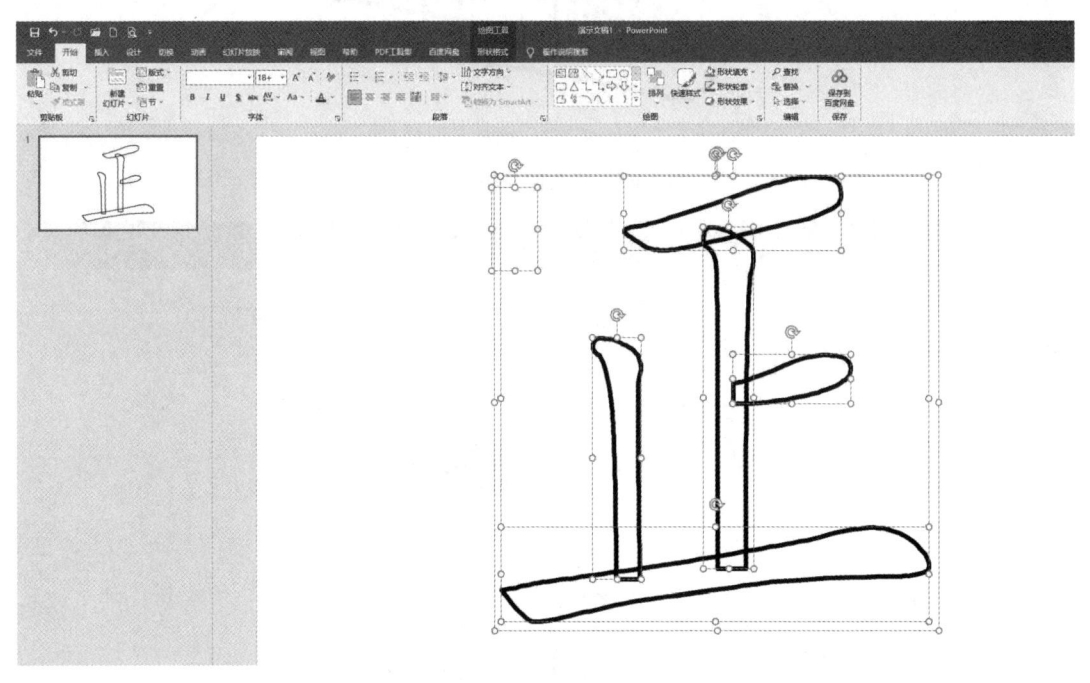

图 4-21 拆分好的笔画

⑤ 为了便于展示，选中第一笔画，在"绘图工具—形状格式"选项卡"绘图"工具组中的"形状轮廓"下拉列表中选择"无轮廓"命令，如图 4-22 所示。在"绘图工具—形状格式"选项卡"绘图"工具组中的"形状填充"下拉列表中选择"黑色，文字 1"，如图 4-23 所示。其他笔画参照上述方法设置。

⑥ 为了展示笔画的书写过程，让学生了解笔画的顺序，给每个笔画设置动画"进入"→"擦除"效果，效果选项根据每个笔画的下笔方向进行相应设置，以第一笔画为例，设置方式如图 4-24 所示，其他笔画参照上述方法设置。

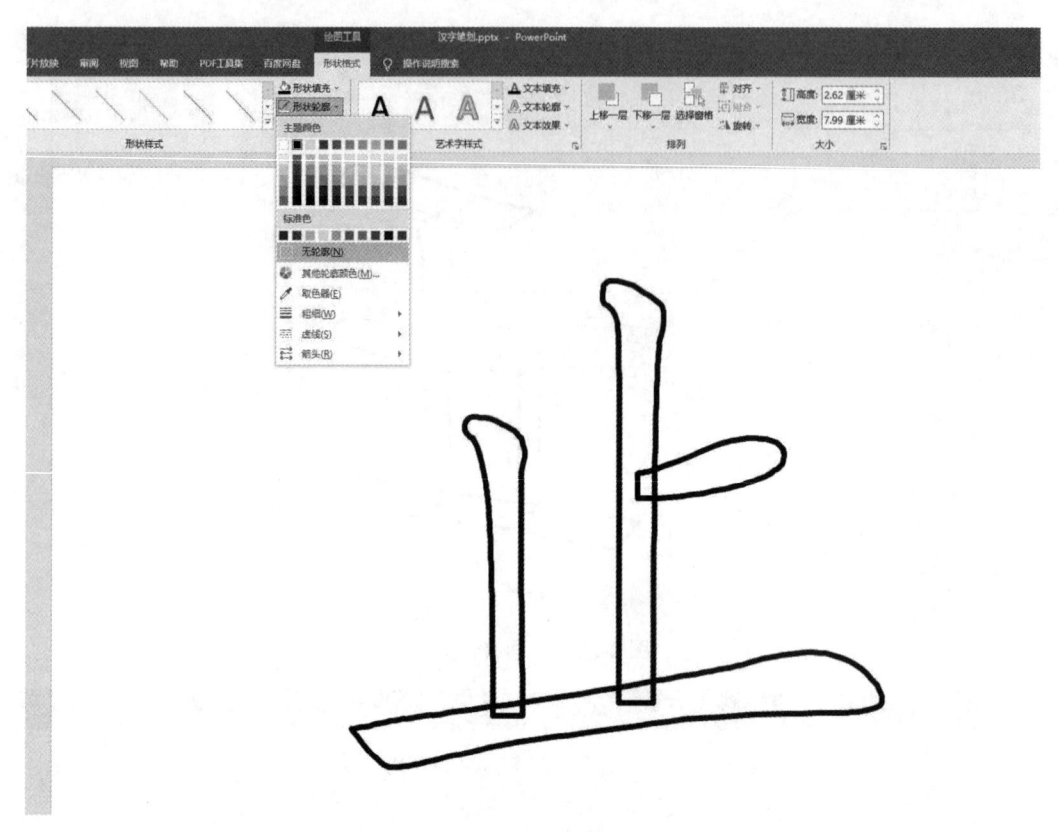

图 4-22 设置笔画填充轮廓

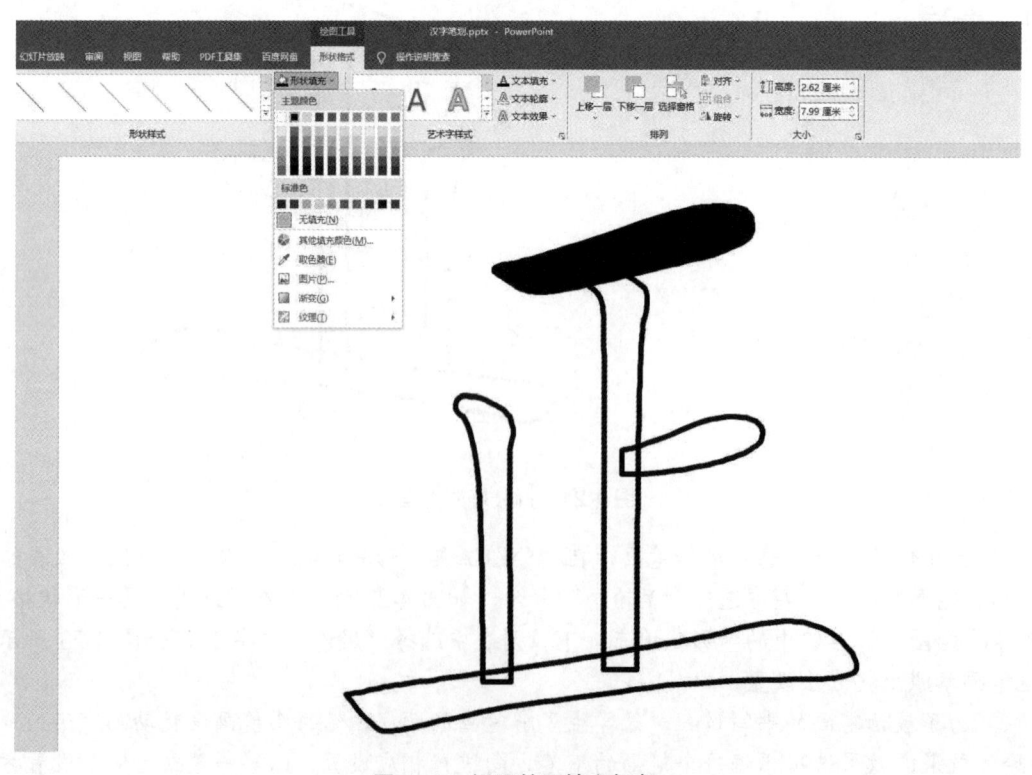

图 4-23 设置笔画填充颜色

116

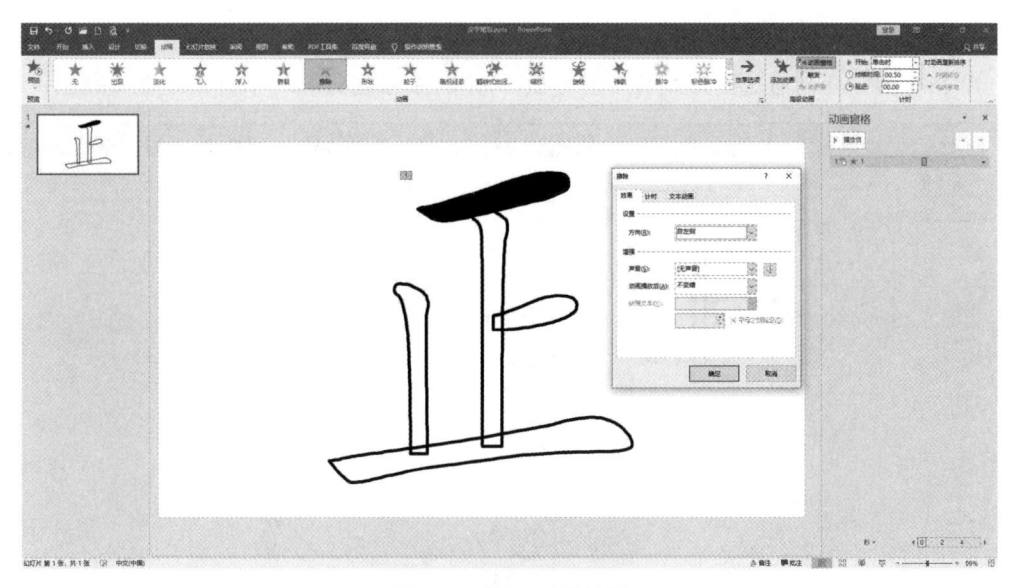

图 4-24　设置动画效果

【实践活动】制作会走动的时钟

制作一只会走动的时钟，提高在幻灯片中对各元素进行动画设置的技能。

1. 制作时钟需要的素材

（1）时钟盘面的图片。

（2）三根指针（秒针、分针、时针）和一个中心轴点。

2. 制作步骤

（1）新建一个 PPT 文档

在幻灯片中插入时钟盘面的图片，调整大小与位置，放在幻灯片中央的位置，如图 4-25 所示。

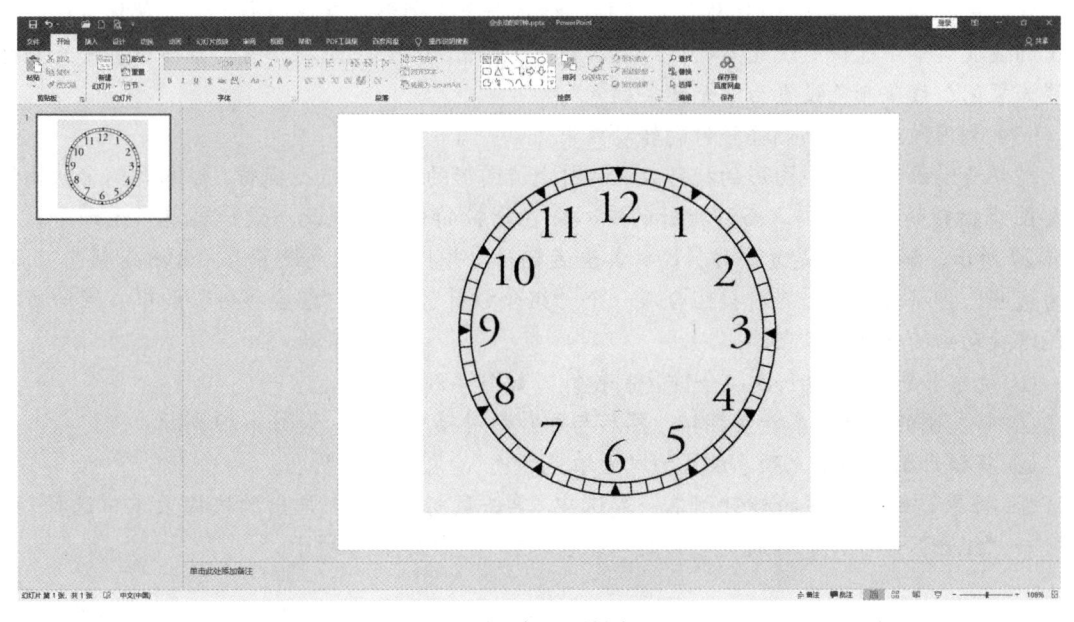

图 4-25　插入时钟盘面

117

（2）制作指针及钟面的中心轴点

利用 PowerPoint 的自选图形制作如图 4-26 所示的三根指针和一个钟面的中心轴点。

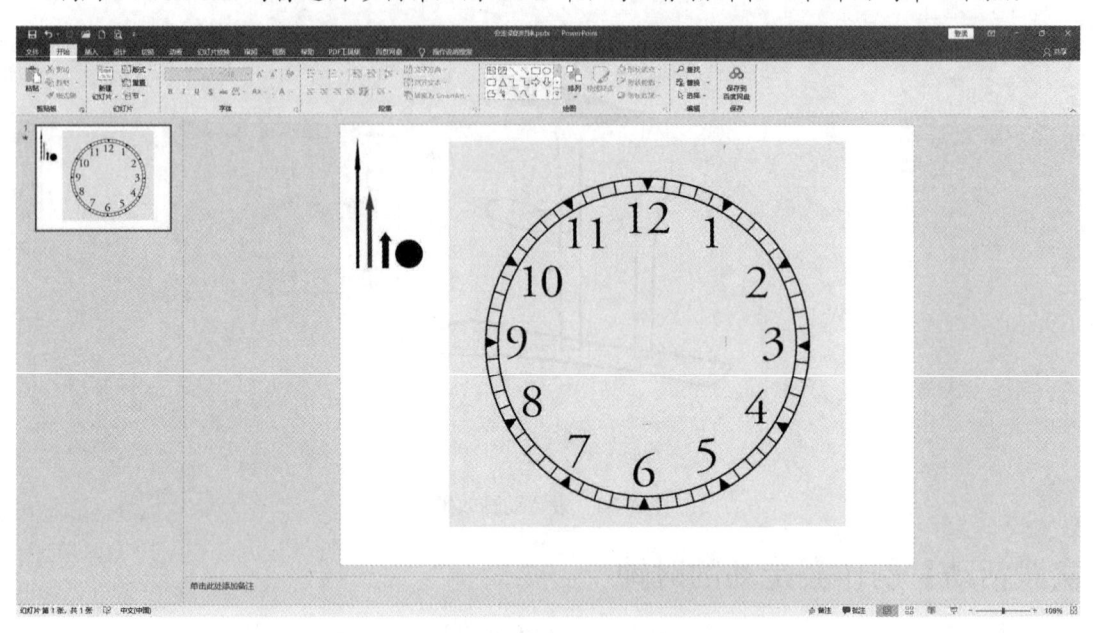

图 4-26 制作指针及中心轴点

① 三根指针的绘制：在"插入"选项卡"插图"工具组中的"形状"下拉列表中选择"箭头总汇"中的上箭头，在幻灯片中单击，分别插入三个箭头。调整箭头的长短和粗细，分别对应时针、分针和秒针。分别在插入的三个箭头上单击鼠标右键，在弹出的快捷菜单中选择"设置形状格式"命令，在弹出的"设置形状格式"窗格中将填充颜色分别设置为黑色、红色和蓝色，线条颜色都设置为"无线条颜色"。

② 中心轴点的绘制：在"插入"选项卡"插图"工具组中的"形状"下拉列表中选择"基本形状"中的椭圆，按住 Shift 键拖动鼠标，绘制一个正圆形。在该圆形上单击鼠标右键，在弹出的快捷菜单中选择"设置形状格式"命令，在弹出的"设置形状格式"窗格中将填充颜色设置为黑色，线条颜色设置为"无线条颜色"。

（3）利用陀螺旋动画制作秒针的转动效果

陀螺旋动画可以实现图形的旋转效果，围绕该图形的中心点进行旋转，但本案例中的指针需要围绕指针的根部旋转，而该指针的中心点在指针的中间，因此与设计思路产生矛盾，如图 4-27 所示。解决方法是复制秒针，将其垂直翻转，并将填充颜色设置为"无填充颜色"，即变为透明，再将其与原秒针对接组合成一个"组合秒针"，此时"组合秒针"的中心点恰好就是陀螺旋动画的旋转中心点。

① 选中秒针，按 Ctrl+D 组合键复制秒针，如图 4-28 所示。
② 将复制的秒针副本垂直翻转，然后与原秒针对接在一起，如图 4-29 所示。
③ 将秒针副本的填充颜色设置为"无填充颜色"，即变为透明色。
④ 将原秒针和透明的秒针副本一起选中，单击鼠标右键，在弹出的快捷菜单中选择"组合"→"组合"命令，制作成一个新的"组合秒针"，如图 4-30 所示。

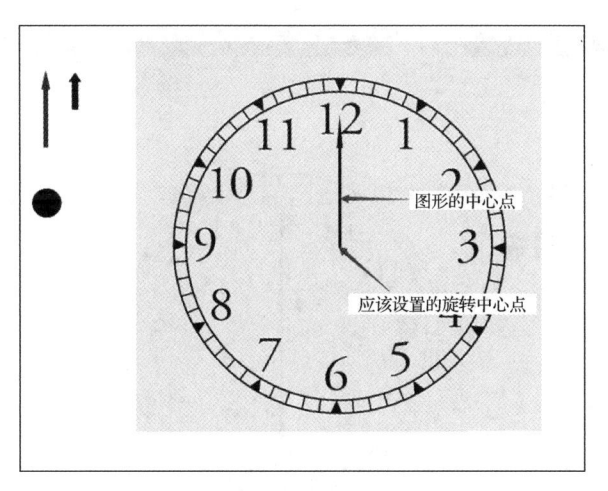

图 4-27　两个中心点

图 4-28　复制秒针

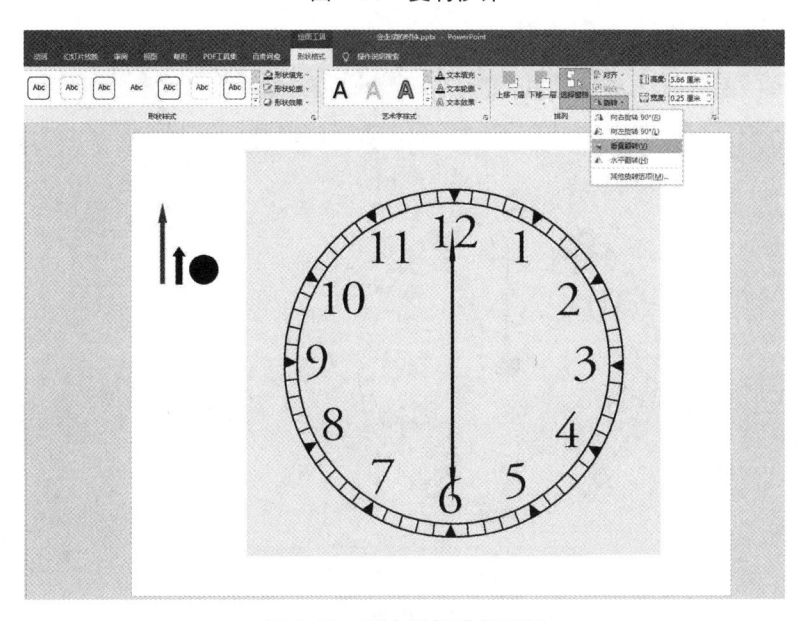

图 4-29　两个秒针进行对接

119

图 4-30 制作"组合秒针"

⑤ 选中该"组合秒针",在"动画"选项卡"高级动画"工具栏中的"添加动画"下拉列表中选择"强调"→"陀螺旋"选项。在右侧的"动画窗格"窗格中选中组合对象,单击鼠标右键,在弹出的快捷菜单中选择"效果选项"命令,切换到"计时"选项卡,将"期间"设置为"60 秒",将"重复"设置为"直到幻灯片末尾",单击"确定"按钮。将指针移到合适的位置,预览动画效果。

(4)利用陀螺旋动画制作分针和时针的转动效果

可参考秒针的制作步骤,区别在于:将分针的"期间"设置为 1 小时,将时针的"期间"设置为 12 小时。

(5)放置指针并设置动画播放顺序

将各指针与钟面的中心轴点放置在合适位置。注意,在自定义动画播放顺序时,应将后两项设置为"从上一项开始",如图 4-31 所示。

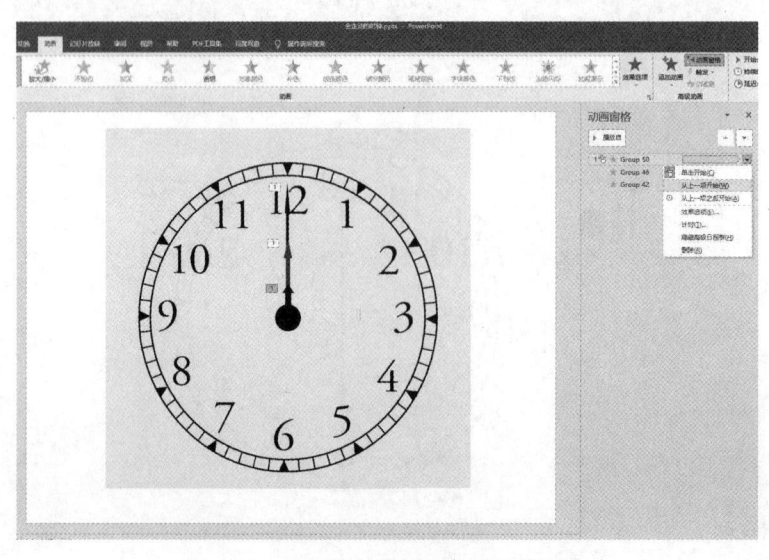

图 4-31 放置指针并设置动画播放顺序

（6）保存文件。

【实践活动】制作交互式电子试卷

交互式电子试卷是指计算机可以对考试者的答题实时进行判断、评价的考试系统。要创建交互式电子试卷，首先得准备一份试卷题目（本例以客观题为例）及答案。

本例主要练习两个方面：利用 PowerPoint 建立电子试卷；在 PowerPoint 中使用控件和 VBA 语言进行编程来实现问题答案的判断。课件制作流程如图 4-32 所示。

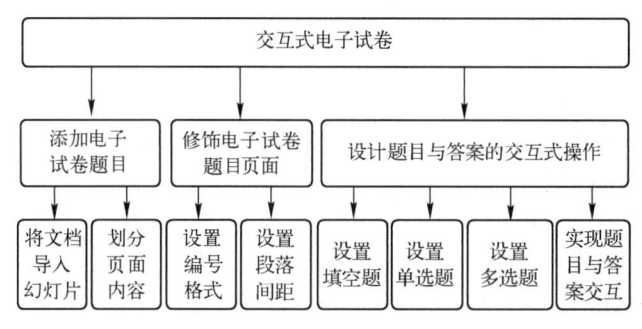

图 4-32　课件制作流程

本例需要用到的 PowerPoint 的知识点包括：①导入 Word 文档；②使用大纲划分幻灯片；③设置项目符号；④调整段落间距；⑤绘制控件；⑥设置控件格式和属性；⑦编写控件事件代码。

1. 添加电子试卷题目

（1）将 Word 文档中的电子试卷题目及答案添加到幻灯片中

① 使用"幻灯片（从大纲）"命令，将给定的 Word 文档插入幻灯片中。

② PPT 将自动把 Word 文档中的每个段落作为一个大纲标题，然后生成多张幻灯片。

（2）使用大纲轻松划分问题幻灯片

① 使用"提高列表级别"命令，将同类型题目合并到一张幻灯片中。

② 设置"填空题"。

③ 设置"单选题"。

④ 设置"多选题"。

2. 修饰电子试卷题目页面

为了使交互式电子试卷题目更加清晰、美观，可以使用编号格式、段落格式等功能对页面进行修饰。

（1）以编号替换题目前的项目符号

① 编号的样式为"1，2，3……"。

② 大小为"110"。

③ 颜色为"白色"。

（2）快速调整文本的字号及段落间距

为了使各试题间区分更明显，可以调整每个题目选项之间的段落间距，还可以使用自动调整选项功能来自动调整文本的字号，这样可以避免因试题的文本内容太多而溢出显示区域的情况。

① 为填空题页面设置段落间距：段前和段后的值分别为 7.68 磅和 12 磅。

② 使用自动调整选项功能自动调整文本，并设置相应题目的段后间距为 18 磅。

3. 设计题目与答案的交互式操作

在设置好题目页面后，若想实现答题结果自动返回的智能交互式操作，必须在设置好题目幻灯片后为每个答案选项添加相应的控件，然后借助 VBA 编程实现试卷答案判断和分数统计。

（1）使用文本框控件设置填空题

① 在填空区域添加文本框控件。

② 设置文本框控件属性：修改文本框的名称。

③ 通过复制控件的方法添加其他文本框控件。

（2）使用选项按钮控件设置单选题

① 在选项之前添加选项按钮控件。

② 设置选项按钮控件属性：修改控件的名称；将 BackStyle 属性设置为"0-fmBackStyle Transparent"；将 Caption 属性设置为清空。

③ 通过复制控件的方法添加其他选项按钮控件。

④ 复制幻灯片，将每个题目单独放置在一个幻灯片中。

注意：由于在一组选项按钮中每次只能有一个正确选项，所以需要将每个题目单独放置在一个幻灯片中。

（3）使用复选框控件设置多选题

① 在选项之前添加复选框控件。

② 设置复选框控件属性：修改控件的名称；将 BackStyle 属性设置为"0-fmBackStyle Transparent"；将 Caption 属性设置为清空。

③通过复制控件的方法添加其他复选框控件。

（4）使用 VBA 自动判断回答是否正确

为交互式电子试卷中的各个答案项添加了控件之后，要使控件生效，还需要为每道题的控件设置相应的事件代码。这样在交互式电子试卷中对题目作答后，系统就可以即时给出相应的提示，使考试者了解该题是否做对。

① 编写所有文本框控件的事件代码，采用的 VBA 语法结构如下：

```
If 条件 Then 语句 1
Else 语句 2
End If
```

解释：如果条件为 True，则执行 Then 部分的语句 1，否则，执行 Else 部分的语句 2。

② 编写所有选项按钮控件的事件代码，代码如下：

```
Private Sub TwoC_Click（）
    If TwoC.Value = True Then
        MsgBox "选择正确，请进入下一题测试！"
    Else
        MsgBox "选择错误，请仔细阅读题干！"
    End If
End Sub
```

③ 编写所有复选框控件的事件代码，与上述代码类似。

④ 编写所有按钮命令事件代码：

为多选题页面添加命令按钮；
对命令按钮进行编辑；
编写命令按钮的事件代码。
⑤ 从头开始放映幻灯片，测试编写结果：
测试填空题；
测试单选题；
测试多选题。

4.5.2 Focusky 课件制作

1. Focusky 概述

Focusky 采用从整体到局部的演示方式，以路线的呈现方式模仿视频的转场特效，加入生动的 3D 镜头缩放、旋转和平移特效，像一部 3D 动画电影，给观众带来强烈的视觉冲击力，使演示变得更加生动有趣。Focusky 提供了大量在线模板，以便用户能迅速开始制作多媒体 PPT；用户可以通过拖曳来添加物体、改变物体位置，让制作变得更简单。

另外，Focusky 还支持导入用 PowerPoint 制作的文件，以便更迅速地开始制作。用 Focusky 制作的 PPT 可以导出为离线可看的格式，如视频（*.mp4）、网页（*.html）、Windows 应用程序（*.exe）、Mac App（*.app，苹果计算机直接单击可打开）或压缩文件（*.zip），无须再下载其他软件便可离线演示。Focusky 已被逐渐应用于互联网、游戏与动画、多媒体课件等众多领域。

2. Focusky 课件制作基本流程

下面简要介绍使用 Focusky 制作课件的基本流程与方法。
使用 Focusky 制作 3D 交互课件，一般应遵循以下流程：
① 进行课件脚本设计，规划课件整体的界面、主要内容与功能等；
② 准备课件的相关素材，包括所需的文字、图片、视频、音频等；
③ 新建项目及自定义背景，或者从模板中选择项目类型；
④ 把帧添加到路径，丰富动画 PPT 的内容；
⑤ 添加动画效果及预览测试、修改、发布、保存；
⑥ 效果反馈与教学评价。

【实践活动】制作小学语文"诗词欣赏（课外拓展篇）"课件

利用 Focusky 提供的技术模板，设计一个小学语文"诗词欣赏（课外拓展篇）"课件，图文并茂地交互展示春、夏、秋、冬四季的诗词，对课堂教学进行有效补充。

1. 新建项目
新建项目，采用螺旋曲线布局方式，设置好工程相关参数和课件背景，如图 4-33 所示。
2. 为路径添加内容
分别为五个路径添加相关内容，如图 4-34 所示。
3. 设置动画效果
为每个对象设置动画效果，如图 4-35 所示。

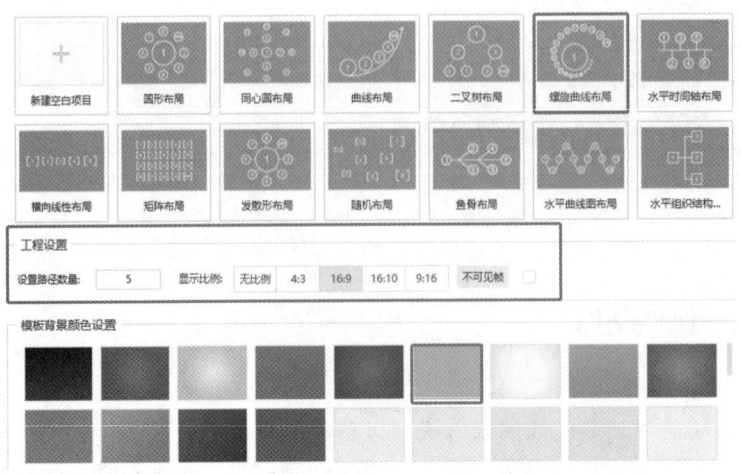

图 4-33 新建项目并设置参数

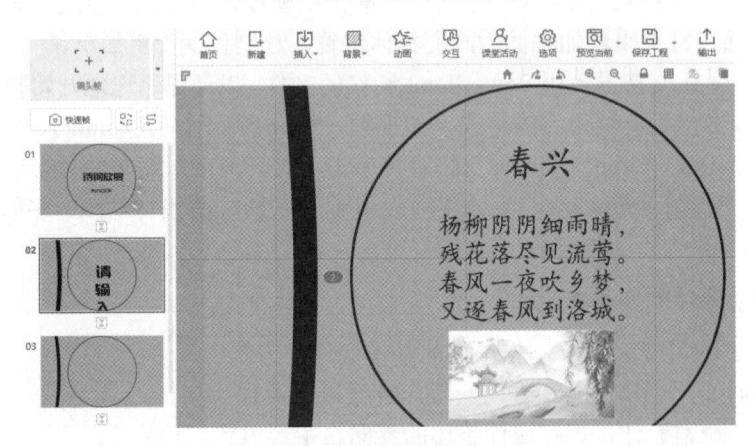

图 4-34 为每个路径添加内容

图 4-35 为每个对象设置动画效果

4. 保存和输出

保存并设置好输出格式。课件首页最终效果如图 4-36 所示。

124

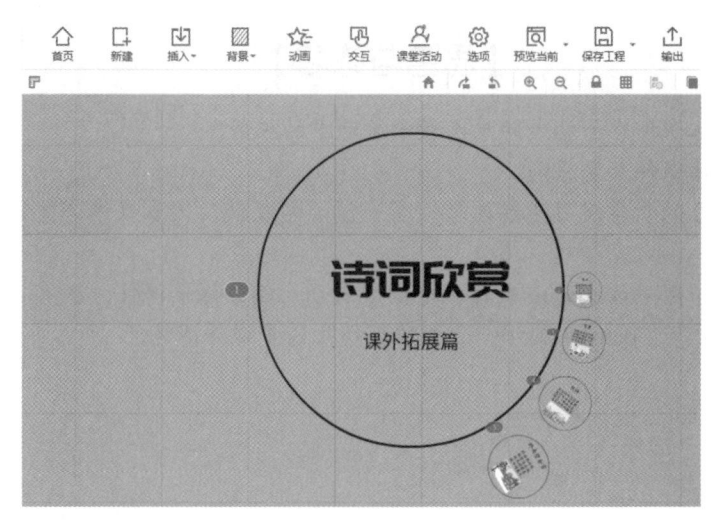

图 4-36 "诗词欣赏（课外拓展篇）"课件首页效果

"诗词欣赏（课外拓展篇）"课件效果

已经有很多专门的教材对多媒体课件的设计与制作进行过详尽的介绍。本书不同于这些教材之处在于：所列举的案例均以儿童学习课和活动课为研究对象，内容上体现了儿童的学习特点。因为针对儿童尤其是低龄儿童的教学多媒体课件的设计与制作，必须符合他们的认知特点，必须在儿童教育理论和学前教育理论的指导下进行。

【本 章 小 结】

根据接受学习、发现学习、操作学习的学习分类，将课件分为演示型课件、自主学习型课件和实验探索型课件三种。

幼儿园和小学多媒体课件的主要教学功能有优化学习环境，调动学生积极参与，拓宽学生的知识面，提供多种学习路径等。

在设计和制作多媒体课件的过程中应该遵循教育性、科学性、主体性、技术性、艺术性、经济性原则。而幼儿园多媒体课件要在幼儿园教学活动中起到相应的作用，除上述原则之外还必须遵循必要性、趣味性、形象性、交互性和真实性原则。

多媒体课件的开发与设计是按照一定的步骤实现的过程。一般来说，课件的开发可分为以下几个阶段：选择课题、进行课件的教学设计、进行软件的系统设计、编写脚本、准备素材、编辑课件、课件的试用与评价、课件修改与成型。脚本编写具有十分重要的地位，是需求分析的具体体现，是软件结构设计和素材准备的前提，更是合作开发的基础。

本章中，主要通过实例较详细地介绍了用 PowerPoint 和 Focusky 制作课件的方法，而不是详细介绍如何针对具体课程设计课件。

当然，由于篇幅所限，对 PowerPoint 和 Focusky 制作方法和技术的介绍还远远不够，有兴趣者可参考专门的教材进一步学习或在今后的实践中进行探索。

【思考与练习】

1. 简述多媒体课件在小学或幼儿园教学活动中的应用。
2. 简述多媒体课件开发原则。
3. 请结合自己的教学实习活动内容,写一份小学或幼儿园多媒体课件的文字脚本和脚本卡片。
4. 自选题材,用 PowerPoint 制作一个小学或幼儿园多媒体课件。
5. 自选题材,用 Focusky 制作一个小学或幼儿园多媒体课件。

第 5 章

教学系统设计

【本章导读】

　　教学是教师的教与学生的学之间相统一的一种双边活动。在进行教学活动的过程中，教师的教通常包括教学准备、教学实验和教学评价等方面；学生的学通常包括课前预习、课堂学习、课后复习、利用各种学习资源的学习及应用等方面。随着教学理论与学习理论的不断发展，学习资源的不断丰富，在教学领域内越来越强调知识是通过学生主动建构而获取的。学生要成为知识的主动加工主体，教师要成为学习的帮助者、促进者和组织者。教师的角色也由传统教学的讲授者不断地向教学问题的分析者、教与学过程和资源的设计者、教学策略的决策者、学生学习过程的管理者和帮助者的方向转变，这就对教师的教学设计能力和实施教学活动的能力提出了更高的要求。因此，本章将介绍教学设计中的基本要素、基本原理，以及信息化条件下的教学设计应用。

【本章学习目标】

　　通过对本章的学习，将实现下列学习目标：
- 理解什么是教学设计，理解教学设计的基本内容。
- 掌握教学设计的一般模式。
- 掌握以教为主的教学设计模式。
- 掌握以学为主的教学设计模式。
- 学会编写课堂教学设计方案，尤其是信息化教学设计方案。

5.1 教学设计概述

5.1.1 教学设计的含义

　　教师在实施具体的教学和对教学进行评价时，首先要对即将进行的教学活动进行周密的思考与精心的安排，需要考虑教什么、如何教、如何来对教学效果进行评价等一系列问题；同时还需要研究学生的特点、教学目标的设计、教学内容的选取、教学策略的制定、教学媒体的选择等问题，最后才能制定出一个教学工作的整体方案。教学设计是 20 世纪 60 年代以来逐渐形成与发展起来的一门实践性很强的学科，是教育技术学领域中的一个重要分支。作为教育技术学科体系中的核心，教学设计以解决教学问题、优化学习为目的，其理论研究与实践吸收了多个学科领域（如心理学、教育学和系统科学等）的优秀研究成果，是一个跨学科研究的领域。

　　那么究竟什么是教学设计呢？美国教育心理学家莱斯里·布里格斯（Leslie Briggs）曾为

教学设计给出这样一个定义:"教学设计是分析学习需要和目标,以形成满足学习需要的传递系统的过程"。里齐更进一步地分析:教学设计是"为了便于学习各种大小不同的学科单元,而对学习情境的发展、评价和保持进行详细规划的科学"。借鉴他人有关教学设计含义的分析,可以将教学设计的定义理解为,教学设计是以教学过程为研究对象,以优化教学效果为目的,以学习理论、教学理论、传播理论为基础,运用系统方法分析教学问题、确定教学目标、设计解决教学问题的策略方案、试行解决方案、评价试行结果和修改方案的过程。

5.1.2 教学设计的意义

教学设计是教学活动中的一个重要环节,也是一项建立在一定理论基础上的科学型的教学技术。学习教学设计具有多方面的意义。

1. 有助于科学思维能力的培养与科学态度的培养

教学设计中要环环相扣,特别要注意各要素、各环节间的逻辑关系和逻辑顺序,因为教学设计是系统解决问题的过程,它所提出来的一整套确定、分析、解决教学问题的系统方法、逻辑思维和决策技术也可用于其他领域和其他性质的问题情境中,具有一定的迁移性。所以,教学设计者必须具有科学思维能力和科学态度。

2. 有助于教学工作科学化

在传统的教学过程中,教学设计活动也普遍存在于教师的教学实践中,然而这些设计活动大多数是依靠教师经验和意向做出来的,只掌握在少数优秀教师的"随性"发挥过程中,缺乏一定的系统性,并且也不宜推广。教学设计需要克服这种局限性,脱离纯粹的经验主义,纳入科学的轨道,用可复制的技术作为教学的手段,让广大教师易于掌握并在教学过程中进行实际操作。因此,学习和运用教学设计的原理是推动教学工作科学化的有效途径。

3. 有助于教学理论与教学实践的沟通

教学活动是一种社会实践活动。为了使教学活动有序和有效,就要探索教学的机制,对教学过程中涉及的各个要素的相互关系进行研究,并形成一套独立的知识体系(教学理论)。一直以来,人们对教学的研究偏重于理论上的描述和完善,广大教师批评教学理论脱离实际,对改进教学工作帮助不大。在这种情况下,作为"桥梁学科"的教学设计起到了沟通教学理论与教学实践的作用。教学设计为了追求教学效果的优化,在解决教学问题的过程中,把个别教师的教学经验升华为便于广大教师掌握和运用的教学科学,把已有的教学研究理论成果综合应用于教学实践,使教学理论与教学实践紧密联系起来。

4. 有助于优化课堂教学结构

教学设计以形成最优化的教学方案、实施最优化的教学为根本目的。应运用系统的方法,从整体出发,统筹思考整体与部分、部分与部分之间的关系,从而设计出切实可行的解决问题的方案。教师可以充分运用其创造力,灵活地改变方案,对同一个课题的研究可以设计多个方案,分析、比较并评出优劣。设计的方案可以通过评价进行修改,也可以在教学实施过程中进行调整或优选。这样才能保证教学目标的明确性、教学程序的科学有序性、课堂教学结构的合理性,提高教学质量和效率。

5.1.3 教学设计因素

教学设计是根据课程标准的要求和教学对象的特点，将教学诸要素有序安排，确定合适的教学方案的设想和计划。教学设计因素一般包括教学任务及对象分析、教学目标设计、教学策略设计、教学过程设计与教学评价设计等。

1. 教学任务及对象分析

教学内容是要完成的教学任务，是实现教学目标的主要载体。开展教学内容分析时，既要运用显性教材，也要挖掘和利用隐性教材。

学习者是分析教学任务时必须考虑的重要因素。分析学习者是为了帮助学生解决学习中的困难，完成教学任务。具体方法：一是要了解教学活动开始前学生在认知、情感、态度等方面已经达到了什么样的水平，这是学生掌握新的学习任务的起点水平；二是要了解学生在教学活动结束后预期能达到的认知、情感、态度等方面的状态。

2. 教学目标设计

教学目标是指教学活动预期达到的结果，是教育目的和课程目标的具体化，也是教师完成教学任务所要达到的要求和标准。

3. 教学策略设计

教学策略是为了实现教学目标、完成教学任务所采用的方法、步骤、媒体和组织形式等措施的综合性解决方案。它是实施教学活动的基本依据，是教学设计的中心环节。

4. 教学过程设计

教学过程设计是教学设计的核心部分，教学任务及对象的分析、教学目标的设计，教学媒体的运用、课堂教学结构类型的选择与组合，都将在教学过程设计中得到体现。

5. 教学评价设计

教学评价是依据教学目标对教学过程及结果进行价值判断并为教学决策服务的活动，是对教学活动现实的或潜在的价值做出判断的过程。教学评价一般包括对教学过程中教师、学生、教学内容、教学方法/手段、教学环境、教学管理诸因素的评价，但主要是对学生学习效果和教师教学工作过程的评价。

5.1.4 信息化教学设计

1. 信息化教学设计的概念

信息化教学设计是上海师范大学黎加厚教授提出的，目的是运用系统方法，以学为中心，充分利用现代信息技术和信息资源，科学地安排教学过程的各个环节和要素，以实现教学过程的优化。应用信息技术可构建信息化环境，获取、利用信息资源，支持学生自主探究学习，培养学生的信息素养，提高学生的学习兴趣，从而优化教学效果。

教育技术学专家祝智庭教授认为：信息化教学设计是充分利用现代信息技术和信息资源，科学安排教学过程的各个环节和要素，为学生提供良好的信息化学习条件，实现教学过程全优化的系统方法。其目的在于培养学生的信息素养、创新精神和综合能力，从而增强学生的学习能力，提高他们的学业水平。

2. 信息化教学设计的内涵

信息化教学设计即在信息化环境下开展的教学设计。其内涵主要包括以下四个方面。
① 充分利用现代信息技术和信息资源。
② 强调以学习者为中心。
③ 运用系统方法指导教学设计。
④ 科学安排教学过程的各个环节和要素。

3. 信息化教学设计的特点

与传统教学设计相比，信息化教学设计具有以下特点。

（1）教学内容不同

虽然教材没有改变，但传统的教学内容基本上以课本知识为主，而信息化教学则利用了现代信息技术手段，可对教材进行二次加工。比如利用多媒体技术将过去静态的、二维的教材转变为由声音、文字、动画、图像构成的动态的、三维甚至四维教材。网络教学的运用，又将教学内容从书本扩展到书本之外，丰富和扩展了书本的知识，有助于学生在规定的教学时间内学得更多、更快、更好。

（2）教学过程不同

传统的教学设计中，教学过程基本上就是教师讲、学生听。整个课堂由教师主导，学生很少或没有自己思考的时间，只是被动接受。而在信息化教学设计中，教学过程由传统的知识归纳、逻辑演绎的讲解式教学过程转变为创设情境、协作学习、自主学习、讨论学习等新的教学过程。课堂真正由学生主导，给学生更多的学习机会。

（3）学习方式不同

信息化教学设计中，学生由被动地接受知识，转变为主动地学习知识，并通过信息技术，利用各种学习资源主动建构知识。学生不仅要学习知识，还要掌握"如何学"，必须有独立学习能力、创造能力、创新能力、自主学习能力、自我管理能力、协作能力、协调能力等。学生将成为知识的探索者和学习过程中真正的认知主体。而在传统的教学设计中，学生只是充当忠实听众的角色，很少有或者没有发挥自己主动性的机会。

（4）教师角色不同

在信息化教学设计中，教师由传统的知识讲解者、传递者、灌输者变成了学生学习的指导者、帮助者、促进者。教师不再是唯一的知识源，也不能再把传递知识作为自己的主要任务和目的，而应把精力放在教学生"学"的方法上，为学生建构相应的知识体系创设有利的情境，使学生"学会学习"，指导学生懂得"从哪里"和"怎么样"获取自己所需要的知识，掌握获得知识的工具和根据认识的需要处理信息的方法。

5.1.5 教学设计中要注意的问题

教学设计是为了实现一定的教学目标，依据教学内容、学生特点、环境条件，运用教与学的原理，为学生策划学习资源和学习活动的过程，不同于以往的"教案"。具体地讲，在教学设计实践中应注意以下几个方面的问题。

1. 明确教学设计的出发点

教学设计的出发点是促进教学，因此教师要深入分析教学中存在的问题，并围绕教学问题的解决而开展设计活动，不能为了设计而设计，为了编写教学设计方案而设计。

2. 立足于正确的教学设计观

在教学设计中，一方面要充分体现教师的主导作用和学生的主体地位，另一方面要强调方法的应用，从方法论范畴来思考教学设计，而不是以媒体观为指导，围绕教学资源展开教学设计活动。

3. 注重教学设计的规范性

教学设计要综合考虑各个因素的作用，使之发挥整体效应。教学设计的每个环节都有其特定的作用，都会对学习的过程和结果产生重要影响，因此，不疏忽每个环节的设计，才能使之真正为解决教学问题服务。在编写教学设计方案时要注意描述的规范性，不能似是而非，甚至产生错误。

4. 重视教学设计的情境性

教学设计实践面向具体的教学问题，因此必然会受到教师的教学风格、学生的特征（尤其是非一般性特征）、具体的教学环境等因素的影响，这就要求对具体的教学环境、内容、学生等因素具有较强的解释力，不能采用宽泛、空洞的设计方法和描述方式。

5. 强调教学设计的一致性

教学设计的一致性主要表现在两个方面：一是教学设计的各环节应该相互依存、紧密联系，因此要注意整个教学设计方案的一致性，不要孤立地进行各个环节的设计；二是教学活动是教学策略的具体体现，活动的形式和内容都要与所选择的教学策略保持一致，不能出现张冠李戴的现象。

6. 体现教学设计的创造性

教学设计是一项创造性的活动。在注重教学设计规范化的同时，教师要充分发挥创造性，坚持灵活运用原则，根据实际教学的需要，选择合适的教学设计模式作为教学设计的参考。

5.1.6 教学设计的层次

教学设计是一个问题求解的过程。根据教学问题的范围和大小的不同，教学设计也相应地具有不同的层次，即教学设计的基本理论与方法可用于设计不同层次的教学。教学设计一般可分为以下三个层次。

1. 以"产品"为中心的层次——教学产品设计

教学设计的最初发展是从以"产品"为中心的层次开始的。它把教学中需要使用的媒体、材料、教学包等当作产品进行设计。教学产品的类型、内容和教学功能常常由教学设计人员、教师、学科专家等共同确定，有时还会吸收媒体专家及媒体技术人员对产品进行设计开发、测试和评价。

2. 以"课堂"为中心的层次——教学过程设计

以"课堂"为中心的教学设计是对一门课程或一个单元，甚至一节课或一个知识点的教学过程进行设计。对一门课程或一个单元的教学设计称为课程教学设计，对一节课或一个知识点的教学设计称为课堂教学设计。这一层次的设计一般由专门的教研机构组织教学设计人员、学科专家、教师和学生学习小组来共同完成。

3. 以"系统"为中心的层次——教学系统设计

相对于产品和课堂来说,这里的"系统"是指较综合的教学系统,如一所学校或一门新专业课程的设置、某行业职业教育中的职工培训方案等。这一层次的设计通常包括系统目标的确定及实现目标方案的建立、试行、评价和修改等,涉及内容较多,设计难度较大,而且系统设计一旦完成就要投入到范围很大的场合去使用和推广。因此这一层次的设计需要由教学系统设计人员、学科专家、教师、行政管理人员和学生等共同完成。

5.2 教学设计的模式分析

5.2.1 教学设计的一般模式

模式是再现现实的一种理论性的简化形式,教学设计的模式是心理学家、教育学家、教育技术学专家在教学设计的实践过程中逐步形成的,是运用系统方法进行教学开发、设计的理论性的简化形式。关于教学设计,尽管目前有许多不同类型的理论模式,但可以从各种理论模式中抽取一些基本的组成部分来进行分析:学习需求分析、学习内容分析、学习者分析、学习目标的阐明、教学策略的制定、教学媒体的选择和运用及教学设计成果的评价设计。这七个基本组成部分可以构成教学设计的一般模式,如图 5-1 所示。从这七个基本组成部分中还可以进一步抽取以下四个基本环节:分析教学对象、制定教学目标、选择教学策略、开展教学评价。各种完整的教学设计都是在这四个环节对应的四个基本要素(学习者、目标、策略、评价)的相互联系和相互制约所形成的构架上建立的。

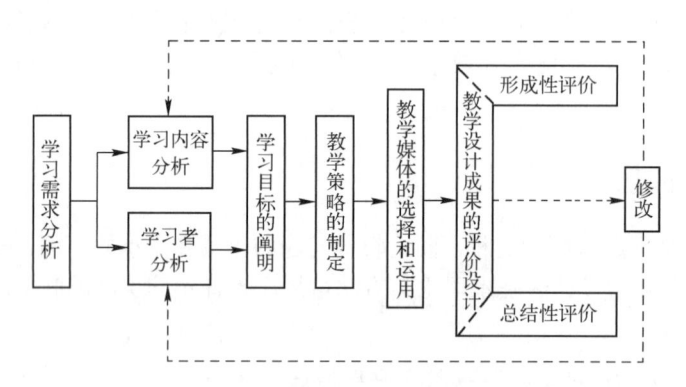

图 5-1 教学设计的一般模式

这里有几点需要进行说明:第一,将教学设计划分成各种要素的目的是方便相关人员更加深入地了解、分析、掌握和发展整个教学设计过程的技术;在实际的教学设计工作中,应该在系统思想的指引下,使各要素之间发挥整体功能,优化教学效果;第二,应该充分认识到教学系统是一个开放的系统,教学过程也是一个开放的过程,它所涉及的各个要素(学生、教师、教学媒体、学习环境等)是处于不断变化之中的;第三,应该充分认识到,虽然该模式图将教学设计的各要素进行了一定的线性排列,但它们之间的关系并不是简单的线性关系,而是相互影响、错综复杂、相互制约的一种非线性关系。

5.2.2 以教为主的教学设计模式

以教为主的教学设计模式，主要基于行为主义学习理论和认知主义学习理论。设计的焦点在教师如何教上，强调教师的主导作用，突出循序渐进、按部就班、精细严密地对教学进行设计。这类模式主要用于课堂教学，已有的教师、学生、课程计划、设施/设备和其他各种资源都是设计的前提条件。设计的目的是解决教师在这些条件下如何做好教学工作，完成预期的教学目标。这类设计模式的重点是让学生达到教学目标的要求，引导教师选择恰当的教学策略及媒体材料。下面介绍一种以教为主的教学设计模式，如图5-2所示。

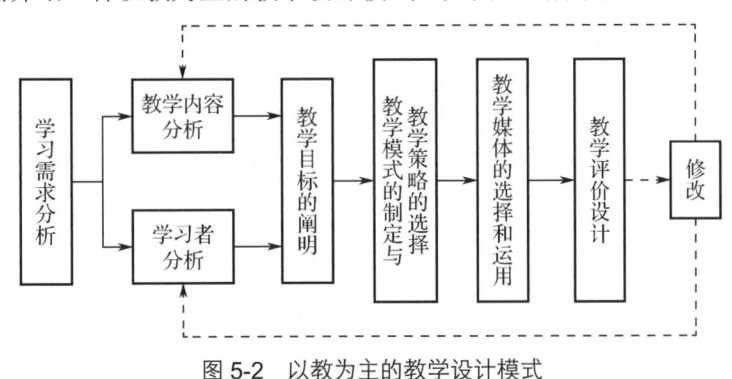

图 5-2 以教为主的教学设计模式

从图 5-2 可以看出，以教为主的教学设计模式包括学习需求分析、教学内容分析、学习者分析、教学目标的阐明、教学模式的制定与教学策略的选择、教学媒体的选择和运用及教学评价设计七个环节。

1. 学习需求分析

（1）学习需求分析的概念

教学设计是一个问题求解过程，只有发现了问题，认清了问题的本质，才能更好地解决问题。而对问题的鉴别与分析通常又称学习需求分析。

学习需求是指在某一特定的情境下，学习者学习方面目前的状态与期望达到的状态（或应该达到的状态）之间的差距。目前的状态是指学习者群体在能力素质方面已达到的水平，期望达到的状态（或应该达到的状态）是学习者应该具有的能力、素质。对学习者的总期望通常是由学习者生活的社会及其变化与发展所赋予学习者的历史使命、学习者未来的职业或现在所从事职业的新发展对人才的要求、学习者未来的工作岗位或所在岗位的技术变化对人才的希望及学习者自身对知识、技能、态度的培养和发展方面的个人要求等几个方面所决定的。

学习需求分析是指经过系统化的调查研究，发现教学过程中存在的问题，通过分析问题产生的原因，确定问题的性质，并论证解决该问题的必要性和可行性。也就是说，学习需求分析是找差距、发现问题，而不是寻求解决问题的方法。

（2）学习需求分析的内容

学习需求分析的内容包括以下几个方面。

① 通过调查研究，分析教学过程中是否存在需要解决的问题。
② 分析存在问题的性质，以判断教学设计是否是解决这个问题的合适途径。
③ 分析现有的资源及约束条件，以论证解决该问题的可能性。
④ 分析问题的重要性，确定解决问题的优先次序。

（3）学习需求分析的方法

学习需求分析就是采取适当的分析方法，找出"是什么"和"应该是什么"之间的差距。根据参照系的不同，学习需求分析的方法一般包括内部参照需求分析法和外部参照需求分析法两种。

① 内部参照需求分析法。该方法是指由学习者所在的组织机构内部，使用已经确定的教学目标（期望的状态）与学习者的当前学习状态进行比较，找出两者之间存在的差距，从而鉴别出学习需求的一种分析方法。

② 外部参照需求分析法。该方法是指根据教育机构外，即社会的要求（或职业要求）来确定对学习者的期望值，并以此为标准来衡量学习者的学习现状，找出差距，从而确定学习者学习需求的一种分析方法。

在实际分析时，可采取内外结合的方法，如图 5-3 所示。根据外部社会需求调整已有的教学目标，并将调整后的教学目标提出的期望值与学习者现状相比较，找出差距。

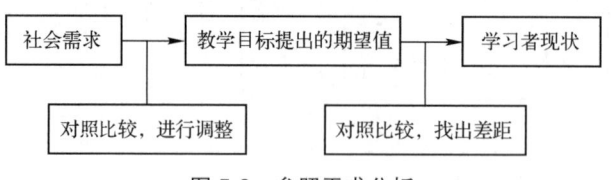

图 5-3 参照需求分析

2．教学内容分析

通过学习需求分析，可以揭示出教学中存在的问题及其主要原因，紧接着需要考虑的问题是用什么样的教学内容去促进学生能力的发展变化，这就是教学内容分析。

（1）教学内容分析的概念

教学内容是指为实现教学目标，要求学习者系统学习的知识、技能和态度的总和。教学内容的分析以教学目标为依据，进而规定学习内容的范围、深度，揭示学习内容各部分之间的联系。

（2）教学内容分析的方法

进行教学内容分析的方法包括归类分析法、图解分析法、层级分析法、信息加工分析法、解释结构模型法（ISM 分析法）。

① 归类分析法。该方法主要研究如何对有关信息进行分类，旨在鉴别为实现教学目标所需要学习的知识点，比较适合语言信息类教学内容的分析。确定分类方法后，或用图示，或列提纲，把实现教学目标所需要的知识归纳成若干方面，从而确定教学内容的范围。

归类分析的例子如图 5-4 所示。需要说明的是，从形式上看，该方法与后面将讨论的层级分析法相似，但在归类分析中，各知识点之间本质上不存在难度的层级关系。

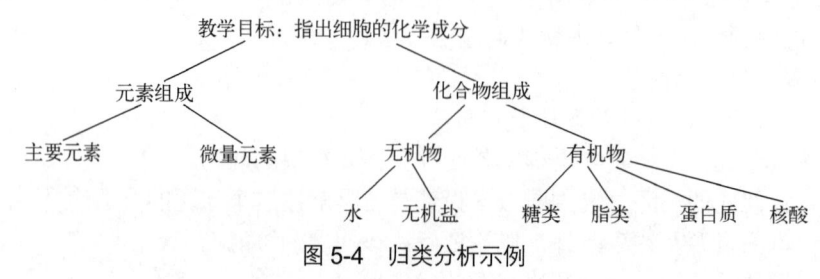

图 5-4 归类分析示例

② 图解分析法。该方法是一种用直观形式揭示教学内容要素及其相互联系的内容分析方法，常用于对认知教学内容的分析。图解分析的结果是一套简明扼要、提纲挈领地从内容和逻辑上高度概括教学内容的图表或符号。这种分析方法的优点是分析者容易觉察内容的残缺或多余部分，以及相互联系中的割裂现象。图5-5所示为DNA教学内容的图解分析。

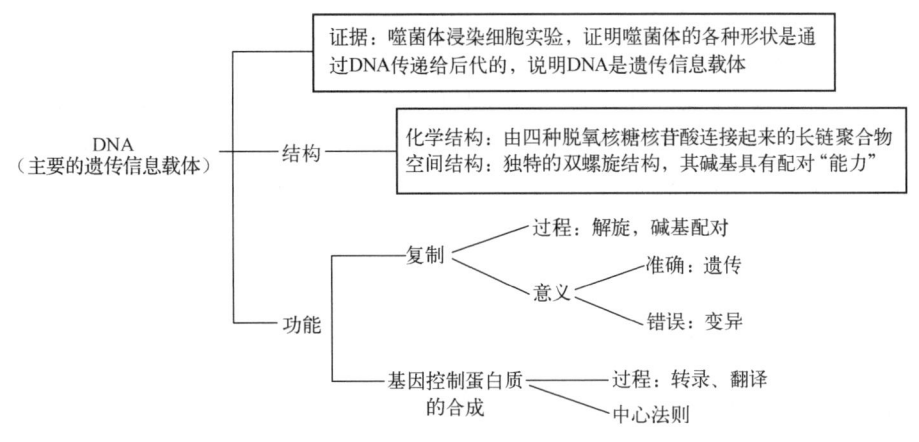

图 5-5 DNA教学内容的图解分析示例

③ 层级分析法。该方法是用来揭示为达到总教学目标所要求掌握的从属目标的一种内容分析方法。它是一个逆向分析的过程，即从已确定的教学目标开始考虑，要求学习者为了获得教学目标规定的能力而必须具备哪些次一级的从属能力，而要培养这些次一级的从属能力，又需要具备哪些再次一级的从属能力，以此类推。

④ 信息加工分析法。信息加工分析法由加涅提出，这是一种将教学目标要求的学习者心理操作过程揭示出来的方法，即分析要完成特定的教学目标时，学习者要经历怎样的心理活动程序或过程。这种方法揭示出了学习者在学习或解决问题时所进行的思维活动过程，这一步步的心理过程就构成了要分析的内容。

⑤ 解释结构模型法（ISM分析法）。该方法是用于分析和揭示复杂关系结构的有效方法，可将系统各要素之间复杂、零乱的关系分解成清晰的多级递阶的结构关系。当分析的各级教学目标不具有简单的分类学习特征时，或者其中的概念从属关系不太明了，也不属于某个操作过程或某个问题求解过程时，可使用ISM分析法。这种分析方法主要包括以下三个步骤。

第1步：抽取知识元素，确定教学子目标。
第2步：确定各个教学子目标之间的直接关系，做出目标矩阵。
第3步：利用目标矩阵绘制教学目标形成关系图。

3. 学习者分析

进行教学设计的目的是促进学习者的学习，而学习者作为学习活动的主体，他们所具有的认知和情感等特征都将对学习产生影响。教学方案是否与学习者的特点相匹配，是决定教学成功与否的关键因素。因此，学习者分析是教学设计工作中非常重要的环节，包括一般特征分析、个性特征分析和初始能力分析。

（1）一般特征分析

学习者的一般特征是指学习者具有的遗传因素和环境相互作用下形成的，对学习产生影响的生理、心理及社会等方面的特点。它涉及学习者年龄、性别、心理发展水平、学习动机、人格因素、生活经验及社会背景等诸多方面，了解这些内容对教学设计是有帮助的。对学习者一般特征分析的方法主要有观察法、调查法、查阅文献法等。

（2）个性特征分析

个性又称人格，是一个人心理特征的总和。这些特征决定着人的外显行为和内隐行为，从而使其与他人的行为产生稳定的区别。对学习有重大影响的个性特征有动机与兴趣、智力与认知方式、性格与气质等。

（3）初始能力分析

学习者初始能力是学习者在学习特定的学科内容之前，已经具备的相关知识和技能，以及对相关内容的认识与态度等。学习者初始能力分析一般采用预测法，包括对预备技能的分析、对目标技能的分析和对学习态度的分析。

4. 教学目标的阐明

教学目标的阐明决定着教学方向、教学内容的确定，教与学活动的设计、教学策略和模式的选择与设计、学习环境的设计、学习评价的设计等。教学目标的阐明是教学设计中的一个重要环节。

（1）教学目标的分类

对教学目标进行分类可以使琐碎的目标变得有序，可以防止目标分析中的疏漏或偏颇。目前影响比较大的目标分类理论主要是布卢姆的教学目标分类理论。在该理论体系中，布卢姆将教学活动所要实现的整体目标分为认知、动作技能、情感三大领域，并从实现个人领域的最终目标出发，确定了一系列目标序列。其中，认知领域的目标分为识记、领会、运用、分析、综合和评价六级；动作技能领域的目标分为感知、准备、有指导的反应、机械动作、复杂的外显反应、适应、创新七级；情感领域的目标分为接受或注意、反应、评价、组织、价值与价值体系的性格化五级。

在我国，新课程标准强调，无论哪一门学科，都要在实现课程总体目标的基础上落实知识与技能、过程与方法、情感态度与价值观的三维目标。三维目标是当代知识观在教育中的体现，是知识的本质和价值在课程知识观中的体现。三维目标在具体的教学活动中是不可分割的，是统一的整体，可为当前教学目标的编写提供依据。

（2）教学目标的编写

在教学目标的编写方面，主要有两种不同观点。行为主义心理学家强调用可测量、可观察的外显行为来描述教学目标，而认知主义心理学家强调用内部心理过程来描述教学目标。尽管两种观点不同，但教育心理学家一致认为，教学目标的重点应说明学习者行为或能力的变化，而且能反映学习者在完成学习后能获得什么新的能力。教学目标是设计者或教育者从学习者的学习过程中提取出来的，而不是施加给学习过程的。因此，教学目标必须是特定而具体的，必须反映学习者的学习行为。教学目标的编写一般采用以下两种方法。

① ABCD 法。一个规范的教学目标应包括对象、行为、条件、标准四个要素。为了便于记忆，可把编写教学目标的方法简称为 ABCD 法。

A——对象（Audience）：要指明特定的教学对象，如果教学对象已经明确，则可以从目标中省去。

B——行为（Behavior）：教学目标中必不可少的要素，表明经过学习以后能做什么和应该达到的能力水平。通常情况下，使用一个动宾结构的短语来描述行为，其中动词是一个行为动词，它表明了学习的类型，而宾语则说明了具体的教学内容。

C——条件（Condition）：说明上述行为是在什么样的条件下产生的，所以在评价学生的学习效果时，也应以这个条件来衡量。

条件一般包括下列因素：环境、设备、时间、信息及学生或教师等有关人员的因素。比如，"在30秒内完成10个仰卧起坐"就规定了完成10个仰卧起坐的具体时间；再比如，"查字典，翻译下面的英语短文"就考虑了信息方面的因素。

D——标准（Degree）：表明了行为合格的最低要求。

② 内外结合法。行为目标虽然避免了传统目标中陈述含糊的不足，但它本身也存在缺陷，如它在很大程度上忽视了学习者内在的认知和情感的变化。因此，内部过程和外显行为相结合的教学目标阐明方法应运而生。

用内外结合法阐述的教学目标由两部分构成：第一部分为一般教学目标，用一个动词来描述学生通过教学所产生的内部变化，如记忆、知觉、理解、创造、欣赏等；第二部分为具体教学目标，列出具体行为样例，即学生通过教学所产生的能反映其内在心理变化的外显行为。

5. 教学模式的制定与教学策略的选择

在构建了教学目标后，接下来就要考虑"如何教""如何学"的问题，这就涉及教学模式的制定与教学策略的选择问题。

（1）教学模式的制定

教学模式是在一定的教学理论和学习理论指导下，为完成特定的教学目标和教学内容而围绕某一主题形成的比较稳定的简明教学结构理论框架及其具体可操作的教学活动方式。

在以教为主的教学模式中，比较有代表性的、对我国教育教学有较大影响的教学模式主要有先行组织者教学模式、五环节教学模式、情境—陶冶教学模式、示范—模仿教学模式等。

① 先行组织者教学模式是奥苏贝尔的有意义学习理论的一个重要组成部分。提供先行组织者的目的，在于用先前学过的材料去解释、整合和联系当前学习任务中的材料。该模式的教学过程主要由三个阶段构成，如图5-6所示。

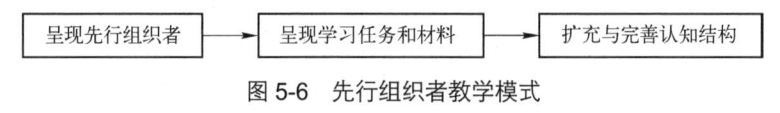

呈现先行组织者 → 呈现学习任务和材料 → 扩充与完善认知结构

图5-6　先行组织者教学模式

② 五环节教学模式源于赫尔巴特学派的"五段教学法"，后来由国内教育学家改造而成，如图5-7所示。

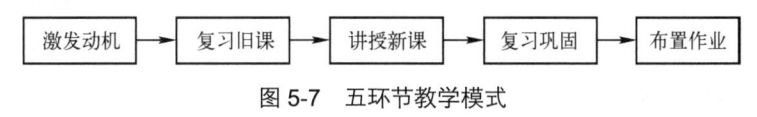

激发动机 → 复习旧课 → 讲授新课 → 复习巩固 → 布置作业

图5-7　五环节教学模式

③ 情境—陶冶教学模式又称暗示教学模式，是由保加利亚心理学家洛扎诺夫首创的，主要通过创设某种与现实生活类似的情境，让学生在思想高度集中但精神完全放松的情境下进行学习。通过与同学的充分交流与合作，提高学生的合作和自主能力，以达到陶冶修养和培养人格的目的。这是一种主要用于实现情感领域教学目标的教学模式，该模式的教学过程如图5-8所示。

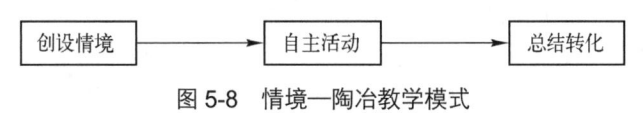

创设情境 → 自主活动 → 总结转化

图5-8　情境—陶冶教学模式

④ 示范—模仿教学模式是一种主要用于动作技能领域的教学模式,该模式的教学过程如图 5-9 所示。

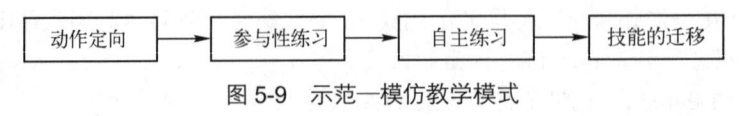

动作定向 → 参与性练习 → 自主练习 → 技能的迁移

图 5-9　示范—模仿教学模式

(2) 教学策略的选择

教学策略是指为了完成特定的教学目标而采用的灵活多样的教学方式,主要包括教学方法、教学组织形式的选择等一些具体教学问题。

① 教学方法的选择。教学方法是教师和学生为了完成教学任务,达到教学目标,将教学原则作为指导,借助一定的教学手段(工具、媒体或设备)而进行的师生互动的活动。在教学过程中,教师和学生都必须采取一定的方法,运用特定的形式和合适的媒体,才能顺利完成教学。

根据教学方法的外部形态及教师在课堂教学中使用的手段来分类,教学方法主要有以下五种。

以语言讲授为主的方法:讲授法、谈话法、讨论法等。

以直接感知为主的方法:演示法、参观法等。

以实际训练为主的方法:练习法、实验法、实地作业法等。

以欣赏活动为主的方法:欣赏法等。

以引导探究为主的方法:发现法等。

由于教学学科、教学内容、教学目标,尤其是教学对象的不同,教师所选用的教学方法也应该不同。选择教学方法主要依据教学目标和教学学科的特点、教学内容、学生的实际情况及教师本身的素养条件。从实践结果来看,讲授法、谈话法对学生记忆类的学习有帮助,而讨论法、练习法、实验法对学生在学习过程中理解概念或原理有较好的帮助。如果从学科的角度进行归纳,在文科类的教学中,使用讲授法、谈话法、讨论法所取得的效果较好;而在理科类的教学中,演示法、练习法、实验法所取得的效果较为理想。

② 教学组织形式的选择。教学组织形式是指在教学过程中,师生的共同活动在人员、程序、时空关系上的组合形式。当前教学组织形式主要有班级授课、个别化学习和小组学习三种类型。三种教学组织形式各有其适用的方面。为了达到优化教学效果的目的,在制定教学策略时必须进行综合考虑,取长补短,逐渐减少教师的集体授课时间,更多地安排个别化学习和小组学习,使学生能积极、主动地参与到教学过程中,从而提高其各方面的素质能力。

6. 教学媒体的选择和运用

(1) 选择教学媒体的依据

选择教学媒体可根据教学目标、教学内容、教学对象和教学条件等因素进行。媒体在教学中的使用目标可以分别表述为展示事实、创设情境、提供示范、呈现过程、设疑思辨等。

(2) 选择教学媒体的方法

① 确定教学媒体的使用目标。应依据知识点的学习目标,认真分析教学内容,确定教学媒体的使用目标,即确定在完成该学习目标时媒体在教学中的作用。由于教学过程是复杂、动态的,教学内容、教学对象、教学方法不同,教学媒体所起的作用也不同。而且,同一种媒体随着使用方式的不同,对实现教学目标的作用也是不同的。

② 选择教学媒体的类型。依据教学媒体的使用目标和教学对象的特点，按照教学媒体层次的划分，选择合适的媒体类型。

③ 确定教学媒体的内容。媒体类型确定后，可查阅资料目录，确定所选媒体的具体内容。如果现有媒体内容合适，则可在教学中使用；否则可通过选编、修改、重新制作等方法来确定内容合适的媒体。

此外，在选择媒体时也可以采用媒体选择最小代价原则，可使用流程图选择法、矩形选择法、问卷选择法等。

（3）教学媒体的运用

教学媒体的运用要讲究使用方式和出示的时机，并且只有精心设计后才能在教学中起到应有的作用。

① 教学媒体的使用方式。教学媒体的使用方式包括：设疑—演示—讲解；设疑—演示—讨论；讲解—演示—概括；讲解—演示—举例（或学生讨论）；演示—提问—讲解；演示—讨论—总结；边演示、边讲解；边演示、边议论；学习者自己操作媒体进行学习；其他方式。

当然，媒体的使用方式远远不只上述几种，在教学中可根据教学设计需要自行创造更多、更好的使用方式。

② 出示教学媒体的时机。出示教学媒体的最佳时机主要有以下几个时间段：学生的心理状态由无意识向有意识转换时；学生的心理状态在有意注意与无意注意之间相互转换时；学生的心理状态由抑制向兴奋转换时；学生的心理状态由平静向活跃转换时；学生的心理状态由兴奋向理性升华时；学生的心理状态进入"最近发展区"，树立更高的学习目标时；鼓励与激励学生的求知欲望时；鼓励学生克服畏难心理、增强信心时；满足学生表现成功欲望时。

7. 教学评价设计

教学评价是教学设计的重要因素之一，无论是对教学设计中涉及的多种因素的评价，还是对教学设计结果的肯定或否定、修改及完善等，评价活动始终给予教学设计价值体现，引导教学设计活动朝着实现预定目标方向前进。

（1）教学评价的含义

教学评价是指按照一定的教学目标，运用科学可行的标准和方法，对教学活动的过程及结果进行测量和价值判断的过程。从以上定义可以看出以下两点。

① 教学评价是按照教学目标进行的，明确教学目标是进行教学评价的前提，因此，教学目标的分类理论与方法及当代教育目标理念的发展变化主导着教学评价的进程和方法，是制定教学评价指标的依据。

② 教学评价是对教学过程、教学成果的价值判断。这说明教学评价既涉及过程又涉及结果。

（2）教学评价的类型

依据不同的分类标准，教学评价可划分为多种类型。下面介绍按照评价的功能划分的几种类型，以便教师在实践中选择使用。

① 诊断性评价。这种评价又称教学前评价或前置评价，一般是在某项活动开始之前，为使计划更有效地实施而进行的评价。通过诊断性评价，可以了解学生学习的准备情况，也可以了解学生学习困难的原因，由此制定适当的教学策略。

② 形成性评价。形成性评价是在教学进行过程中，为引导教学前进或使教学更完善而进行的对学生学习效果的确定。通过形成性评价，能及时了解阶段教学的效果、学生学习的进展情况及存在的问题等，以便及时反馈以改进教学工作，如一个单元活动结束时的评估，一个章

节后的小测验等。形成性评价一般是绝对评价,即它着重判断前期工作的达标情况。

③ 总结性评价。总结性评价又称事后评价,一般是在教学活动告一段落时,为把握最终的活动成果而进行的评价。例如,每个学期各门学科的期末考核、考试,目的是验明学生的学习是否达到了各科教学目标的要求。总结性评价注重的是教与学的效果,借此对被评价者所取得的成绩做出全面鉴定,区分出等级,对整个教学方案的有效性做出评定。对于提高教学质量来说,重视形成性评价比重视总结性评价更有实际意义。

（3）教学评价设计的步骤

教学评价设计通常包括制订评价计划、选择评价方法、试用设计成果和收集资料、归纳和分析资料、报告评价结果等工作。

① 制订评价计划。这部分工作是一项基础性的工作,主要包括确定应收集的资料、评价标准、评价条件和评价者。

② 选择评价方法。不论收集哪种类型的资料都要借助某些方法,在教学系统设计成果的形成性评价中,主要使用测验、调查和观察三种评价方法。这三种方法在收集资料方面各有所长,如测验适合收集认知目标的学习成绩资料;调查适合收集情感目标的学习成绩资料;观察适合收集技能目标的学习成绩资料。此外,调查和观察还经常被用来收集教学过程中的各种资料,前者适合收集学生、教师和管理人员对教学的反应资料;后者适合收集设计成果的使用是否按预定计划进行的资料。

③ 试用设计成果和收集资料。这是两项不同性质的工作,但几乎是同时进行的,前者是手段,后者是目的。

④ 归纳和分析资料。评价者获得了一系列所需的资料后,可对资料进行深入分析,并在此基础上酝酿设计成果的修改方案。

⑤ 报告评价结果。由于修改设计成果的工作不一定立即进行,也不一定由原设计者来做,因此需要把试用和评价的有关情况和结论形成书面报告。评价报告以简明扼要为宜,具体资料如各种数据、访谈记录、分析说明等可以作为附件。

5.2.3 以学为主的教学设计模式

以学为主的教学设计主要研究如何设计教学才能帮助学生学,即树立以学为主的教学观,帮助学生将现代教育技术作为认知工具和学习资源去进行探索学习。由于长期以来课堂教学一直受教师主导且在教师的组织下进行,因此讨论更多的是如何教的问题,对于如何设计帮助学生学的论述较少。近年来,随着信息技术的飞速发展及建构主义理论的兴起,人们开始越来越关注课堂教学中如何更好地发挥学生的主动性。以学为主的教学设计主要包括教学目标、学习者、教学主题、教学情境、教学资源、教学策略和教学评价等要素,这些要素构成了以学为主的教学设计模式,具体如图 5-10 所示。

以学为主的教学设计模式描述了教学设计的基本过程,在实施时,可以根据实际情况灵活把握。

从图 5-10 可以看出,以学为主的教学设计模式主要包括教学目标分析、学习者特征分析、教学主题确定、教学情境设计、教学资源设计、教学策略设计和教学评价设计等环节。下面对其中的部分环节进行介绍。

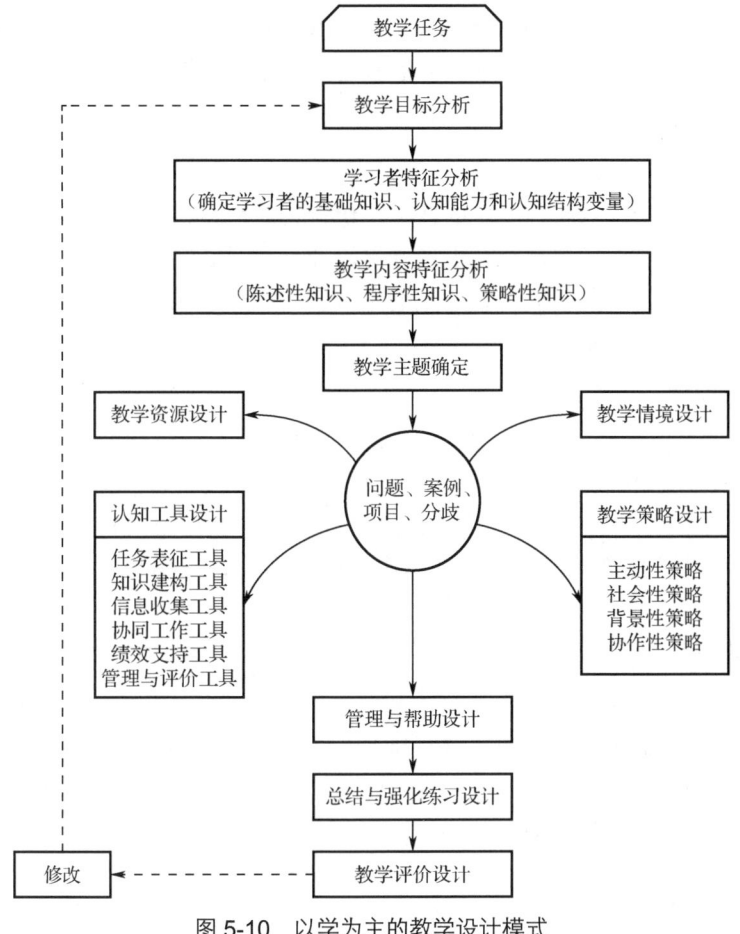

图 5-10　以学为主的教学设计模式

1. 教学目标分析

以学为主的教学设计模式依据知识单元的学习任务确定教学目标。教学目标能反映通过该知识单元的学习后，学习者应该掌握的基本知识、基本技能，以及情感的变化和解决问题能力的形成等。

教学目标不是基于单一知识点，而是基于知识单元，因此具有整体化的特点。教学目标的表述仍然采用内外结合的方式，但在描述外在行为变化的同时，要更加注意内在情感的变化和能力的形成，通常采用较宽泛的行为动词（如了解、掌握、学会、树立等）来描述，具有一定的弹性。

2. 学习者特征分析

在以学为主的教学设计模式中，影响学习者学习效果的因素，除了在以教为主的教学设计模式中考虑的一般特征、个性特征和初始能力等因素外，还有一个重要的因素，那就是学习者的信息素养。

3. 教学主题确定

教学主题的确定是以学为主的教学设计模式的核心。应在认真分析教学目标、学习者特征、教学内容特征的基础上，提出要达到教学目标需要解决的关键问题。这个问题的解决过程，就是完成该知识单元学习的过程。

所设计的问题不应该是简单且轻而易举就可以找到答案的问题，而应该是有一定的难度，可涵盖该知识单元的学习任务，并和现实生活有密切联系、需要学习者付出努力才能找到解决方法的实际问题。

4. 教学情境设计

建构主义者认为，学习总是与一定的社会文化背景即情境相联系的，因此设计与当前学习主题相关的、尽可能真实的情境，有利于唤醒学习者长时记忆中有关的知识、经验或表象，从而使学习者能利用自己原有的认知结构中的有关知识与经验去消化当前学习的新知识，或者对原有认知结构进行重组与改造。

5. 教学资源设计

教学资源是指支持学生进行自主学习的各种必要条件。在现代信息技术条件下，教学资源主要包括各种 CAI 课件、网络课程、教学平台、信息资源等。丰富的教学资源是建构主义学习必不可少的条件。教学资源设计是指确定教学资源的种类及每种资源所起的作用。在进行教学资源设计时，必须详细考虑学生解决问题时需要查阅哪些资料，需要了解哪方面的知识。

6. 教学策略设计

以学为主的教学设计模式应能激发学生的积极性和主动性，充分体现学生的主体地位，包括自主学习和协作学习两个方面，这是学生进行意义建构的基础。自主学习的具体形式较多，但无论什么形式都要求学习者自主探索、自主发现。常见的自主学习策略主要有支架式、抛锚式、启发式、探究式、学徒式、随机进入式等。在选择自主学习策略时，需要考虑主客观条件。主观条件指学习者的智力因素和非智力因素，客观条件指知识内容的特征。

协作学习是在个人自主学习的基础上进行小组讨论、协商，以进一步完善和深化对主题的意义建构。整个协作学习过程均由教师组织引导，讨论的问题也均由教师提出。

7. 教学评价设计

以学为主的教学设计模式不仅重视学习效果的评价，而且重视学习过程的评价，在评价方法上多采用案例、量规和档案袋等形式。

（1）案例评价

在案例评价中，由教师根据学习任务给出解决该类问题的典型范例。这些范例可以是教师或其他人完成的，也可以是以前的学生完成的。

学生可以参照这些范例中解决问题的思路、方法，对照自己的学习过程和成果进行自我评价，也可以与同学进行互评。

（2）量规评价

量规是一个为评估工作（作业或产品）和获取反馈信息而使用的评分标准。它是一种结构化的定量评价工具，可操作性强，准确性高，常用来评价、管理和改善学习行为。

量规有一套等级标准，每个被认为重要的评价方面、元素都有一个等级指标，每个元素的等级指标都由几个等级组成，并用于描述不同的绩效水平。如在评价多媒体课件时，可以把课件内容、教学设计、制作技术、操作应用等作为重要的评价指标，在每个指标中，根据实际情况进一步细化二级或三级指标，并分别描述不同指标的绩效水平。具体描述可以参见表 5-1。

表 5-1　多媒体课件评价指标体系表

一级指标	二级指标	评 价 标 准	权重	合计
课件内容	选题	选题有价值，具有典型性，重点突出，主次分明，能解决教学中的重/难点问题	8	20
	内容组织	内容编排逻辑合理，符合学习者的认知规律	6	
	资源扩展	提供丰富的与课件内容密切相关的多种资源	6	
教学设计	学习目标	有明确的学习目标和教学基本要求	10	25
	信息呈现	媒体选择恰当，能激发和维持学习者的学习动机与兴趣	10	
	练习评价	提供不同层次的练习和及时有效的评价反馈	5	
制作技术	素材质量	图片视频清晰，音效质量高，动画生动有趣，媒体格式符合有关技术标准	13	30
	界面设计	界面设计简洁、美观，布局合理，风格统一，色彩协调，重点突出，搭配得当	13	
	安全可靠	课件能正常、可靠运行，各功能按钮能正常工作，没有链接中断或错误情况，没有明显的技术故障	4	
操作应用	操作使用	操作方便，使用简单	10	25
	导航链接	导航明确，设计合理，链接明显易辨，准确无误	10	
	帮助说明	有明确、清晰的指导说明	5	

为了使学习者更清楚地了解学习的要求，教师可以设计一套评价体系，供学习者对照检查，这种评价体系应简单、明确，便于操作。学习者通过使用评价体系，可以明确自己在学习过程中应该如何做，做到什么程度。

（3）档案袋评价

档案袋评价（Portfolio Assessment）是一种典型的基于过程的评价。随着当代信息技术的广泛应用，出现了各种各样的电子档案形式，推动了档案袋评价的迅速发展。

档案袋又称文件夹，是依据一定的目的，收集反映学生学习过程中所做的努力、取得的进步、最终成果及学习反思的一整套材料，是对个人评价的系统收集。依据使用目的、提交对象等不同，档案袋可以有不同的种类。以档案袋的不同功能为标准，常见的学习档案袋主要有三种类型：描述学生进步的档案袋、展示学生成就的档案袋和评估学生状况的档案袋。

学习档案袋的制作一般包括规划设计、选择材料、反思交流三个阶段，其中最重要的就是规划设计档案袋，以保证学习档案袋的质量和扩展性。

5.2.4　主导—主体教学设计模式

主导—主体教学设计模式（简称"双主"模式）是何克抗教授在奥苏贝尔的有意义学习理论、动机理论、先行组织者教学策略及建构主义学习理论与教学理论指导下提出的将以教师为主导、以学生为主体相结合的教学设计模式。此模式将以教为主和以学为主的教学设计模式有机结合，避免了在教学过程中单纯使用一种教学设计模式而产生的教学时单方面（教师或学生）主导教学而出现的"满堂灌"或"盲目学"等现象，使学生能够采用更合理的学习策略掌握学习内容，提高自学能力，如图 5-11 所示。

1. 理论基础

奥苏贝尔的有意义学习理论、动机理论和先行组织者教学策略是以教师为中心的教学结构的主要理论基础，建构主义学习理论与教学理论则是以学生为中心的教学结构的主要理论基础。这两种教学结构都有其优点与不足。现将二者结合起来，取长补短、优势互补，可相得益彰，形成比较理想的教学结构。

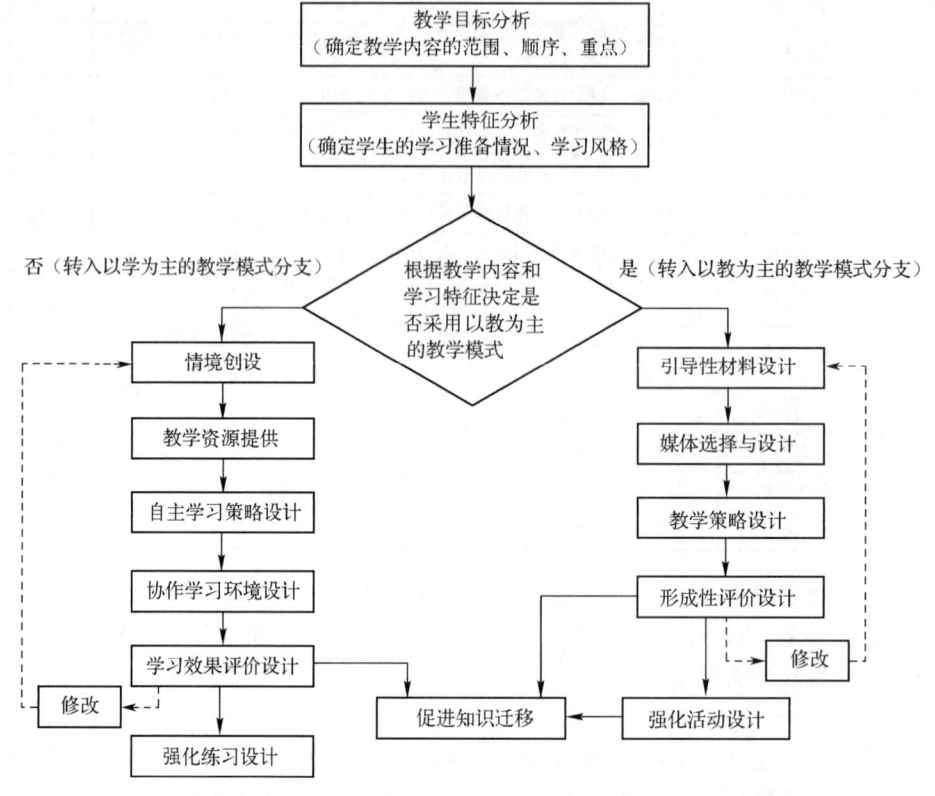

图 5-11　主导—主体教学设计模式

2. 过程与模式

可根据教学内容和学生的认知结构情况灵活选择以教为主或以学为主教学模式，如传递—接受教学或发现式教学。在传递—接受教学过程中基本采用先行组织者教学策略，也可同时采用其他教学策略作为补充，以达到更佳的教学效果。在发现式教学过程中可以充分吸收传递—接受教学的长处，考虑情感因素的影响。

斯坦福大学教育学和心理学教授李·舒尔曼博士，在其教育理论专著《范式与课题》中精心"勾画"过一幅教学研究概括图，整合各种研究课题之间存在的重要联系。其核心内容有教师和学生是教学研究的主要因素，教学活动则是教师与学生的共同工作（活动），师生双方的三种属性潜在地决定了教室里的教和学，它们是能力、行动和思考；教学活动发生在不同的背景之下；教师与学生通过教学内容实现交互作用。

教学实践证明，学生知识的获得、技能的提高、创新的源头在很大程度上来源于课堂教学（教师、学生共同）活动，并且"学生主体"始终未离开过"教师主导"，结合新课程标准的理念，可以认为：教学活动可以作为联系师生双方的第三个维度。在这三个维度构成的空间中，能够充分展示教师的主导作用、学生的主体意识，承载新课程标准的基本理念。因此课堂教学评价应该聚焦于这个空间。

3. 关于教师

教师是联结学生与教材的纽带，是教学主体化的先导，其作用在于引导、指导示范、反馈矫正与点拨。

（1）引导

虽然近年来关于建构主义学习理论下的教学改革很有气势（也很有成果），行为主义（外界刺激与行为体间的有效结合）学习理论及实践几乎销声匿迹，但是很多成功的课堂教学实例与教学经验表明：行为主义学习理论也有极其重要的地位，未必要先"构建"再"认知"，通过"构建"去"认知"与通过行为体的"刺激"去"认知"虽属不同理论指导下的两种学习行为（或许一堂课不可能将其同时展示出来），但两种行为的引导都离不开教师。课堂教学评价不应该拘泥于教学方法的选择，"循循善诱"应涵盖丰富的新观念。

（2）指导示范

以数学课程为例，传统的数学课程体系基本是严格按照学科体系展开的，较少重视学生自己的经验，虽然能对学生的知识储备起到作用，但是学生的视野、主动与创造精神受到抑制。这里的指导示范应建立在充分暴露学生头脑中那些非正规的数学知识和数学体验基础上，使其发展为科学的结论，并从中感受到数学的乐趣，增进学好数学的信心，形成应用意识、创新意识。在这个环节中，教师角色应由传统的课程体系的灌输者转变为教育学意义上的对话者。

（3）反馈矫正

因课堂教学内容的不同，自然会出现传统讲解法与新潮探究式教学法的选择，或许前者较易掩盖问题与矛盾，但后者所需时间与知识容量间的矛盾也是显然的。这就要求教师充分地了解学生并有预见性。一般认为学生无问题可问或者找不出问题的一堂课必定存在着重大问题，所以教师应站在学生的角度指导学生收集问题、整理问题、解决问题，而这将成为一个重要的评价指标。

（4）点拨

教师无法代替学生的思维。较高的点拨艺术需要教育学、心理学技术的综合。"豁然开朗""于无声处"见"成果"则是点拨的较高境界。

4．关于学生

下文仍以数学课程为例进行讲述。

（1）参与投入

由于知识并不是主体对客观实际的简单、被动反映，而是学生以自身已有的知识和经验为基础的一个主动的建构过程，同时学生的学习活动是在一个特定的环境里，在教师的直接指导下进行的，所以学生的学习活动是一种特殊的建构活动。

（2）展开

有一个普遍的现象：刚开始时，"差生"的状态并不差，除了保持注意力及其他非智力因素外，还有一个重要的原因就是，现行教材的每单元、每小节，总是以非常基础的知识点，甚至以常识为例展开新环节。正是在这个关键点——展开新环节处，"差生"暴露出了"无为"，严重妨碍了新知识、新信息的接受，时间一长，"差生"才真正成了差生。展开的过程便是学生将实际问题抽象成纯数学问题（实际问题数学化）的过程，教师应帮助学生学会"数学地"思考，学会"数学地"观察世界，而这将影响到学生科学世界观的形成。

（3）深入

数学知识的获取、能力的提高、教学进程的推进呈螺旋式上升模式，学生的数学知识储备面之所以不断扩大，就在于逻辑思维与非逻辑思维能力的协调。数学知识的创新主要靠想象、直觉、顿悟等非逻辑思维方法，而不是靠严格的推理论证；同时，若没有严格的推理论证，创新"成果"就经不起推敲，也就难成"正果"。数学课程教学正是让学生"领悟"这个过程，并引导学生进入科学研究领域，形成科学的世界观。比如，"触摸"概念，发现定理，认识定理并证明、应用定理，便是数学课程教学的较高境界。当然并不是每节课都会有定理，倘若学生能不拘泥于"参与投入""展开"状态，在教师的积极引导下，总结或发现新观点、新方法，也是"深入"的精华所在。这个环节包含了极其丰富的数学思想（类比、联想、发现、论证、创新）及诸多的教育心理学技巧（兴趣、注意力、意志的调动与培养）。

（4）拓展

数学源于实践，又最终为实践服务。经过"参与投入""展开""深入"历程之后，应用才是目标，将前三段历程的积累进行"拓展"，是课堂教学的最高目标和境界。

数学课程标准要求"把宝贵的精力放在创新与互动上"，从一个侧面强调了数学课程教学中"拓展"环节的重要性与必要性，该环节是创新的"分流"和"实验场"。

5. 关于教学活动

教学活动的核心是重视学生对知识发生过程的心理体验、心智感受，并不断上升为理性的判断与创新，直至创新能力形成。具体到数学教学活动，其核心观念是在数学教育中指导学生，将数学知识/方法体系与使学生体验数学知识/方法的过程并重，提高学生的数学素养与基本素质。

（1）材料组织化

有数学教学大纲指出，在数学教学中应使学生通过背景材料，运用已有知识进行观察、实验、比较、猜想、分析、综合、抽象和归纳，将实际问题抽象为数学问题，建立起数学模型，从而解决问题，拓宽自己的知识面。可见，进行一系列数学知识应用的前提是不断地将背景材料加工、整理、组织的过程。该环节还有一个主要任务：在学生有个性差异的前提下，使不同层次的学生都在适合自己的状态，即在材料的组织内容和要求上有一定的弹性，以体现不同的教学要求。

（2）材料逻辑化

材料逻辑化主要针对新信息技术环境下的数学教学。教师在进行教学设计时应注意体现以人的发展为本，突出学生的主体性和主动性，以学生为中心，以情境创设为前提，以问题驱动为导向，引出每节课的学习主题，学生围绕主题查阅信息资料，自主学习或与同学协作学习或与教师交流。教师通过网络及时收集学生的反馈信息，进行指导和帮助，学生通过思考探索，对获取的信息进行判断和逻辑推理，完成对学习主题的理解、掌握、应用和建构。

（3）材料数学化

教学活动力求体现知识的发生过程、对规律的探求和发展过程。在教师的指导下，通过观察、操作、分析、比较，由学生自己去发现关系、性质和方法，并做出合理的判断，让学生在做数学题的过程中学会"数学化"。

（4）内化

学生活动也可能启示教师的再活动（信息扩充、教学法创新、材料重组）。这个活动是师生间互动、学生间互动的产物，将使教材应用生命化、教学活动灵魂化。

5.3 典型教学设计案例分析

教学设计理论除了被运用于各类教学软件的设计与开发中外，还被广泛应用于各种课堂教学中，随着教育技术的不断深入应用，形成了各种各样的教学设计模式和方案，但不外乎是以教为主、以学为主、主导—主体三种教学设计模式的具体应用。本节针对这三种模式提供三个案例：一是以教为主的教学设计案例，二是以学为主的教学设计案例，三是信息化教学设计案例，设计方案大致内容包括学习者分析、教学内容、教学重/难点、教学策略、教学过程等，由于各学科的特点和内容不尽相同，所以给出的教学设计案例在形式上也略有不同。希望能借此起到一个抛砖引玉的作用。

5.3.1 以教为主的教学设计案例

以小学语文趣味动物篇课文《蜘蛛会被自己织的网粘住吗》为例进行教学设计的案例如下。

【概述】

本文选自自编课本，具体内容如下：这是一则知识性短文，写的是蜘蛛会织网捉虫，苍蝇、蚊子碰到网就被粘得牢牢的，想逃也逃不了；而蜘蛛身上有一层油，在网上爬来爬去也不会被粘住。

【学习者分析】

1. 学生原有认知结构中有对"油脂"的感性认识及其并列组合概念"水"的相关知识。
2. 学生思维活跃，能跟上教师的思路，并能用完整的话回答教师的提问。
3. 学生学习不具有自觉性，需要教师设计好教学环节，并给予充分的关注和指导。

【教学内容与学习水平的分析与确定】

课文名称	知识点	学习水平			
		识记	理解	应用	分析综合
蜘蛛会被自己织的网粘住吗	（1）字：蜘、蛛、织、网、粘、结、苍、蝇、蚊、碰、牢、逃、油、脂、层	√	√		
	（2）了解蜘蛛的特点；理解蜘蛛为什么不会被自己织的网粘住		√		
	（3）能理解课文的含义，正确、流利、有感情地朗读课文		√		

知识点	描述语句
（1）	正确读出字音，分析字形，正确拆分，正确编码
	理解字、词的意思
（2）	了解蜘蛛的特点；理解蜘蛛为什么不会被自己织的网粘住
（3）	理解课文的含义

【教学重/难点分析】

理解蜘蛛为什么不会被自己织的网粘住。

【教学媒体的选择和运用】

知识点	多媒体网络资源、工具的形式与来源	多媒体网络资源、工具的主要内容	使用时间	多媒体网络资源、工具的作用	使用方式或教学策略
（1）	自编课件1	生字的音、形、义、扩词	8分钟	创设情境	教师演示 传递—接受
（2）	自编课件2	课文录音，专家解说	8分钟	提供资源	教师演示 传递—接受
（3）	自编课件3	课文录音	3分钟	提供资源	示范—模拟

【课堂教学结构的设计】

知 识 点	题目内容	引导或答案
（1）	读音节，写汉字 zhī zhū （ ）　　cāng yíng （ ）　　wén zi （ ） zhī wǎng （ ）　　yóu zhī （ ）　　zhān zhù （ ）	蜘蛛、苍蝇、蚊子、织网、油脂、粘住
（2）	蜘蛛为什么不会被自己织的网粘住呢？	因为它身上有一层油

【案例分析】
思考交流：上述案例有哪些优点？

5.3.2　以学为主的教学设计案例

【概述】
这是澳大利亚门尼·彭兹中心小学所做的教学改革实验（抛锚式教学）。
实验班为小学六年级，30名学生，教师的名字是安德莉亚。
教学内容：关于奥林匹克运动会。

【教学设计】
首先，安德莉亚鼓励她的学生围绕这一教学内容拟定若干题目，如"奥运会的举办历史""澳大利亚在历次奥运会中的成绩"等。确定与题目密切相关的真实性事件或问题作为学习的中心内容，并要求学生用多媒体课件形式直观、形象地把自己选定的题目表现出来。

在图书馆和网络上查阅资料以后，米彻尔和沙拉两位同学合作完成了一个关于奥运会历史的多媒体演示课件。在向全班同学播放这个课件以前，安德莉亚提醒大家注意观察和分析课件表现的内容及其特点。

播放后，安德莉亚立即组织讨论。一位学生说，通过奥运会举办的时间轴线，他注意到奥运会是每4年举办一次；另一位学生则提出不同的看法，他认为并不总是这样，如1904年、1906年和1908年这几届是每两年举办一次；还有一些学生则注意到1916年、1940年和1944年没有举办奥运会。

这时安德莉亚提出问题："为什么这些年份没有举办奥运会？"有的学生回答可能是这些年份发生了一些重大事件；有的学生则回答可能发生了战争；有的学生则更确切地指出1916年停办是由于爆发了第一次世界大战，1940年和1944年停办是由于爆发了第二次世界大战。

经过讨论和协商，学生们认为有必要对米彻尔和沙拉的多媒体课件进行两点补充：①说明第一、第二次世界大战对举办奥运会的影响；②对初期的几次过渡性（两年一次）奥运会做出特别的解释。

这时候有位学生提出要把希特勒的照片放到时间轴上的1940年这一点上，以说明是他挑起了第二次世界大战。安德莉亚询问全班同学："有无不同意见？"沙拉举起手，高声回答说："我不同意用希特勒的照片，我们应当使用一张能真实反映第二次世界大战给人民带来巨大灾难的照片，以激起人们对希特勒的痛恨。"安德莉亚对沙拉的发言表示赞许。

【点评】
（1）教师的教学目标主要是让学生建立一个有关奥运会某个专题的情境（多媒体课件），并以奥运会的举办历史或澳大利亚在历次奥运会中的成绩这类真实性事件或问题作为"锚"（学习的中心内容），激发学生的学习兴趣和主动探索精神，再通过组织讨论，逐步引入有关教学内容。

（2）学生始终处于主动探索、主动思考、主动建构意义的认知主体位置，但是又离不开教师事先所做的、精心的教学设计（目标指向）和在协作学习过程中画龙点睛的引导；教师在整个教学过程中说的话很少，但是对学生建构意义的帮助却很大，充分体现了教师指导作用与学生主体作用的结合。

（3）整个教学过程围绕建构主义的情境、协作、会话和意义建构这几个认知环节自然展开，且自始至终是在多媒体教学环境下进行的（同时借助网络实现资料查询），所以是通过信息化教学工具实现建构主义抛锚式教学的良好案例。

5.3.3 信息化教学设计案例

摘　　要				
教学题目		杨氏之子		
所属学科	小学语文	学时安排	2	年级	五年级
所选教材		人教版小学《语文》五年级下册		
一、学习内容分析				
1．学习目标描述（知识与技能、过程与方法、情感态度与价值观）				
（1）知识与技能：紧扣重点词句，感悟杨氏之子的"甚聪惠（今同'慧'）"。 　　　　　　　　体会故事中孩子应对语言的巧妙，体会字里行间浓郁的生活情趣。 （2）过程与方法：在朗读中感悟，熟读成诵，培养语感，发展思维。 （3）情感态度与价值观：学会尊重他人，发展思维				
2．学习内容与重/难点分析（学习内容概述、知识点的划分、知识点之间的关系及其他必要的信息）				
抓住重点词句，通过多种形式的朗读与对话，感悟杨氏之子的"甚聪惠"				
项　　目		内　　容		应　对　措　施
教学重点		抓住重点词句，通过多种形式的朗读与对话，感悟杨氏之子的"甚聪惠"		让学生课外通过信息技术补充了解《世说新语》
教学难点		古文的理解方面有点儿难		让学生通过网络多接触古文，分析、理解古文
二、学习者特征分析（说明学生的一般特征、个性特征、初始能力等）				
（1）一般特征：能独立使用计算机，能熟练使用课件和进行网络交流。 （2）个性特征：有轻松、活泼的学习风格，以交流为主，能主动学习，发挥学习积极性。 （3）初始能力：有独立使用计算机的能力，可以上网浏览并提取相关信息素材。 　　　　　　　会使用PowerPoint软件进行教学和学习设计				
三、学习环境选择与学习资源应用				
1．学习环境选择（打√，如☑）				
（1）简易多媒体教室☑		（2）交互式电子白板☐		
（3）网络教室☐		（4）移动学习环境☐		
2．学习资源应用				

知　识　点	媒体类型	媒体内容要点及来源	教 学 作 用	使 用 方 式
明确要求	课件	百度文库	创设情境，引发动机	边播放边讲解
交流评价	专题学习网站	老百晓在线	补充知识，启发思维	播放—讨论—总结
结合注释自学	网络文章	人教论坛	课外补充，开阔视野	讲解—播放—举例
总结，布置作业	课堂作业本	课堂作业本	归纳总结，复习巩固	结合注释学习一篇古文

3. 板书设计

<pre>
              杨氏之子   甚聪惠
              杨——杨梅   反应快
                        会听
              孔——孔雀   会说
</pre>

四、流程与活动设计

1. 教学流程设计

简单介绍教学环节及流程，说明每个环节中的教师活动、学生活动及媒体应用策略，推荐使用图示加文本的方式描述。

<pre>
杨氏之子 ──→ 揭示题目，激发兴趣 ──PPT──→ 明确要求 ──PPT──→ 朗读课文
                                                              ↓
汇报交流 ←── 初步成文 ←── 个别字词理解 ←── 掌握课文大意
         教师指导点评↓   教师指导   教师巡视指导
   总结 ──→ 布置作业 ──→ 结束
</pre>

2. 学习活动索引设计（依据教学流程将学生学习活动依次填入下表）

序号	活 动 内 容	使 用 资 源	学 生 活 动	教 师 活 动	备 注
1	观看PPT、词语手册资料	老百晓在线	学习生字	指导	
2	结合课文注释，掌握课文内容	PPT	课外拓展	指导	

3. 教学实施方案

教 学 环 节	教 师 活 动	学 生 活 动
创设情境导入	播放课件，明确学习要求	了解学习要求
观看PPT	指导	初步掌握课文，了解文言文
课外拓展，总结	在学习本文的基础上拓展	初步成文，并交流杨氏之子的"甚聪惠"

五、评价方案设计

1. 评价形式与工具（打√，如☑）

（1）课堂提问☑　　　　　（2）书面练习☐　　　　　（3）制作作品☐

（4）测验☐　　　　　　　（5）其他☐

2. 评价表内容（测试题、作业描述等）

（1）学习后能基本了解课文大意并能复述、理解"聪慧"之意。

（2）课外拓展，了解徐孺子、谢太傅兄女等聪慧的表现。

六、备注（技术环境下的课堂教学管理思路、可能存在的教学意外及应急预案等）

（1）教学目标控制不得力：由于多媒体让教师"脱掉"了边讲边板书的模式，因此知识点切换较快，容易导致学生思路跟不上，因此要控制教学的时间和速度。

（2）教学目标实施不理想：对于信息化软件的操作有时候还不熟练，导致有些教师消耗大量时间在软件操作上，因此，熟悉软件操作很重要，需要提前掌握所要使用的软件。

【本章小结】

  教学设计是以教学过程为研究对象，以优化教学效果为目的，以学习理论、教学理论、传播理论为基础，运用系统方法分析教学问题、确定教学目标、设计解决教学问题的策略方案、试行解决方案、评价试行结果和修改方案的过程。本章主要系统地介绍了教学设计的常见模式——教学设计的一般模式、以教为主的教学设计模式、以学为主的教学设计模式及主导—主体教学设计模式，并针对其特点及优势与不足，结合了具体的教学设计流程进行分析。教师通过了解这些常见的教学设计模式，结合具体的教学实践环节，能达到灵活设计课堂教学、把控正常课堂教学的程度，形成具有一定特色的教学设计。

  教学设计是一个系统化的过程，同时又是一个充满创造性的过程。对于教师而言，首先应该掌握教学设计的基本过程，充分了解不同教学设计模式的特点，结合具体的教学内容和学习者分析，才有可能不拘泥于基本规范来进行教学设计的创新与发展。这些都要求教师在今后的教学实践中不断探索、总结教学设计的基本规律，从而更好地实现教学过程最优化。

【思考与练习】

1. 教学设计的含义是什么？
2. 对教学设计的一般模式进行分析。
3. 简述教学设计应该注意的问题及进行教学设计的意义。
4. 三种常见教学设计模式的优缺点是什么？请进行比较分析。
5. 如何做好信息化教学设计？
6. 结合教学设计的基本模式，自选一节教学内容，进行教学设计。

第 6 章
现代教育技术在基础教育中的应用

【本章导读】

随着教育信息化的深入发展,大量现代教育技术被应用于中小学和幼儿园的教学、科研和管理工作中,改变了传统基础教育的模式、内容和方法,促进了基础教育的改革与发展,同时也改变了师生传统的教与学方式。了解与掌握中小学数字化校园的相关理论知识、结构及实践技术,对于提高基础教育教学质量、管理水平,探索信息化校园(智慧校园)的建设,促进中小学和幼儿园教师的终身发展有着十分重要的意义。

【本章学习目标】

通过对本章的学习,将实现下列学习目标:
- 了解智慧校园的概念。
- 了解智慧校园应用系统的类型和功能,会使用相关教学管理系统。
- 了解信息化教学环境的构成,掌握信息化教学常用工具的使用。
- 掌握信息化教育资源的相关开发技术,能开发设计基础教育资源。
- 学会利用信息化手段接受继续教育、终身学习,以及从事教学与科研活动。

6.1 智慧校园及其应用系统

6.1.1 教育信息化与教育现代化

1. 教育信息化

20 世纪 90 年代,随着信息技术(Information Technology,IT)在社会各领域的广泛应用,特别是在教育领域的深入应用,教育信息化的概念开始形成。90 年代末,我国政府正式开始使用"教育信息化"这一概念。

教育信息化(Educational Informatization)有两个方面的含义:一是指把提高信息素养纳入各层次教育目标,开展普适的信息素质教育,以培养适应信息社会发展的各类人才;二是指把信息技术手段有效应用于教育教学管理与科研,在先进的教育思想指导下,积极应用信息技术,深入开发、广泛利用信息资源,提高教育教学效果,促进教育教学改革与发展。教育信息化通常指后者。

对教师来说,教育信息化的核心是教学信息化。教学信息化就是要使教学手段科技化、教育传播信息化、教学方式现代化。

教育信息化要求在教育教学过程中较全面地运用以计算机、多媒体、大数据、人工智能和网络通信为基础的现代信息技术，促进教育教学改革，以适应现代信息化社会提出的新型人才培养要求，对深化教育改革、实施素质教育具有重大意义。所以，2012年教育部出台了《教育信息化十年发展规划（2011—2020年）》，2018年又出台了《教育信息化2.0行动计划》，以进一步推动我国教育信息化的发展。

2．教育现代化

2019年，中共中央、国务院印发了《中国教育现代化2035》，全面提出了2035年以前我国教育现代化的发展目标。那么什么是教育现代化？它和教育信息化有什么关系？

教育现代化（Educational Modernization），就是用现代的先进教育思想和科学技术武装人们，使教育的思想观念，教育内容、方法与手段及校舍与设备，逐步提高到现代的世界先进水平，培养出能参与国际经济竞争和综合国力竞争的新型劳动者和高素质人才的过程。具体包括教育观念现代化、教育内容现代化、教育装备现代化、师资队伍现代化、教育管理现代化等。

教育现代化对教育普及化、教育终身化、教育个性化、教育国际化、教育信息化均提出了新的要求。可见，教育现代化比教育信息化包含的内容更为广泛，但教育信息化是教育现代化重要的发展基础，因为是信息化社会的发展促进了教育改革与发展，促进了教育信息化，带来了教育现代化。

6.1.2 智慧校园

1．智慧校园的概念

智慧校园是数字化校园的构建升级，指的是以物联网为基础的智慧化的校园工作、学习和生活一体化环境，这个一体化环境以各种应用服务系统为载体，将教学、科研、管理和校园生活进行充分融合。

智慧校园是一种高度智能化的校园学习生活环境。例如，浙江大学对"智慧校园"的描绘为，无处不在的网络学习、融合创新的网络科研、透明高效的校务治理、丰富多彩的校园文化、方便周到的校园生活。

2．智慧校园的组成

智慧校园以促进信息技术与教育教学深度融合，以提高学与教的效果为目的，以物联网、云计算、大数据分析等为核心技术，提供了一种能实现全面感知、智慧型、数据化、网络化、协作型一体化的教学、科研、管理和生活服务，并能对教育教学、教育管理进行洞察和预测的智慧学习环境。所以智慧校园的基本组成部分有智慧校园基础设施（网络设施、物联网设备、多媒体教学设备等）、智慧校园应用系统、智慧教学资源。智慧校园基础设施主要用于构建智慧教学环境，智慧校园应用系统为智慧校园提供管理和服务，智慧教学资源则是各类应用服务的源泉。

智慧校园的核心应用系统有学生成长类智慧应用系统、教师专业发展类智慧应用系统、科学研究类智慧应用系统、教育管理类智慧应用系统、安全监控类智慧应用系统、后勤服务类智慧应用系统、社会服务类智慧应用系统、综合评价类智慧应用系统等。例如，常见的校园监控系统、校园门禁系统、教务管理系统、学生管理系统、学生成长系统、科研管理系统、校车监控系统等是衡量一所学校智慧化程度的关键因素。

6.1.3 校园信息管理应用系统

1. 校务管理 OA 系统

校务管理所用的 OA 系统一般包含校务管理、校务通知、文件收发、网上考勤、信息查询、短信中心、车辆管理、后台管理等栏目。现行的校务管理 OA 系统一般都开发有 PC 版和手机版，使用非常方便，即使出差在外，也可以全面了解学校的运作情况，轻松地远程进行校务管理工作，即通常所说的网上办公。

（1）OA 系统的基本概念

OA 是 Office Automation 的缩写，指办公自动化，是将现代化办公和计算机网络功能结合起来的一种办公方式，是当前新技术革命中的一个技术应用领域，属于信息化社会的产物。办公自动化系统一般指实现办公室内事务性业务的自动化，如起草文件、通知、各种业务文本，接收外来文件和存档，查询本部门文件和外来文件等。采用计算机文字处理技术生成各种文档，存储各种文档，采用其他先进设备（如复印机、传真机等）或计算机网络技术复制、传递文档，是办公自动化的基本特征。

（2）OA 系统的基本功能

OA 系统在日常办公中的主要功能体现在以下几个方面。

① 内部通信。平台一般包含一套内部邮件系统，使组织内部人员的通信和信息交流快捷、通畅。

② 信息发布。在组织内部建立一个有效的信息发布和交流的场所，如电子公告、电子论坛、电子刊物，使内部的规章制度、新闻简报、技术交流、公告事项等能够在企业或机关内部员工之间得到广泛的传播，使员工能够了解组织的发展动态。

③ 工作流程自动化。这涉及流转过程的实时监控、跟踪，解决多岗位、多部门之间的协同工作问题，实现高效率的协作。各个单位都存在着大量流程化的工作，如公文的处理、收/发文件、各种审批/请示/汇报等，都是一些流程化的工作，通过实现工作流程自动化，就可以规范各项工作，提高单位协同工作的效率。

④ 文档管理自动化。OA 系统使各类文档（包括各种文件、知识、信息）能够按权限进行保存、共享和使用，并有一个方便的查找手段。每个单位都会有大量的文档，在手工办公的情况下，这些文档都保存在每个人的文件柜里，文档的保存、共享、使用和再利用是十分困难的。另外，在手工办公的情况下，文档的检索存在非常大的难度。办公自动化使各种文档实现电子化，通过电子文件柜的形式实现文档的保管，按权限进行使用和共享。

⑤ 辅助办公。OA 系统实现了会议管理、车辆管理、物品管理、图书管理等日常事务性办公工作的自动化。

⑥ 信息集成。企业的信息资源往往都在各业务子系统中，办公自动化系统与这些业务系统实现集成，使相关人员能够有效地获得整体的信息，提高整体的反应速度和决策能力。

⑦ 分布式办公。OA 系统支持多分支机构、跨地域的办公模式及移动办公。

2. 教学管理系统

教学管理系统是一所学校信息化应用中的重要系统，因为任何一所学校都是以教学为中心的，教学事务多且复杂。教学管理系统主要为教学管理人员和教师教学提供服务，一般设有教务公共信息展示、学籍管理、课程安排、教案管理、考试安排、班级管理、教师档案管理、教学资源（备课资源、网络课程等）管理、教学用具管理等功能。

3. 智慧学习系统

智慧学习系统用于支持和辅助学生自主进行网络学习。不同的智慧学习系统由于开发商的不同，其内容、功能、应用形式、界面等会有较大不同，但总的来说，一般都会有学习指导、实例分析、知识点、微课、模拟考试、在线互动等功能模块。

4. 教学资源管理系统

教学资源管理系统旨在对学校的教学资源，如电子教案、教学课件、备课素材、教学视频等进行建设和管理，且有自主建设功能。

5. 家校互动系统

为了有效建立家长和学校之间的联系，学校一般会基于网站建立家校互动系统，网站开放的 BBS、留言板等对家长开放权限，让家长可以访问学校的某些信息；有的还为家长提供家庭教育指导。目前一些小学和幼儿园已将家长接送系统、短信平台、视频监控系统等整合在一起，孩子一到校，刷完 ID 卡或指纹卡，家长就能收到孩子到校的信息，并且能够通过网络视频看到孩子在学校的情况。

【知识拓展】 应用软件的 C/S 和 B/S 结构

C/S（Client/Server，客户/服务器）结构又称 C/S 模式，是软件体系结构的一种。C/S 结构应用系统最大的好处是不依赖企业外网环境，即无论企业是否能够上网，都不影响其应用。

其服务器端通常采用高性能的 PC、工作站或小型机，并采用大型数据库系统，如 Oracle、SQL Server 等。其客户端一般就是 PC。

C/S 结构应用系统最大的特点是客户端需要安装专用的软件，适用于局域网运行。优点是能充分发挥客户端 PC 的处理能力，响应速度快。

B/S（Browser/Server，浏览器/服务器）结构又称 B/S 模式。互联网技术的兴起，便是对 C/S 结构应用系统的扩展。在这种结构下，用户工作界面是通过浏览器来实现的，所以用户不用安装专用的客户端。B/S 结构最大的优点是运行维护比较简便，能实现不同的人员，从不同的地点，以不同的接入方式（如 LAN、WAN、Internet/Intranet 等）访问和操作共同的数据；最大的缺点是对企业外网环境依赖性太强，各种原因引起的企业外网中断都会造成系统瘫痪。

现在一般都是基于 B/S 结构开发应用系统，可以做到在线、即时、通畅、稳定、高效、保密。

6.1.4 校园运行辅助系统

1. 校园网

（1）校园网的基本概念

校园网（Campus Network）是利用网络设备、通信介质和相应的协议（如 TCP/IP 协议等）及各类系统管理软件，将校园内的计算机和各种终端设备有机地集成在一起，同时通过防火墙与外部的互联网络连接，以用于教学、科研、学校管理、信息资源共享和远程教育等服务的局域网。校园网一般采用"主干加分支"的结构，利用高速网络技术构建整个校园主干网，其中包含一个或多个出口连接外部网络，学校各部门的局域网或计算机终端则作为校园网的分支，通过交换设备或集中设备连接到学校的主干网，如图 6-1 所示。目前常用的主干技术有三种：

快速以太网/千兆以太网（Fast Ethernet/Gigabit Ethernet）技术、光纤分布式数据接口（FDDI）技术和异步传输方式（Asynchronous Transfer Mode，ATM）技术。

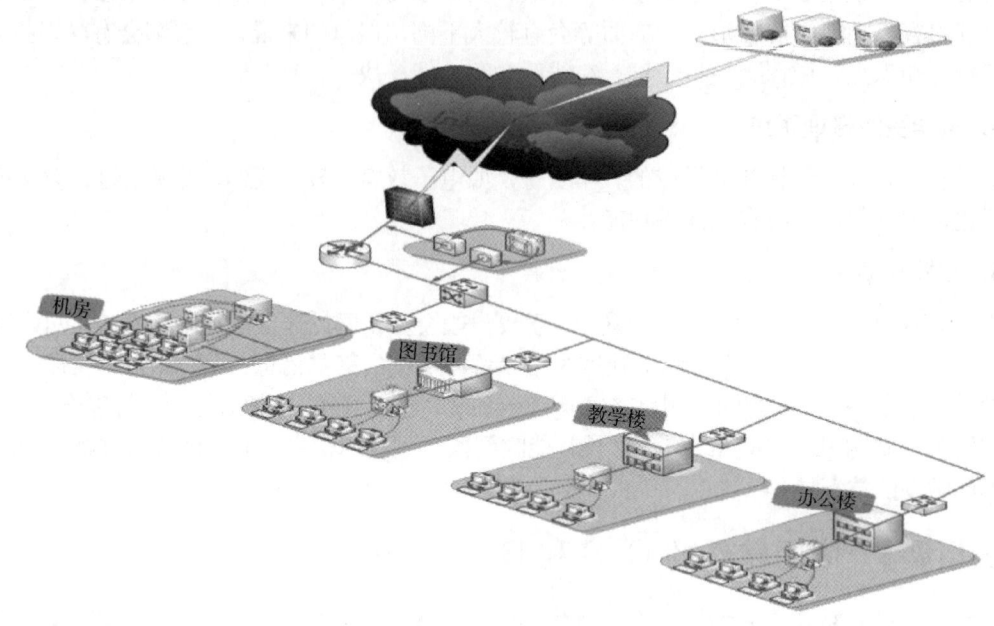

图 6-1 校园网络图

（2）校园网的硬件组成

校园网的硬件通常由服务器、工作站、网间互联设备、传输媒体等部分组成。

① 服务器。服务器（Server）是网络上为客户端计算机提供各种服务的高性能计算机。由于服务器是针对具体的网络应用而特别定制的，所以在处理能力、稳定性、可靠性、安全性、可扩展性、可管理性等方面比普通计算机要强。服务器根据其在网络中所执行的任务不同可分为 Web 服务器、数据库服务器、视频服务器、FTP 服务器、Mail 服务器、打印服务器、网关服务器、域名服务器等。上述服务器既可以安装在同一台物理服务器上，也可以分别安装在多台物理服务器上。

② 工作站。在校园网中，工作站（Workstation）指客户机，即网络服务的一个用户。但有时也将工作站当作一台有特殊用途的服务器使用，如打印机的专用工作站。工作站一般通过网卡连接网络，并需安装相关的程序与协议才可以访问网络资源。

③ 路由器。路由器（Router）是连接多个网络或网段的设备，能对不同网络或网段之间的数据信息进行"翻译"，以使它们能够相互"读"懂对方的数据，从而构成一个更大的网络。路由器通常有两大典型功能，即数据通道功能和控制功能，数据通道功能一般由硬件来完成，控制功能一般由软件来实现。

④ 集线器。集线器（Hub）是计算机网络中连接多个计算机或其他设备的设备，主要提供信号放大和中转功能，把一个端口接收的信号分发到所有端口，有些集线器还可以通过软件对端口进行配置和管理。通常，集线器到各节点间的连接使用双绞线、光纤、同轴电缆等，端口的数量从 4 个到 24 个不等，如果网络中计算机的数目较多，可将集线器级联使用或选用可堆叠集线器。

⑤ 交换机。交换机（Switch）的外形与集线器很接近，也是一个多端口的连接设备，其

与集线器的主要区别在于：从工作方式看，集线器采用广播模式，也就是说，集线器的某个端口工作的时候，其他所有端口都能够收到信息，容易产生广播风暴，当网络规模较大时，网络性能会受到严重影响；交换机工作的时候，只有发出请示的端口和目的端口之间相互响应，而不影响其他端口（点对点方式）。从带宽利用率看，集线器不管有多少个端口，所有端口都共享一个带宽，在同一时刻只能有两个端口传送数据，其他端口只能等待；而交换机的每个端口都有一个独占的带宽，当两个端口工作时，并不影响其他端口的工作，因此，交换机的数据传送速率通常要比集线器快很多。

⑥ 网关。网关（Gateway）是网络连接设备的重要组成部分，不仅具有路由的功能，而且能对两个网段中使用不同传输协议的数据进行"翻译转换"，从而使不同的网络之间能进行互联。网关一般是一台专用的服务器，该服务器上配置有能实现网关功能的软件，这些软件具有网络协议转换、数据格式转换等功能。

⑦ 防火墙。防火墙（Firewall）是指将内部网络和外部网络物理分开的硬件或软件技术。防火墙对流经它的网络数据进行扫描，根据预先设定的规则，过滤掉来自外部网络的攻击，以保护内部网络上的计算机。防火墙还可以关闭不使用的端口，禁止特定端口流出数据，封锁一些木马程序等。

⑧ 双绞线。双绞线（Twisted Pair）是由两根相互绝缘的导线按照一定的线序互相缠绕在一起而成的网络传输媒体。其原理是，如果外界电磁信号在两根导线上产生的干扰大小相等而相位相反，那么这个干扰信号就会相互抵消。常用的无屏蔽层双绞线由四对双绞线和一个塑料保护套构成。由于线缆长度受到衰减的严重限制，所以在当前的技术条件下，传输数据的距离一般限定在 100 米范围内。双绞线是目前局域网中使用较多的传输媒体。

⑨ 光纤。光纤（Fiber）是以光脉冲的形式来传输信号，以玻璃或有机玻璃为主要材料的网络传输媒体，由纤维芯、包层和保护套组成。光纤按其传输方式可分为单模光纤（直线传播）和多模光纤（折射传播）。单模光纤比多模光纤具有更高的容量和更大的传输距离，但价格比较昂贵。光纤具有极高的传输带宽，目前传输速率可以达到 1000Mb/s 以上。光纤的衰减极低，抗电磁干扰能力很强，所以传输距离可达 20 千米以上。但光纤价格高，安装较为复杂，需要使用专门的光纤连接器和转换器。

（3）校园网的基本功能

校园网经过几个阶段的发展，已成为可为学校师生提供教学、科研和综合信息服务的高速多媒体网络。其主要功能表现在以下几个方面。

① 信息发布。学校的 Web 主页犹如一个窗口，学校可以通过这个窗口向世界各地的人们充分展示学校的形象。一般来说，学校主页的主要内容应包括学校历史、院系/部门介绍、专业设置、招生与分配信息、教学与科研信息等。学校主页上可以发布学校的各种重大事件、会议通知和安排，也可以发布各种公文，这样既节省了时间和费用，又增强了公示的效果。

② 教学应用。校园网的主要功能就是教学应用。它可以由网络教学平台提供支持，以网络教学信息资源库为信息来源，运用多种网络工具完成网络教学任务。网络教学支持平台是学校开展网络教学活动的支撑系统，可以包括网络备课、网络授课、网上学习、网上练习、在线考试、虚拟实验室、网络教学评价、作业递交与批改、课程辅导答疑、师生交流、教学管理等模块。教学信息资源库是学校进行网络教学的重要组成部分，包括多媒体素材库、教案库、课件库、试题库、学科资料库等，能为师生提供全文检索、属性检索功能，提供资源的增减与归类功能，提供压缩、打包、下载等功能。

③ 管理应用。建立在校园网基础上的学校管理信息系统（MIS）可以为学校的人事、教务、财务、日程安排、后勤管理等提供一个先进的分布式管理系统，使原有的管理模式从纵向、单通道、主要依靠个人经验、判断和决策的简单模式，发展成现代、多向、多通道、网络状的复杂模式，从而提高管理效率，大大提高原有人工管理或单机管理系统的效率，扩大管理系统的应用领域，能更加及时地收集、统计、分析学校的各种信息，以利于学校的行政管理和教学管理，充分发挥学校的整体功能，更好地为教育工作服务。

④ 科研应用。校园网可以使用户共享各类计算机软、硬件资源及学术信息资源，从而提高科研效率，降低科研成本。科研人员可以通过校园网形成一个工作小组，在不同办公室里的科研人员可以很方便地通过网络与其他成员交流设计思想和设计方案。同时，教师可以利用校园网检索世界各地的信息资料，也可以使用 BBS 与世界各地的专家探讨最新的思想，发表、交流学术观点，交换论文等。

⑤ 数字图书馆。校园网的建设对数字图书馆的建设与应用有着巨大影响。数字图书馆以数字化格式存储海量的多媒体信息并能对这些信息资源进行高效的操作。它的资源数字化、联系网络化、获取自主化等优点是传统图书馆无法比拟的。数字图书馆对教育的支持服务是全方位和个性化的，可以及时响应远程用户的需求，不仅提供联机查询、借阅功能，还可为管理人员提供业务数据，方便管理人员及时分析研究，加强宏观管理。更为重要的是，每个用户都可以通过校园网方便地对图书馆的图书、文献信息进行检索与阅读，可以访问图书馆的联机数据库，也可以在家中和办公室通过校园网阅读报刊或检索资料。

2. 智能化校园广播系统

（1）智能化校园广播系统的基本概念

智能化校园广播系统是利用计算机、网络通信等技术，以传统的广播系统为基础，根据用户对广播系统的功能要求，由计算机来控制、管理、播放的广播系统。智能化校园广播系统具有广播时间灵活、内容及方式智能化的特点，与传统广播系统相比，具有功能完善、音质失真度低、可靠性高、安装简单的明显优势。

（2）智能化校园广播系统的功能及组成

智能化校园广播系统除具备传统广播系统的所有功能外，还支持数字网络化广播、多路分区广播、个性定时广播、领导网上讲话、自由点播、教室音频扩音、音频素材制作、联合资源库等。

智能化校园广播系统一般由系统音频服务器、采播工作机、领导工作机、教师工作机、数字广播终端和红外线遥控器组成。某智能化校园广播系统的基本架构如图 6-2 所示。

3. 校园监控系统

（1）校园监控系统的基本概念

校园监控系统是利用监控设备对学校场所进行全方位、全高清视频立体化管理和监控的系统，可以对摄像机、云台等进行远程控制，设置各种报警与联动，并对监控内容进行数字录像和存储，对数字录像文件进行编辑、检索和回放。学校管理人员在控制室中能观察到所有重要地点的情况，将监测区的情况以视频、图像等方式实时传送到管理中心，值班人员通过主控显示器可以了解学校各个地方的实时情况。

（2）校园监控系统的组成

校园监控系统具体可分为数据采集、数据传输、显示与记录、控制四个部分。某校园监控系统的基本架构如图 6-3 所示。

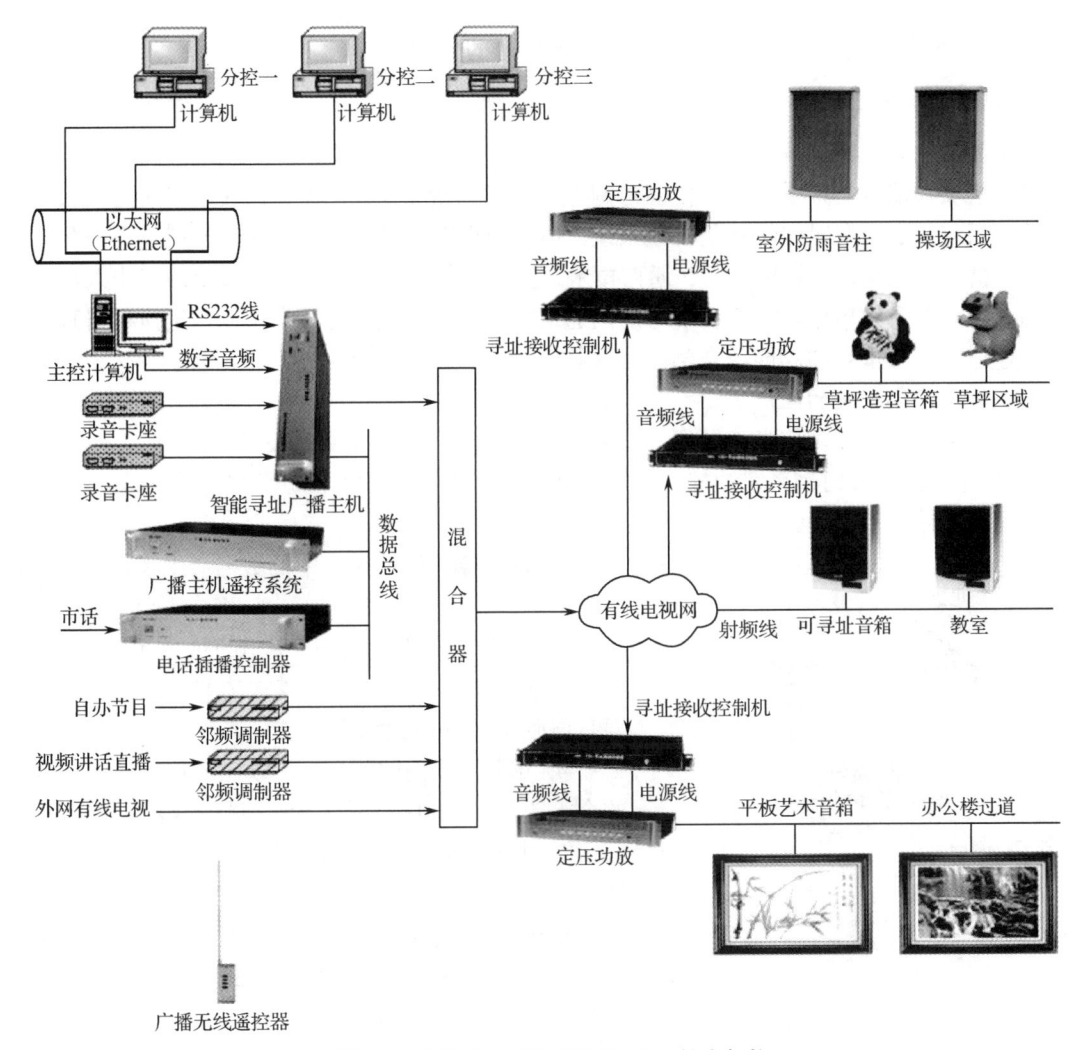

图 6-2　某智能化校园广播系统的基本架构

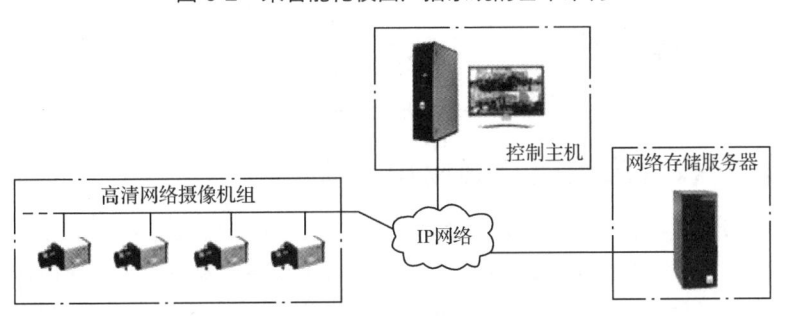

图 6-3　某校园监控系统的基本架构

① 数据采集部分：安装在现场的数据采集设备包括摄像机、镜头、防护罩、支架和电动云台等。其任务是对被摄物体进行摄像和视频采集。

② 数据传输部分：把现场的数据采集设备采集到的数据传送到控制室，一般包括线缆、数据交换机、线路驱动设备等。

③ 显示与记录部分：把从现场传来的数据转换成图像在监视设备上显示，并且把视频、图像等数据用网络存储服务器保存下来，主要包括监视器、网络存储服务器等设备。

④ 控制部分：负责所有设备的控制与图像信号的处理。

4．校园门禁系统

（1）校园门禁系统的基本概念

顾名思义，校园门禁系统即在校园范围内应用的门禁系统。门禁系统（全名为出入口门禁安全管理系统）是新型现代化安全管理系统，集自动识别技术和现代安全管理措施于一体，涉及电子、机械、光学、计算机技术、通信技术、生物技术等诸多技术，是重要部门出入口实现安全防范管理的有效措施。它能实现对进出通道的权限、方式、时段及出入情况进行管理，具有实时监控、异常报警的功能，在学校、医院、银行、工厂等得到了广泛应用。

（2）校园门禁系统的组成

校园门禁系统主要由门禁控制器、读卡器、电控锁、卡片及其他设备组成。

① 门禁控制器：门禁系统的核心部分，相当于计算机的 CPU，负责整个系统输入/输出信息的处理、存储和控制等。

② 读卡器：读取卡片中的数据（生物特征信息）的设备。

③ 电控锁：门禁系统中锁门的执行部件。用户应根据门的材料、出门要求等需求选取不同的锁具，主要有电磁锁、阳极锁和阴极锁三类。

④ 卡片：开门的钥匙。可以在卡片上打印持卡人的个人照片，也可以将开门卡、员工卡合二为一。

⑤ 其他设备：包括出门按钮、门磁、电源等系统辅助设备。出门按钮即按一下即可打开门的设备，适用于对出门无限制的情况。门磁用于检测门的安全、开关状态等。电源则是整个系统的供电设备，分为普通和后备式（带蓄电池的）两种。

某校园门禁系统的基本架构如图 6-4 所示。

另外，配合校园门禁系统，为了确保儿童的安全，有的小学和幼儿园还建有安全接送系统（家长通过刷卡、刷指纹接送儿童）。

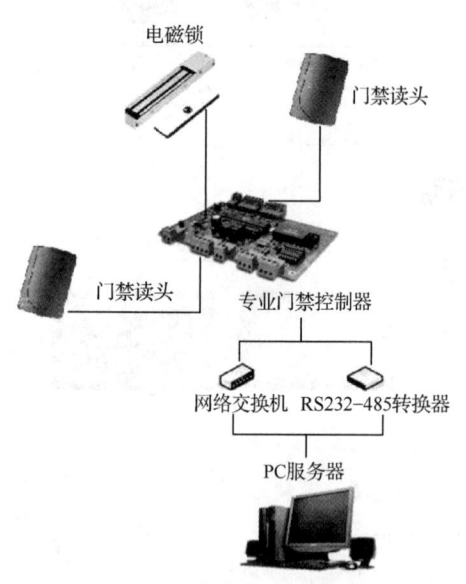

图 6-4 某校园门禁系统的基本架构

【实践活动】熟悉智慧校园及其应用系统

1．参观一两所小学或幼儿园，实地考察并熟悉校园运行辅助系统——校园网、校园广播系统、校园监控系统、校园门禁系统等；在条件好的学校实地感受智慧校园系统的应用。

2．打开某个熟悉的学校的网站或自己就读的学校的网站，操作和熟悉校园信息管理系统。

6.2　信息化教学环境

6.2.1　多媒体教学系统

随着计算机技术及电子技术的迅速发展和普及，多媒体计算机在教学中以其特有的方便快捷、具有交互性、多样化的教学信息表达方式而备受教育工作者的青睐。多媒体系统是对文本、图形图像、动画、音频和视频等多种媒体信息进行综合处理与加工、播放与存储的一个计算机综合系统，由硬件系统和软件系统两部分构成。

1. 多媒体硬件系统

多媒体硬件系统主要包括多媒体计算机、多媒体输入/输出系统、多媒体教室、网络教室等硬件设备，基本结构如图 6-5 所示。

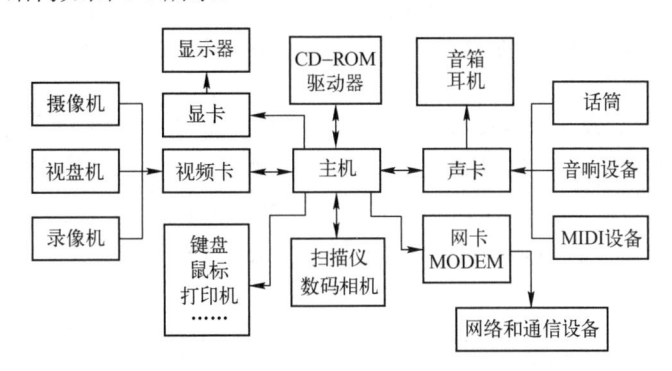

图 6-5　多媒体硬件系统的基本结构

（1）多媒体计算机

多媒体计算机可以是 MPC，也可以是工作站或其他大、中型机。MPC 是 Multimedia Personal Computer 的缩写，意指多媒体个人计算机，是目前应用较为广泛的多媒体计算机，通常可以通过两种途径获取：一是直接购买厂家生产的 MPC；二是在原有 PC 的基础上增加多媒体套件升级为 MPC，套件主要有声卡、CD-ROM 驱动器、多媒体视频采集卡、音箱等，再安装其驱动程序和软件支撑环境即可使用。由于多媒体计算机要求有较高的处理速度和较大的存储空间，因此 MPC 既要有功能强大、运算速度快的 CPU，又要有较大的内存空间，以及高分辨率的显示接口。

多媒体工作站的特点是整体运算速度快、存储容量大、具有较强的图形处理能力、支持 TCP/IP 网络传输协议、拥有大量科学计算或工程设计软件包等。它与 MPC 的区别在于：总体设计上采用先进的均衡体系结构，使系统的硬件和软件相互协调工作，具备更强大的功能。

（2）多媒体板卡

多媒体板卡是根据多媒体系统获取或处理各种媒体信息、需要插接在计算机上以解决输入和输出问题的硬件设备。常用的多媒体板卡包括显卡、声卡和视频卡等。

① 显卡。显卡又称显示适配器，是计算机主机与显示器之间的接口，用于将主机中的数字信号转换成图像信号并在显示器上显示出来。

② 声卡。声卡可以用来录制、编辑和回放数字音频文件，控制各个声源的音量并加以混合，在记录和回放数字音频文件时进行压缩和解压缩，通过语音合成技术让计算机朗读文本，具有初步的语音识别功能，有乐器数字接口（MIDI），有输出功率放大等功能。

③ 视频卡。视频卡是一种基于个人计算机的多媒体视频信号处理平台，可以汇集视频源和音频源的信号，经过捕获、压缩、存储、编辑和特技制作等处理，产生多彩的视频图像画面。

（3）多媒体设备

常用的多媒体设备有显示器、光盘存储器、音箱、扫描仪、数码相机、摄像机、触摸屏、投影仪、刻录机和视频展示台等。

① 显示器。显示器是一种计算机输出显示设备，由显示器件（如 LCD）、扫描电路、视

161

放电路和接口转换电路组成。为了能清晰地显示出字符、图形等，其分辨率和视放带宽比普通电视机要高出许多。

② 扫描仪。扫描仪是一种静态图像采集设备，其内部有一套光电转换系统，可以把各种以纸张为载体的图文信息扫描、传输到计算机中，再由计算机进行图文信息的编辑、存储、打印输出等处理。例如，可以利用扫描仪获取照片、课文的插图、杂志图片、手绘图画等。

③ 触摸屏。当用户用手指或设备触摸安装在计算机显示器前面的触摸屏时，所触摸到的位置（以坐标形式）被触摸屏控制器检测到，并通过接口传送给 CPU 进行处理，从而确定用户所输入的信息。

④ 刻录机。由于多媒体课件中使用了大量的图像、音频、视频和动画等多媒体素材，课件容积很大，使用传统存储工具（如磁盘等）备份多媒体课件的难度很大。光盘具有存储容量大、性价比高、携带方便等特点，可以利用光盘刻录机方便地将课件刻录到光盘上，以便教学、交流和保存等。随着 U 盘技术的发展，现在很少用光盘来存储数据了，所以现在计算机自带刻录机的也越来越少了。

（4）多媒体教室

多媒体教室由多媒体计算机、投影仪、数字视频展示台、中央控制系统、投影屏幕、音响设备等多种现代教学设备组成。多媒体教室通常以中央控制设备为中心，由计算机把视觉、听觉内容通过中央控制设备传送给投影仪、音响设备，完成视听信号的放大、再现。

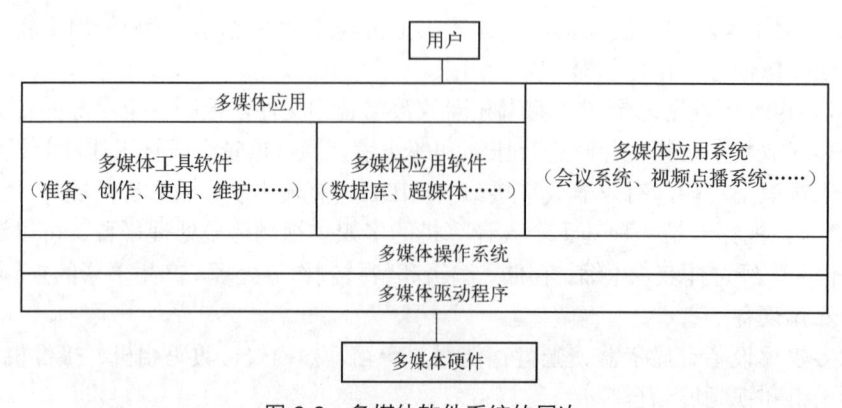

2．多媒体软件系统

（1）多媒体软件系统的概念及特点

多媒体软件系统是指能使多媒体硬件设备有机协调运行的各类程序及电子文档的总和。它综合运用了计算机处理各种媒体的最新技术，如数据压缩、数据采样、二维及三维动画等，能灵活地调度多媒体数据，使各种媒体硬件和谐地工作，使 MPC 形象逼真地传播和处理信息，所以说，多媒体软件是多媒体技术的灵魂。

多媒体软件的基本特点：运行于一种多媒体操作系统中；具有高度集成性，即能高度地集成多种媒体信息；具有良好的交互性，用户能随意控制软件及媒体。

（2）多媒体软件系统的构成

从功能上可以把多媒体软件系统分为多媒体驱动软件、多媒体操作系统、多媒体数据准备软件、多媒体编辑和创作软件和多媒体应用软件五类。从结构上可将多媒体软件系统划分为三层，如图 6-6 所示。

图 6-6 多媒体软件系统的层次

① 多媒体驱动软件。多媒体驱动软件又称驱动程序，是多媒体软件中直接和硬件"接触"的软件，负责完成硬件设备的初始化、设备的各种控制与操作等基本硬件功能的调用。这种软件一般随硬件提供，也可以在标准操作系统中预置。

② 多媒体操作系统。多媒体操作系统是多媒体计算机系统的核心。它处于驱动软件之上、应用软件之下，负责多媒体环境下的多任务调度、媒体间的同步、多媒体外设的管理等。

③ 多媒体数据准备软件。多媒体数据准备软件是用于采集、加工多媒体数据的软件，如视频采集、声音录制、图像扫描、动画制作等软件及对声、文、图、像进行加工处理的软件。

④ 多媒体编辑和创作软件。多媒体编辑和创作软件包括两类：一类是多媒体创作工具软件，其功能是把各种多媒体数据按照应用的要求编辑为一个节目，如网页制作工具Dreamweaver；另一类是支持多媒体开发的程序设计语言，有基于脚本语言的写作工具，如ToolBook，有基于流程图的写作工具，如Authorware，有基于时序的写作工具，如Action。

⑤ 多媒体应用软件。多媒体应用软件是在多媒体操作系统之上开发的、面向应用的软件系统，与具体应用不可分割。它可以是根据多媒体系统终端用户的要求而定制的，如用创作工具制作的特定教学节目；也可以是面向某一领域的用户开发的应用软件系统。它是面向大规模用户的系统产品，具有特殊的用户群。

3. 多媒体辅助教学的基本原则和方法

第3章对教学媒体进行了介绍，主要关注的是如何根据教学内容和目标，设计和选择具有最佳教学效果的教学媒体，可以说，这是多媒体教学微观层面上的具体问题。从整个教学设计和组织上来说，对多媒体教学的认识和应用还有必要进行进一步讨论。

（1）多媒体辅助教学的基本原则

利用多媒体辅助教学应当遵循什么原则？由于"教学有法，但无定法"，所以对这一问题的回答或表述也就众说纷纭。在这里只针对幼儿园教育教学的特点提出如下原则，以供参考。

① 实效性原则。多媒体教学的根本目的在于实现教学过程的最优化，最大限度地提高教学效果。背离了这一目的的任何教学形式、教学课件，做得再好，也是没有教学价值的。如果采用多媒体手段进行辅助教学对提高教学效果没有任何帮助，幼儿从这些手段的应用中也没有获得任何新的知识和技能，那么，这样的"辅助"最好抛弃，不用也罢。但是，随着信息技术的不断发展，绝大多数的课堂教学，只要恰当地组织资源，合理利用多媒体手段，总能对教学产生促进作用。所以，在教学中，在条件许可的情况下，要尽可能精心选择和利用多媒体教学，不断优化教学设计，确保能提升教学效果。

② 直观性原则。多媒体教学的优点之一就是直观，它能通过图片、音乐、视频、动画等形式将抽象的、不易观察的事物或现象转化为形象具体、生动逼真的内容展示给幼儿。教师在进行多媒体教学设计时应充分利用这种直观性，设计出化难为易、化繁为简、化抽象为具体的多媒体形式进行教学。

③ 情境性原则。幼儿在学习过程中，最大的难度在于他们直接经验的不足和在无刺激环境下学习兴趣的缺失。要解决这一难题，最有效的办法之一是为他们创设一定的真实环境或逼真的虚拟环境，让幼儿真实体验或置身于体验再现情境中，这样不仅能有效弥补他们直接经验的不足，而且能在好奇心的驱使下，极大地提高他们探求答案的兴趣。要创设这样的环境，利用多媒体是目前较为有效的手段。所以，作为从事幼儿园教育的教师，在教育教学中要仔细考虑幼儿的生活环境和身心发展水平，充分发挥多媒体的优势，为幼儿创设有利于增加他们经验、激发他们学习兴趣的学习环境，为提升教学效果奠定基础。

④ 多样性原则。多媒体的特点之一就是"多",即教学媒体的形式具有多样性,同一个教学内容可以用不同的媒体表现。但是,用不同的媒体表现同一个教学内容,在不同的教学环境下所达到的效果是不同的。还有,不能忽视传统教学媒体、教学手段的作用,它们是不可替代的,是经过多年教学实践检验了的传统经验。这就要求教师认真分析教学对象、教学环境,选择不同的教学媒体(含传统媒体)组合、不同的教学组织形式,以期寻求教学效果的最优化。

⑤ 适度性原则。一堂课的教学,不是用到的多媒体越多就越好。用一种媒体或几种媒体的组合能达到优化教学的目的即可,不要画蛇添足地塞进并非必要的媒体,那样只会增加教学的负担,达不到应有的教学效果。试想,如果一堂课成为多媒体的展示会,还会有良好的教学效果吗?所以,多媒体的应用要适度。

⑥ 辅助性原则。多媒体只是一种教学辅助手段,不能取代教师成为教育者。所以,教师在教学中不要忘了自己的主导地位,如果全部使用多媒体,一切依赖多媒体,那就本末倒置了。在教学设计过程中,要设计教师的教;在教学过程中,要突出引导学生的学,在教与学的交流中借助多媒体手段。

(2)多媒体辅助教学的方法

多媒体既然是一种辅助教学手段,当然会对教学方法的改变产生一定的影响,但基本的教学方法是不会改变的,如启发式教学、发现式教学等。但是,由于现代教学中大量地采用多媒体,使得人们开始研究和使用多媒体教学方法。目前一般将多媒体教学方法分为演示型、交互型和与传统教学相结合型三种。

① 演示型。演示型多媒体教学法是指教师完全用多媒体课件来代替传统教学中的板书,运用计算机对文本、图形图像、动画和声音等多种媒体信息进行综合处理与控制,变成图、文、声直接输出,将学生带进形象、生动、色彩缤纷的教学情境中。在这种教学方法中,教师是主体,起主导地位;学生是接受者,有意义地接受学习。

② 交互型。交互型多媒体教学法是指教师运用多媒体网络教室与学生进行互动教学。互动教学,主要指师生互动、生生互动、人机交互。这些互动改变了传统教学中以教师为中心的模式,学生不再是被动的接受者,而是处在了教学的中心位置。

③ 与传统教学相结合型。与传统教学相结合的教学法是指教师以传统教学为主导,在教学过程中碰到比较抽象、难以理解或教师用语言不易描述的内容时,运用计算机多媒体技术来完成。这种教学方法手段灵活,以教师为主导,可用于大、小课教学。幼儿园教育教学通常采用这种方法进行。

6.2.2 智慧教室

1. 智慧教室的概念

智慧教室(Smart Classroom)又称智能教室(Intelligent Classroom)、未来教室(Classroom of Future),是伴随着智慧城市、智慧教育等概念的提出和建设发展而产生的智慧教学平台,虽然没有统一的定义,但一般可以理解为,智慧教室是一种能实现教学环境智能感知、甄别,教学信息多角度、全方位呈现,教学资源快速获取和应用,师生互动交流清晰、快速、流畅,教学效果自动评价、反馈,设施、设备等环境管理智能化、多样化的智慧学习环境(场所)。

智慧教室是学校师生感受非常直接的智慧学习环境,它是借助物联网技术、云计算技术和人工智能技术等构建起来的新型教室,是传统多媒体网络教室的升级。该新型教室包括有形的物理空间和无形的数字空间,是通过各类智能装备,智能呈现教学内容、便利获取学习资源，促进课堂交互，实现情境感知和环境管理功能的新型教室。智慧教室旨在为教学活动提供人性化、智能化的互动空间；通过物理空间与数字空间的结合，本地与远程的结合，改善人与学习环境的关系，在学习空间实现人与环境的自然交互，促进个性化学习、开放式学习和泛在学习。

2. 智慧教室的组成

（1）教学系统

教学系统一般由原来的多媒体教学系统升级而成，由教学一体机/电子白板/电子黑板/投影仪、功放、音箱、无线麦、拾音器、问答器和配套控制软件构成。其中电子黑板代替传统黑板，实现无尘教学，保护师生的健康，可在电子黑板呈现画面上操作计算机，在每个桌位上配置问答器，实现师生交互式课堂教学。

（2）LED 显示系统

广角 LED 显示系统由 LED 面板拼接而成，安装在教室黑板顶部，用于显示当时的课程名称、专业班级、任课教师、到课率和教室内各传感器采集的环境数据（室内温/湿度、光照度、二氧化碳浓度等）。

（3）考勤系统

考勤系统由考勤机、考勤卡和配套控制软件构成。在教室前后门各安装一个 RFID（射频识别技术）考勤机，采用 RFID 标签（校园一卡通）对学生进行考勤统计，对进入教室的人员进行身份识别，对合法用户进行考勤统计，对非法用户进行告警。同时可通过 Wi-Fi 无线覆盖，远程对考勤情况进行监控、统计、存档、打印等。

（4）资产管理系统

资产管理系统用于监督和管理本教室内的资产状况，由 RFID 读卡器、纸质标签、抗金属标签和配套控制软件构成。在教室前后门各安装一个 RFID 读卡器，对教室内的实验仪器、设备等资产（贴有 RFID 标签，标签上有设备的详细信息）进行出入教室的监控与管理，对未授权用户把教室内资产带出教室的行为进行告警，方便设备管理人员对教室设备的统一管理。

（5）灯光控制系统

灯光控制系统由灯光控制器、光照传感器、人体传感器、窗帘控制系统和配套控制软件构成。首先通过人体传感器来判断教室内对应位置是否有人，此位置无人，则灯光控制系统及窗帘控制系统处于关闭状态；反之，处于工作状态。

（6）环境温度调控系统

环境温度调控系统由空调控制系统、通风换气系统组成，能够智能分析教室内的温度和空气质量状况，实现温度自动控制和自动换气。

（7）无线网络系统

无线 Wi-Fi 网络是智慧教室的标配，应实现无线 Wi-Fi 高强度全覆盖。

（8）视频监控系统

视频监控系统由 Wi-Fi 无线摄像头和配套监控软件构成。视频监控可为安防系统、资产出入库、人员出入情况提供查询依据。

智慧教室的构成模块可多可少，完全可以根据情况增减，建设档次也可高可低。

6.2.3 信息化教学工具

信息化教学工具，一是指教学过程中所使用的、利用现代信息技术制作的物理工具，如教学一体机、电子白板、投影仪、翻页笔等；二是指教学资源制作过程中所使用的各种工具软件，如课件制作工具、资源检索下载工具、素材处理工具等；三是指教学过程中使用的教学平台，如雨课堂、MOOC、智慧树、云班课、超星泛雅等平台。概括来说，信息化教学工具有硬件工具和软件工具两种。

下面简要介绍几种常用信息化教学工具的使用方法。

1. 教学一体机

下面以希沃教学一体机为例介绍教学一体机的功能与使用方法。

希沃教学一体机又称 K12 信息技术与教育教学融合应用平台，包含教学交互式一体机及教学应用工具。

（1）教学交互式一体机

教学交互式一体机是集大尺寸屏幕显示、交互式电子白板、计算机、音箱、高清摄像头、麦克风和网络传输等多功能于一体的多媒体教学演示与操作平台，通过搭配的交互教学软件并结合人性化的触控操作，可便捷调用多媒体播放、白板书写、无线投屏、师生互动等实用工具，为教学提供极佳的大屏幕互动授课体验。对交互式一体机的硬件操作可借助前置的功能按键（开关机/待机、音量调节、护眼模式、一键微课录屏、设置菜单等）进行；屏幕内置 Android 系统和 Windows 系统，并含有侧面小工具栏，可以帮助教师在授课中快速调用课堂互动小工具，如批注、截图、计时、降半屏、放大镜等。交互式一体机的外观如图 6-7 所示，交互式一体机的互动小工具如图 6-8 所示。

图 6-7 交互式一体机的外观　　图 6-8 交互式一体机的互动小工具

（2）教学应用工具

教学应用工具按照属性划分为备授课工具、学科工具、辅助工具三大类。

① 备授课工具。备授课工具具备如下特性。

- 以教学演示场景为核心，高度集成：包含 PC 端及移动端，集成了私有课件云空间、课件库示范课件资源、直播课程工具、微课工具、学科工具、授课工具等应用。软件的高度集成有效避免了教师多软件切换的烦琐,提升了操作体验。
- 以教学演示为出发点,提供多种围绕教学场景的亮点应用:采用类似于 PowerPoint 的设计,教师可通过下载课件库示范课件、自主创建课件、PowerPoint 导入等形式创建白板演示课件(见图 6-9);专注教学场景,在保留原有图文、多媒体应用的同时,创新性地导入思维导图(见图 6-10)、课堂活动(见图 6-11)等教学应用工具,来增强师生的互动体验。

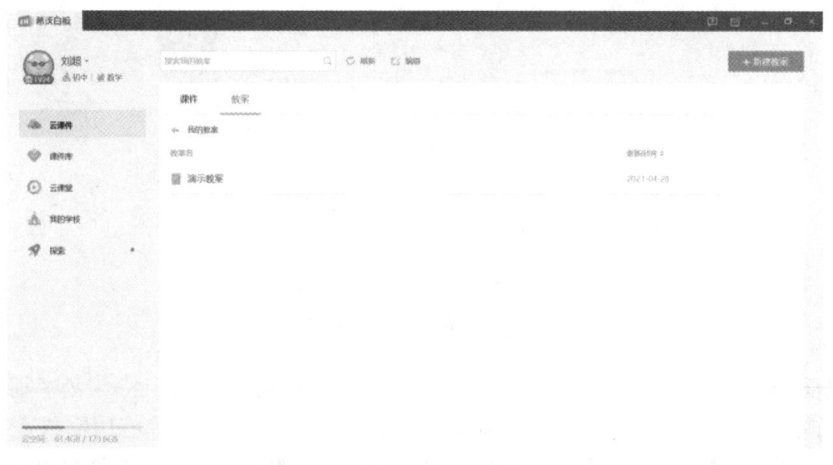

图 6-9 创建白板演示课件界面

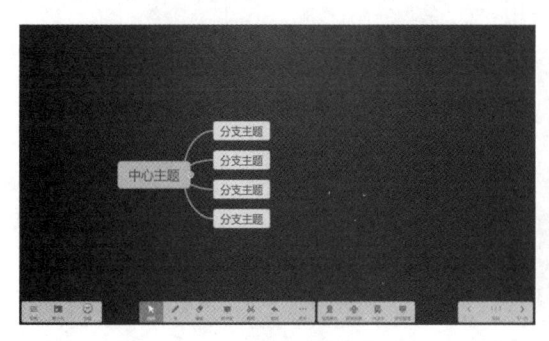

图 6-10 思维导图工具　　　　图 6-11 课堂活动工具

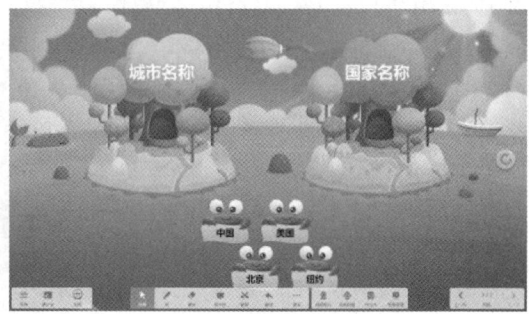

- 围绕新的教学模式进行探索,提供多种新型教学工具:在保留互动教学演示的基础上配套云课堂直播(见图 6-12)、胶囊微课(见图 6-13)等教学工具,在当前推广新型教学模式探索、应用信息技术推动教学资源均衡等背景下,供教师使用。

图 6-12 云课堂直播工具　　　　图 6-13 胶囊微课工具

② 学科工具（见图 6-14）。学科工具多以集成于白板教学软件的形式，供教师在备/授课环节进行教学演示使用。学科工具以学科为单位，通过虚拟现实、资源集成、音/视频资源供给等形式，提供即拿即用的便捷资源，大大节约教师搜索教学资源的时间，提升效率。

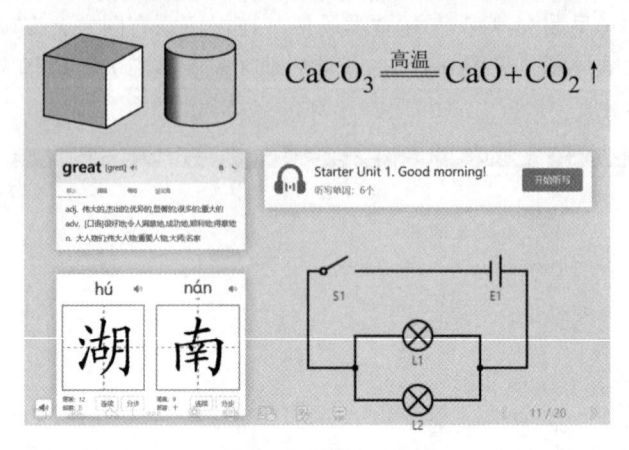

图 6-14 学科工具

③ 辅助工具。辅助工具围绕教师不同的使用需求，包含但不限于特殊文字制作、动画制作、图文制作、文本—语音转换、音/视频录制剪辑、学习行为管理等应用需求，提供多款应用工具供教师使用。例如，提供手机投屏、学习行为管理（见图 6-15）、音/视频录制与剪辑（见图 6-16 和图 6-17）等工具，配套硬件，供教师使用。

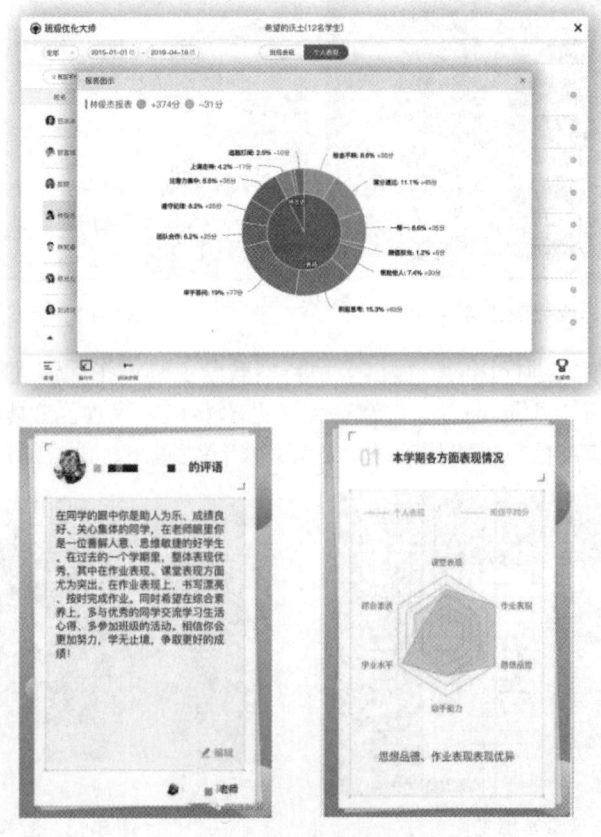

图 6-15 学习行为管理工具

图 6-16　音/视频录制工具

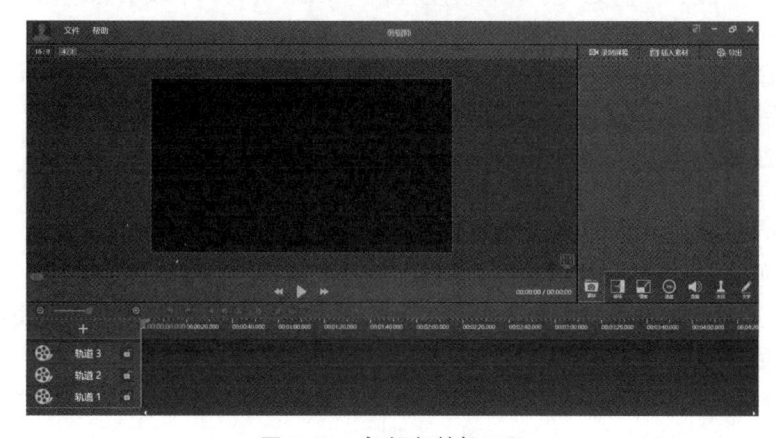

图 6-17　音/视频剪辑工具

2. MOOC 平台

（1）MOOC 平台的概念

MOOC（Massive Online Open Course）或 MOOCs，中文简称为慕课，是一种基于互联网的大规模网络开放课程，侧重于学习的自主性和交互性，可以让数以万计的学生在课程平台上分享和学习。

"大规模"意味着课程数量突破了各院校教育资源的局限，引进了来自世界各地高校的优质课程，而同时段学习的人数也突破了传统教室容量的限制，可以允许成百上千名学习者同时修读同一门课程；"网络"是指传统的教学活动现在基于互联网来实现，均在网络平台上进行；"开放"意味着面向大众开放而没有限制，任何人都可以成为参与者注册学习，成本也远低于传统的高等教育。

MOOC 整合了多种社交网络工具和多种形式的数字化资源，形成了多元化的学习工具和丰富的课程资源，是一个完整的课程资源体系和完善的自主学习平台。

MOOC 有三个主要特征：以"短视频（十分钟左右）+交互式练习"为基本教学单元；学习者可围绕课程内容开展个性化的、深入的学习；学习者可依托社交网络互动交流，即时反馈。

（2）MOOC 平台的应用

MOOC 作为一种新型的教与学方式，对促进高等教育教学改革做出了积极的贡献。总体来说，所有的 MOOC 模式都有一些共同特点，如课程的参与者遍布全球、同时参与课程的人数众多、课程内容可以自由传播、实际教学不局限于单纯的视频授课,而是横跨博客、网站、社交网络等多种平台。此外,这种类型的课程虽然没有严格的时间规定,但依然希望学习者能够按照课程的大致时间进行学习,以便获得更好的效果。概括来说,MOOC具有易于使用、费用低廉(绝大多数MOOC是免费的)、覆盖人群广、自主学习方便、学习资源丰富等优点。

2012年,edX、Coursera、Udacity和可汗学院等在线教育平台迅速汇聚了一批名校的网络课程,并向全球的用户提供服务,掀起了一阵开展在线教学的热潮。

例如,在Coursera平台上,每门MOOC基本都包括课程信息、学习内容、学习评价和交互活动四个模块,这些模块显示在第一层;第二层是第一层中各模块的子项,如学习内容又包括视频讲座、资料阅读,学习评价又包括测验、调查等,交互活动又包括论坛、Wiki(多人协作的写作系统)等;第三层是按时间顺序排列的学习内容和学习活动,如第一周需听的视频讲座、需阅读的文章、需进行的测验与讨论等。针对每周的视频讲座,除了提供在线观看方式外,还提供PPT课件下载、讲稿文字下载和讲座视频(MP4格式)下载功能,每周都会提供与学习内容相关的讨论与在线测试。

我国祝智庭、刘名卓等教授根据多年来在网络课程建设方面积累的经验和研究成果,以及对我国网络精品课程、精品资源共享课和主流MOOC的设计分析,提出了七种MOOC在线教学样式,分别是理论导学型(基于内容的设计)、技能训练型(基于技能的设计)、问题研学型(基于问题的设计)、情境模拟型(基于情境的设计)、案例研学型(基于案例的设计)、自主探究型(基于探究的设计)和实验探究型(基于实验的设计)。这些设计样式适用于对整门课程、学习模块、学习单元或某一知识点的教学设计。

① 理论导学型。理论导学型设计样式注重学科内容固有的知识体系和逻辑结构,以学科内容为中心,通过教师的知识讲解,辅以一定的实践活动和练习测试,帮助学习者达成学习目标。此种设计样式主张知识体系的完整性和系统性。通常,理论类的课程可以采用此种设计样式,如教育概论、心理学导论、外国文学史等课程。

② 技能训练型。技能训练型设计样式注重对学习者某种技能或技巧的培养,以学习者参与和体验为特点,为他们提供一系列操练和模拟体验的机会,从而使学习者达成学习目标。通常,操作类、实训类、实践类课程可以采用此种设计样式,如计算机软/硬件组装、家用电器维修、医学上的解剖学、航空航天、旅游、汽车组装、足球、游泳等课程。

③ 问题研学型。问题研学型设计样式以问题为导向,在教师的指导下建立问题与知识间的联系,学习者通过自学与助学相结合的方式围绕问题展开研习,教师通过主观与客观相结合的方式对学习者的知识技能进行测评,最终通过知识的迁移提升学习者解决现实问题的能力。此类设计样式的核心在于问题情境的设置,适用于经济学、管理学、教育学、医学等学科课程。

④ 情境模拟型。情境模拟型设计样式以情境体验为中心,在教师的指导下,学习者利用所学的理论知识在模拟或虚拟的情境中通过观摩或角色扮演等方式在体验中应用所学知识。在假设的情境中,在教师的指导或协助下,学习者设计出与知识应用相关联的实践场景,并置身于该场景中,学习者是情节的主要推动者,并在情节的发展中促进深层学习目标的完成。此种设计样式一般适用于实践性或应用性较强的课程,如高职高专层次的医药卫生、公共事业、法律、旅游等课程,本科层次的文学类、经济学类、管理学类、法学类等课程。

⑤ 案例研学型。案例研学型设计样式的突出特征是案例的运用,教师根据一定的教学目标,以案例为基本教学材料,将学习者引入学习的情境中,通过师生之间、生生之间的多向互动、平等对话和积极研讨等形式,引导学生在思考分析的过程中习得知识并创造性地运用知识。案例研学型设计样式能够较好地将学习内容与实践情境结合起来,主要适用于医学、管理学、

法学等领域的课程，这些领域的课程有比较丰富的结构良好的案例库，如哈佛大学商学院案例库、北京大学中国企业管理案例库等。

⑥ 自主探究型。自主探究型设计样式主要是指学习者在教师的指导下，模拟科学研究的方法和步骤，从自然、社会和生活中选择和确定专题进行研究，并在研究过程中主动获取知识、应用知识，以解决问题。此种设计样式的特色是开展探究活动，即以活动为主线开展教学。自主探究型的课程多见于以主题为线索的、综合的、开放的甚至跨学科的学习内容，短期可以是一两个课时，长期则可以达到几周。自主探究的主题应能够引导学习者进行采集、观察、试验、辩论、设计、反思、判断、汇报及创造等一系列活动，实现有意义的学习。

⑦ 实验探究型。实验探究型设计样式是用来检验某个理论或证实某种假设而进行的一系列操作或活动，是科学研究的基本方法之一，学习者根据研究目的，利用专门的仪器、设备来控制或模拟研究对象、条件或环境等因素，使某些新事物的生成、现象或过程再现，从而去发现与认识自然现象、事物性质和科学规律。实验是指通过某些手段来解决问题，在研究领域中检验或验证某种假设、原理、理论而进行的明确、具体、可操作的技术操作行为，主要有演示实验、分组实验、验证性实验、探究性实验、虚拟仿真实验等。

目前，MOOC 教学在中小学还没有实质应用。

3. 超星泛雅课程平台

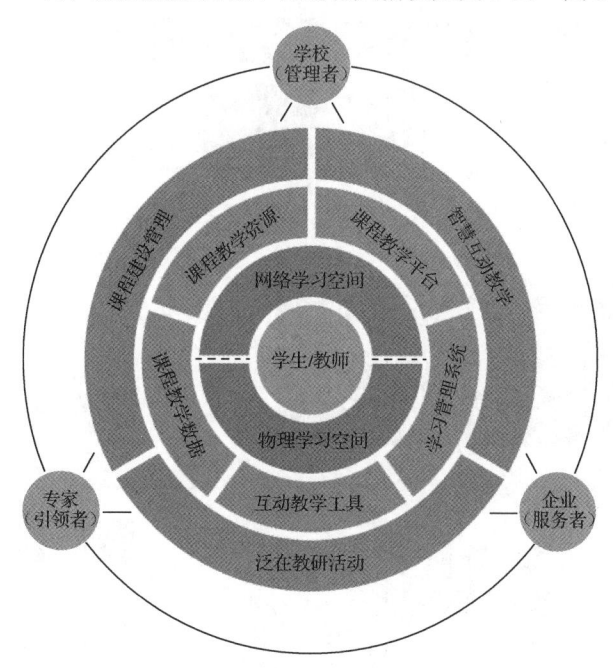

（1）超星泛雅课程平台简介

超星泛雅课程平台以构建混合式学习环境为基础，融合资源、平台、工具、管理，实现区域/学校课程建设管理、智慧互动教学、泛在教研活动的一体化，落实以学生为中心、教师朝专业化方向发展的理念，为全面提高教育教学质量、促进育人方式改革提供整体解决方案。平台利用超星集团的资源优势和技术优势，创新资源课程化建设形式，沉淀学校的课程资产，支持协同教研、混合式教学，实现课程、教学、教研一体化建设，所有一体化数据无缝联通，助力未来学校建设的内生式发展。截至 2021 年 11 月，超星泛雅课程平台的相关情况如图 6-18～图 6-22 所示。

图 6-18 超星泛雅课程平台架构

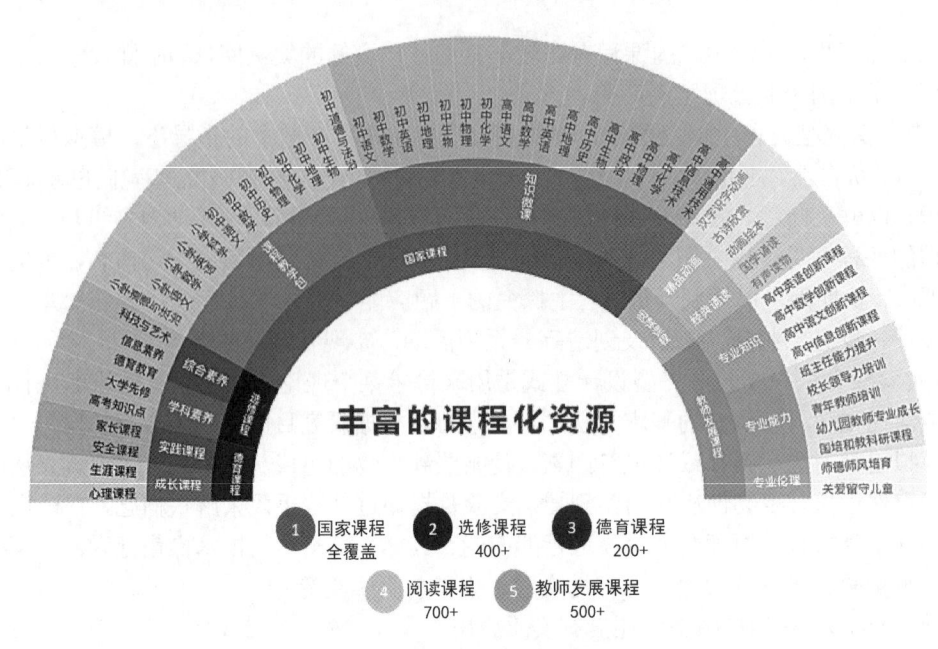

图 6-19　超星泛雅课程平台资源

图 6-20　超星泛雅课程平台界面

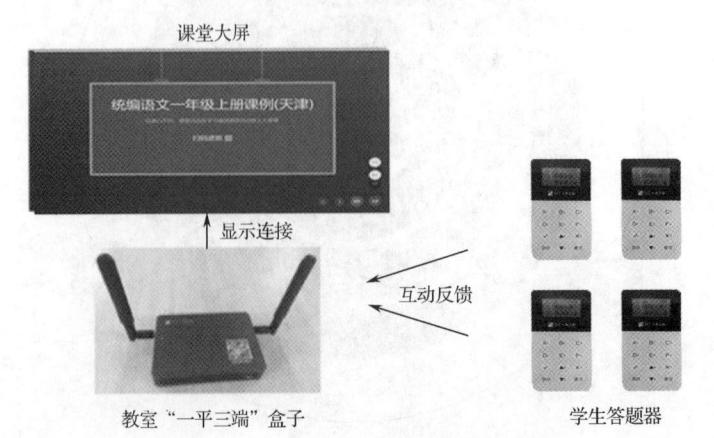

图 6-21　超星泛雅课程平台新型学习空间

图 6-22 超星泛雅大数据监控中心

（2）超星泛雅课程平台教学教研与管理模式

基于超星泛雅课程平台的教学教研与管理模式如图 6-23 所示。

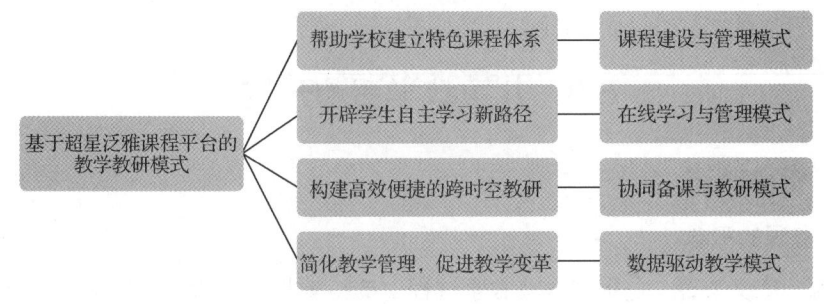

图 6-23 基于超星泛雅课程平台的教学教研与管理模式

① 课程建设与管理模式。平台支持学校开展课程建设与管理，帮助学校建立特色课程体系，以线上与线下相结合的方式，解放师生的时间和空间，促进学生自主学习，扩大优质资源共享，实现资源、课程与教学相统一。

② 在线学习与管理模式。学生在平台上，可根据教师的推送，课前预习、课后巩固复习、向教师提问、与同学讨论……为学生自主学习开辟了新路径。线上共唱一首歌、自制社团课程、"红楼梦"微课制作、在线心理测评、选修课程推送、大学先修自学课程……育美、育心、育德、育智，为学生全面发展提供有力支撑。

③ 协同备课与教研模式。协同备课、跨校区教研、移动听/评课、极简智慧课堂……平台提供的工具与应用，可以突破时空限制，整合课程、教学、教研、评价等环节，形成高效便捷、形式多样、线上与线下相结合的新型教研模式，推动学校教研常态化开展，凝练教研成果，提升教学质量。

④ 数据驱动教学模式。平台自动采集与记录教学、教研、学习、活动的过程性数据，并依托数据开展综合分析、课程分析、教学运行分析、学情分析、用户画像、教学预警，实现数据赋能，精准教学，提高教学质量、提升教学效率、简化教学管理、促进教学变革、达成育人目标。

（3）超星泛雅课程平台建设理念

超星泛雅课程平台以学习者的核心素养模型为基础，聚焦数智时代学习者发展需求，创新教学教研方式，变革学习方式，开展基于数智时代与课程教学相配套的测量与评价、研究与实践，满足学习者全面、个性化和多样化的发展需求。其建设理念如图 6-24 所示。

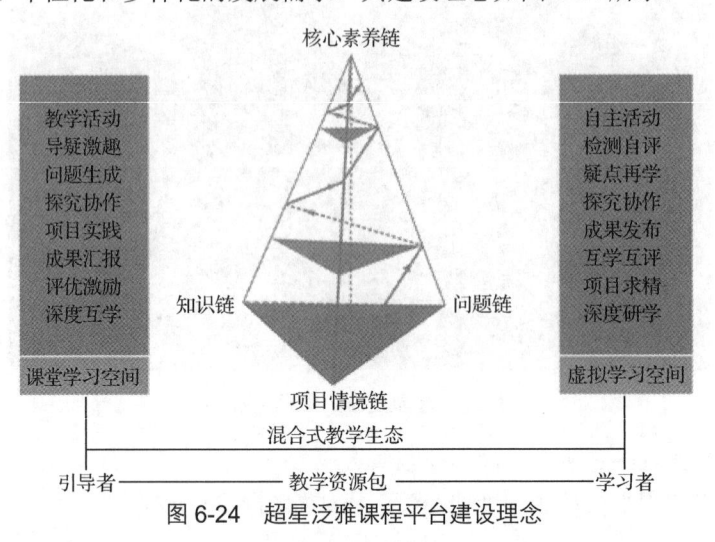

图 6-24 超星泛雅课程平台建设理念

6.3 儿童教学资源开发

6.3.1 教学资源概述

1. 教学资源的概念

教学资源，广义来说，是指在学校教学过程中支持教与学的所有可用资源，即一切可以被师生在教与学的过程中开发和利用的人力、物力、财力和各种信息资源，如师资力量、教学设施/设备、教学与科研经费、学习材料、教学平台、教学管理系统等。狭义来讲，教学资源（学习资源）主要包括教学材料、教学环境及教学后援系统。

通常情况下所指的教学资源是媒体设备、教学环境及人力资源等，如多媒体教室、多媒体设备、实验设施/设备、教具、教科书、练习册、活动手册、作业本、教学网站、在线学习管理系统、影视、图片、课件等。除这些软硬件条件是教学资源外，教师和学生也是教学资源。教师要充分利用一切可以利用的资源，为学生创造一个更完善的环境。

2. 信息化教学资源

信息化教学资源通常被称为数字化教学资源，指信息技术环境下的各种数字化素材、课件、教学材料、网络课程和各种认知、情感和交流工具，一般可分为静态资源和动态资源。静态资源主要包括文字（如 TXT 文件、DOC 文件）、图片（如 BMP 文件、JPG 文件、GIF 文件）等。动态资源主要包括各种形式的动画（如 GIF 文件、Flash 文件）、视频（如 MPEG 文件、AVI 文件、RM 文件）、音频文件（如 MIDI 文件、MP3 文件、RM 文件、ASF 文件）等。信息化教学资源一般存储在专门的教学资源库里。

6.3.2 教学资源库

1. 教学资源库的概念

教学资源库是指按照统一的，符合国际标准技术规范与课程内在逻辑关系构建的，由优秀的数字化媒体素材、知识点素材及示范性教学案例等教学基本素材构成的，可不断扩充的开放式教学支持系统。教学资源库的功能包括资源采集、资源验证、资源检索、资源浏览和下载等。建设教学资源库是为了整合优秀的教学资源，从而实现资源共享，达到提高教学质量的根本目的。教学资源库的建设也是为了促进信息技术与课程的整合，为创新教学模式提供有力的支持。

2. 教学资源库的构成

教学资源库的建设以校园网为基础，具体包括媒体素材库、试题库、试卷库、案例库、课件库、文献资料库、常见问题解答库、资源目录索引库的建设和网络课程建设，以及网络教学资源管理系统的研制开发。媒体素材库是整个教学资源库的基础部分，课件库中的课件、案例库中的案例、常见问题解答库、网络课程甚至试题库都可能使用媒体素材库中的媒体数据。基于教学资源库的教学工具、学习系统、授课系统、教学资源编辑和制作系统都可能要与媒体素材库、试题库、案例库、课件库、常见问题解答库、资源目录索引库、网络课程发生关联，考试系统要与试题库发生关联，评价系统则涉及教学资源的各个部分。因此，教学资源管理系统应具备所有类型的资源管理功能和系统管理功能。

3. 教学资源库的资源管理功能

教学资源库的资源管理功能主要指对教学资源库中所有类型资源的管理功能，包括资源的检索、上传与录入、审核与发布、浏览、下载等。

（1）资源的检索

系统应为用户快速地找到所需要的资源提供各种检索途径，支持单键查询、复合查询、模糊查询，并支持通配符、关联查询、段落定位查询、精确查询等多种方式。

（2）资源的上传与录入

资源上传系统允许用户通过互联网将优秀的教育教学资源，如教案、课件、论文等上传到临时资源库的具体目录中与其他用户共享，系统能够对上传的临时资源进行自动分类，资源审核员进行修订和审核后增加到教学资源库中。同时，教师和学生也可以将自己在实际教学和学习中碰到的问题上传到问题库中以寻求权威教师和专家的解答。

资源的录入主要由具有审核权限的教师将已经审核通过的教育资源直接存入教学资源库中，而无须通过临时资源库的周转，包括单个录入和批量录入两种方式。单个录入以提交表单的形式实现，而批量录入则通过特定的接口将大量资源一次性存入教学资源库。

（3）资源的审核与发布

前已述及，任何新上传的资源都需要经过严格的审核，合格后才能正式进入教学资源库，因此，系统应支持资源审核员通过互联网进行远程评审，完成对资源的审核与发布工作。资源审核员定期检查临时资源库中存储的新资源，根据教育资源评价标准对其进行审核。系统提供资源评分机制，能对各项指标的得分和权重进行统计分析，最终给出资源的审核结果。对于不合格的资源，可将其立即删除；如通过审核，可将该资源转移到教学资源库中，即完成发布工作。为保证资源属性值的准确性，系统应具备属性校正接口，资源审核员在发布之前要对资源的属性进行精确校正。

（4）资源的浏览

系统应提供明确的导航，以方便用户对资源的自然浏览。用户可以根据导航栏的层层提示定位到某个资源文件上。每个资源文件都应具备相关属性的显示功能，如提供该资源的内容简介、关键字、作者信息等；同时具备相关资源显示功能，可按学科类型、作者或关键词的相关度实现。

(5) 资源的下载

用户可将自己需要的资源从教学资源库下载到本地计算机的硬盘上，对于需要付费的资源，需要确认付费后才能正式下载；支持多文件压缩下载，当用户选择多个资源进行下载时，系统能自动将文件压缩成一个自解压的可执行文件供用户下载；支持断点续传，当出现网络故障时，用户可从上一次成功连接时资源下载的位置继续完成下载；在用户下载资源的过程中，系统提供下载的动态信息。

4. 教学资源库的系统管理功能

为了保证教学资源库的正常运行，还需要强大的系统管理功能，具体包括数据备份、用户管理、用户权限管理、网络故障管理等。

(1) 数据备份

为防止数据意外损坏，系统应具备数据备份功能，可以通过数据导出接口进行数据备份。数据可以借助光盘备份，也可以通过磁盘阵列或镜像光盘塔的形式备份或借助硬盘直接备份，但无论采用哪种备份形式，一定要保证服务器内容的完整性，避免资源丢失或误删除。

(2) 用户管理

系统应允许用户自由注册账号，但具备身份审核机制，系统管理员对用户进行基于政策的管理、认证、账号添加或删除；为方便用户自我服务，具备用户个人资料修改等简单功能；提供用户数据获取接口，方便互联；系统可以记录用户的网络行为、用户的计费信息等。

(3) 用户权限管理

系统应为不同级别的用户进行权限分配和控制，设置不同权限，以确保数据的安全性；提供用户级别管理功能，对权限相同的多个用户，可避免逐个管理的重复性，将多个用户设为一组后进行统一管理。操作级别分为管理员级别、审核员级别（具有审核权限的教师）和普通用户级别（一般教师和学生），具体权限如下。

① 管理员：可进行共享资源的维护、审批、账号管理、权限设置和系统初始化，并具有普通用户的所有权限。

② 审核员：可进行资源审核、发布、删除和批量录入，并具有普通用户的所有权限。

③ 普通用户：可进行上传、检索、在线浏览和付费下载（只针对需要付费的资源），并对个人资源进行维护。

此处的用户权限控制可以共用教学支撑平台、教学信息管理平台等的用户管理模块，实现一体化管理，平台中的注册用户能够自动使用教学资源库。系统中将保留一个超级用户，可对所有模块进行操作。

(4) 网络故障管理

通过使用事件查看器和事件日志，收集有关硬件、软件、系统问题的信息，并提供故障的跟踪记录，分析并排除故障，保证网络能提供连续可靠的服务。可采用三类日志系统记录故障：利用应用程序日志记录程序事件，对发生错误的应用程序进行处理；利用安全日志记录有效和无效的登录尝试，以及与资源使用相关的事件，如创建、打开、删除文件或其他对象；利用系统日志记录系统组件的事件，如在启动过程中将加载的驱动程序或其他系统组件的失败信息记录在系统日志中。

6.3.3 教学资源库开发技术

1．动态网站开发技术

静态网站是指全部由HTML代码格式页面组成的网站，所有的内容包含在网页文件中。早期的网站大都是静态网站。那什么是动态网站呢？动态网站并不是指具有动画功能的网站，而是指基于数据库开发，使用网站开发程序（如PHP、ASP等编程语言）对网站进行编程开发而完成的网站。从网站开发技术角度而言，动态网站由特定程序开发而成，利用数据库功能可以实现网站数据的无限扩大，且网站都具有管理后台，使得网站信息维护与更新方便、快捷。

（1）PHP

PHP即Hypertext Preprocessor（超文本预处理器），是适合Web开发的脚本语言，其语法借鉴了C、Java、Perl等语言。只需要很少的编程知识就能使用PHP语言建立一个实现交互的动态Web站点。

PHP与HTML具有非常好的兼容性，使用者可以直接在脚本代码中加入HTML标签，或者在HTML标签中加入脚本代码，从而更好地实现页面控制。PHP提供了标准的数据库接口，数据库连接方便，兼容性、扩展性强；可以进行面向对象编程。

（2）ASP

ASP即Active Server Pages（动态服务器页面），是微软公司开发的一种类似HTML、Script（脚本）与CGI（公用网关接口）的结合体，没有提供自己专门的编程语言，而是允许用户使用许多已有的脚本语言编写ASP的应用程序。ASP的程序编制比HTML更方便且更有灵活性。ASP在Web服务器端运行，运行后再将运行结果以HTML格式传送至客户端浏览器，因此ASP与一般的脚本语言相比要安全得多。

通过使用ASP的组件和对象技术，用户可以直接使用ActiveX控件，调用对象方法和属性，以简单的方式实现强大的交互功能。但ASP技术也非完美无缺，由于它基本上局限于微软的操作系统之上，主要工作环境是微软的IIS（互联网信息服务）应用程序结构，又因ActiveX对象具有平台特性，所以ASP技术不能很容易地实现在跨平台Web服务器上工作。

（3）JSP

JSP即Java Server Pages（Java服务器页面），是由Sun Microsystem公司于1999年6月推出的基于Java Servlet及整个Java体系的Web开发技术。

JSP和ASP在技术方面有许多相似之处，不过两者来源于不同的技术规范组织，而且JSP可以在85%以上的服务器上运行，基于JSP的应用程序比基于ASP的应用程序易于维护和管理。

（4）HTML5

HTML5是构建Web内容的一种语言描述方式，是结合了HTML4.01的相关标准并进行革新之后的产物，于2008年正式发布。HTML5由不同的技术构成，在互联网中得到了非常广泛的应用；语法特征明显，并且结合了SVG的内容，在网页中使用这些内容可以更加便捷地处理多媒体内容；结合其他元素，对原有的功能进行调整和修改，进行标准化工作。

2．数据库技术

数据库技术是一种计算机辅助管理数据的方法，研究如何组织和存储数据，如何高效地获取和处理数据，通过研究数据库的结构、存储、设计、管理及应用的基本理论和实现方法，利用这些理论来实现对数据库中的数据进行处理、分析和理解的技术。简言之，数据库技术是研究、管理和应用数据库的一门软件科学。

按照数据模型的发展演变过程，数据库技术主要经历了三个发展阶段：第一阶段是网状和层次数据库系统；第二阶段是关系数据库系统；第三阶段是以面向对象数据模型为主要特征的数据库系统。目前在教学资源库开发中应用较为广泛的数据库系统有 MySQL、SQL Server、Oracle 等。

① MySQL 是很受欢迎的开源 SQL 数据库管理系统，由 MySQL AB 开发、发布和支持。它是一个快速的、多线程、多用户和健壮的 SQL 数据库服务器，支持关键任务、重负载生产系统的使用，也可以将它嵌入到一个大配置（Mass-Deployed）的软件中去。

② SQL Server 是由微软公司开发的数据库管理系统，是 Web 上非常流行的用于存储数据的数据库，已广泛应用于电子商务、银行、保险、电力等与数据库有关的行业。SQL Server 提供了众多的 Web 和电子商务功能，如对 XML 和 Internet 标准的丰富支持，通过 Web 对数据进行轻松安全的访问，能进行强大的、灵活的、基于 Web 的和安全的应用程序管理等。而且，由于其易操作性及友好的操作界面，深受广大用户的喜爱。

③ Oracle 是世界上使用最广泛的关系数据库系统之一。它具有良好的开放性，能在包括 Windows 系统在内的所有主流平台上运行；具有较好的伸缩性和并行性；具有良好的安全性，提供了安全的数据保护和恢复功能。

【实践活动】为学前教育资源库的建设贡献自己的力量

请打开某个学前教育资源库网，进入注册界面，成为注册会员，然后按网站要求上传各种教育资源，获取奖励积分，并分享教育资源库中的各种资源。

6.3.4 教师个人教学空间建设

很多学校要求教师在指定的网站（教学平台）上构建个人教学空间。那么，怎样才能建设并利用好自己的教学空间呢？

① 选择平台：根据需要或要求，选择教学平台。例如，湖南省中小学和幼儿园教师要在湖南省中小学教师发展网上构建教师个人空间，并且要针对空间建设和教学应用组织专家进行测评，有的教师则在超星、雨课堂、微信公众号等平台上构建个人教学空间。

② 设置栏目：根据个人教学需要和要求构建栏目。例如，湖南省中小学教师发展网的教师个人空间要求教学资源包、教学文档资源和档案分享为三个必建栏目，并设置了自定义栏目，可以利用相关模板自定义具有个人特色的栏目。对幼儿园教师来说，还有更具特色的栏目可以设置，如童话故事、儿歌学唱、游戏活动等。

③ 组织素材：根据内容规划和掌握的技术制作教学素材。对于技术难度比较大的作品，可以自己设计好脚本，请相关技术人员协助制作。

④ 上传整理：将所有栏目的内容素材、作品上传到平台，并根据平台显示的效果进行优化。

⑤ 开始试用：在平台或其他渠道发布信息，开始全面利用平台进行教学活动。

⑥ 关注应用：及时关注平台的应用，及时更新发布信息，解答学生、家长的问题，让自己的空间充满活力。

⑦ 应用反思：对个人教学空间的应用效果进行必要反思，及时优化空间内容，调整教学策略、教学方法，使教学效果最大化。

⑧ 充实完善：对空间内容进行不断优化、不断更新，使内容越来越丰富，形式越来越多样，应用越来越生动。

【实践活动】构建自己的教学（学习）空间

利用自己所在学校的学习资源平台或其他公共教学平台（如微信公众号），先行注册，然后按平台特点设置教学（学习）栏目，将学习素材上传到栏目中，构建一个属于自己的特色共享教学（学习）空间。

6.4 基础教育教师继续教育与科研

教师及其专业发展关系着教育的质量和教育事业的发展，历来是世界各国教育界关注的重要话题。在信息时代，教师不仅应该较为系统地掌握现代教育技术的基本技能、技巧，还必须掌握教学与科研的基本理论和方法，积极投身于教学与科研实践，善于不断习得教育科学新知识，探索教育科学新领域，变传统的"教书匠"为具有现代教育理念的科研型、学者型教师。

小学和幼儿园教育是基础教育的重要组成部分，其教师的专业成长已成为推动基础教育事业发展的核心问题。充分运用现代教育技术手段收集信息、加工与处理信息的能力是教师继续教育与科研的必备条件之一。

6.4.1 教师信息化学习支持手段

熟练地掌握信息技术，恰当地利用信息技术手段为教学与科研服务，逐渐成为信息社会衡量基础教育教师是否合格的重要标准。教师必须加强学习，培养终身的信息化学习能力，不断更新观念、知识和能力，以适应不断变化的时代对教师提出的新要求。网络学习工具与资源为教师的知识更新提供了广阔的平台，如何尽快、有效地帮助教师尤其是小学、幼儿园教师掌握网络技术的操作、网络技术应用于教师继续教育与科研的方法与途径是应该关注的焦点。因此，本文将从信息检索技术和信息共享手段两个方面来阐述。

1. 信息检索技术

（1）信息检索的含义

信息检索，从广义上说是将信息按一定方式组织和存储起来，并根据用户的需求找出所需信息的过程，即包括信息存储和信息检索。

信息检索过程主要是利用检索语言对检索提问进行标引，形成检索提问标志，再按照存储所提供的检索途径，将检索提问标志与文献特征标志进行匹配，两种标志相符或基本相符的则为命中的检索结果。

（2）信息检索的类型

① 全文检索。检索系统中存储的是整篇文章乃至整本书，用户可以根据个人的需求从中获取有关的章、段、节、句等信息，还可以做各种统计和分析。

② 超文本检索。超文本结构类似于人类的联想记忆结构，采用一种非线性的网状结构组织块状信息，没有固定的顺序，也不要求读者按照某个顺序阅读。采用这种网状结构，各信息块很容易按照信息的原始结构或人们的"联想"关系加以组织。

③ 超媒体检索。由于把多媒体信息引入超文本，因此产生了多媒体超文本，亦即超媒体。它是对超文本检索的补充，其存储对象超出了文本范畴，融入了动态图像及声音等多种媒体信息。信息存储结构从单维空间发展到多维空间，存储空间范围不断扩大。

（3）信息检索的工具

可以根据教学与科研的需要选择相关的检索工具，如果利用的是联机、光盘检索系统或数据库检索系统，则可按提示进行操作，其检索途径和功能远比手工检索工具多得多，文献线索的输出形式也可根据需要灵活选择。一般来说，可以先利用本单位已有的信息检索工具，再选择单位以外的信息检索工具，在与信息检索主题内容对口的信息检索工具中选择高质量的信息检索工具。例如，研究课题所需要的文献是期刊论文，可通过中文科技期刊数据库、中国期刊全文数据库等进行检索；如检索学位论文，可查询中国优秀博硕士学位论文全文数据库、中国学位论文全文数据库、PQDD（博硕士论文数据库）等；专利文献可通过美国专利全文数据库、中国知识产权网等进行检索。

（4）信息检索的途径

每种检索工具所提供的检索途径不是完全相同的，可根据检索工具提供的检索途径，结合课题的要求选择检索入口。归结起来有两类检索途径：一类是反映信息内容特征（主题、分类）的途径，另一类是反映信息外部特征（著者、题名、序号等）的途径。现分别介绍如下。

① 主题途径：通过表达文献的内容实质，经过规范化的名词或词组来检索文献，检索时直接按主题词的字顺即可查到某个特定主题的文献。

② 分类途径：以文献的内容在分类体系中的位置查找文献。它的检索标志就是所给定的分类号码。

③ 著者途径：用文献的著作者、编者、译者的姓名或机构团体名称检索特定的个人或团体所生产的文献。

④ 题名途径：利用图书、期刊资料等的题目名称对文献进行检索。

⑤ 序号途径：通过已知号码（如序号、报告号、合同号等）查找文献。

⑥ 其他途径：分子式索引、地名索引、生物属性索引等。

（5）信息检索的方法

选择信息检索的方法是指选择实现检索计划的具体方法和手段，常利用文摘、题录或索引等检索工具来查找文献，而按所查文献的顺序，可分为顺查法、倒查法和抽查法三种。

① 顺查法：由远及近，从问题发生的年代开始逐年往近期查，适用于无综述性文献可参考时使用。由此方法查到的文献较完整，查全率较高，但工作量大，效率不高。

② 倒查法：由近及远，重点放在近期的文献上，多用于新课题或技术的新发展，从新情况开始查到一定的基本资料时为止。

③ 抽查法：根据课题的特点和需要，抽查该课题发展旺盛时期的文献，可节约时间，但可能会出现漏查的情况。

2．信息共享手段

网络技术的发展为信息的共享提供了基础环境，以网络技术为基础的社会性软件的广泛应用为信息交流提供了平台，而为实现信息交流，先后出现了许多社会性工具，如 BBS 和论坛、博客、微博等。随着网络技术的飞速发展，各种各样的网络通信与下载工具应运而生，为人们超时空的信息交流提供了极大的方便。这些工具作为信息交流方式，具有方便、快捷、经济的特点，当然也在基础教育教师的继续教育与科研中拥有广阔的应用领域，利用它们可以收集教学与科研资源、讨论教学问题等。

（1）BBS 和论坛

BBS 和论坛是基于互联网的服务。伴随着信息技术的发展和 Web 的广泛应用，BBS 和论坛的功能越来越多。BBS 和论坛的主要特点是打破了时空、年龄、学历、社会地位等的差异，让用户在一个平等的位置上对多种问题进行大胆的探讨；同时，论坛板块的划分也有助于用户快速找到合适的话题。

BBS 和论坛被广泛集成于数字化校园平台和网络课程中，有利于加强教师之间的协作、交流及资源共享。国内的大部分 BBS 和论坛基本上都是由教育机构、研究机构或商业机构来管理的，它们按照不同的栏目来聘请版主，版主一般都具有某个方面的专业知识，并且认真负责，具有相对意义上的管理权。目前，全国各师范类高校已广泛开通 BBS 和论坛。

（2）博客

博客（Blog）是以网络为载体，支持用户简易、迅速、便捷地发布自己的心得，及时、轻松地与他人进行交流，集丰富多彩和个性化展示于一体的综合性平台。博客用户将工作、生活和学习融为一体，将日常的思想精华及时地记录和发布，链接自己认为有价值、感兴趣的信息和资源，使更多的人能够零距离、零壁垒地汲取这些知识和思想。博客使人们的网络生存方式向个人化的精确记录方式过渡。

在幼教领域，已经有许多教师特别是青年教师掌握了博客技术，并在博客上发表文章和心得。他们纷纷将自己的教学经验、教学反思、课件等上传到博客平台，与各地的幼儿园教师共享。

博客的出现对幼教事业的发展是极有好处的，主要体现在以下几个方面。

① 推进课程改革。课程改革要求广大教师更新观念，改变教学方法。博客为教师开创了一个前所未有的"广开言路"的网络平台，教师可以在博客上就课程改革中碰到的各种问题各抒己见，其他教师则可以通过博客借鉴教学经验或针对教学方法进行切磋。无形中，博客已成为课程改革的思维互动舞台。

② 方便优秀教学资源的共享。博客可突破地域的限制，共享优秀教师的教学案例、教学心得等资源，可加快缩小教育发展的地域差距，推动教育资源的均衡发展。

（3）微博

微博是微博客（MicroBlog）的简称，是一个基于用户关系的信息分享、传播、获取平台，用户可以通过 Web、WAP 及各种客户端组建个人社区，以 140 字左右的文字更新信息，并实现即时分享。国外著名的微博有美国的 Twitter（推特）等，中国有影响力的微博有新浪微博、搜狐微博等。

（4）电子邮件

电子邮件（E-mail）又称电子信箱、电子邮政，是一种用电子手段提供信息交换服务的通信方式。电子邮件是应用最广的网络服务之一，通过电子邮件，用户可快速地与世界上任何一个角落的网络用户联系。这些电子邮件的内容可以是文字、图像、声音等形式。同时，用户可以得到大量免费的新闻、专题邮件，并轻松地实现信息搜索。

电子邮件地址的格式由三个部分组成。第 1 部分代表用户信箱的账号；第 2 部分@是分隔符；第 3 部分是用户信箱的邮件接收服务器域名，用以标识其所在的位置。

电子邮件是整个网络间甚至所有其他网络系统中直接面向人与人进行信息交流的系统，它的数据发送方和接收方都是人，所以极大地满足了大量存在的人与人之间的通信需求。

（5）QQ

QQ 是腾讯公司开发的一款基于互联网的即时通信软件，支持在线聊天、视频电话、点对点断点续传文件、共享文件、网络硬盘、自定义面板、QQ 邮箱等多种功能，并可与移动通信终端等以多种通信方式相连。2021年11月腾讯发布的第三季度财报显示，QQ的注册用户数已超过12亿。

（6）移动学习工具

移动学习起源于美国，自2001年开始受到了全世界各个国家的极大关注。我国关于移动学习的主要研究方向包括家校通、校内无线网、移动图书馆、蓝牙校园网、短信及现在时兴的微信等。

目前，实施移动学习的主要模式有基于短消息的移动学习模式和基于连接浏览的移动学习模式。

① 基于短消息的移动学习模式。这种学习模式可以是学习者之间的、学习者与教师之间的、学习者与互联网之间的互动与交流。通过短消息学习可以实现问答学习、成绩查询、课程辅导等，还可以采用群发或短信通道为学习管理提供服务。

② 基于连接浏览的移动学习模式。这种学习模式是指学习者利用移动学习终端，通过WAP协议访问教学服务器，进行浏览、查询及实时交互，类似于普通的互联网用户。随着移动通信协议的不断改进，通信速度大大提高，基于连接浏览的移动学习模式得到了广泛的应用。

（7）网络资源搜索工具

网络资源浩如烟海，要在大量的信息资源中找到所需要的信息，必须借助专用的、强大的信息搜索工具对信息进行筛选、罗列。目前，用得较为广泛的网络搜索工具是百度、Google、Sogou等搜索引擎。

百度是2000年1月由李彦宏、徐勇两人创立的。百度一直致力于让用户更便捷地获取信息。用户通过百度主页，可以瞬间找到相关的搜索结果，这些结果来自百度庞大的中文网页数据库。

除网页搜索外，百度还提供MP3、图片、视频、地图等多样化的搜索服务，给用户提供更加完善的搜索体验，满足用户多样化的搜索需求。

（8）网络资源下载工具

要将网络资源下载到本地计算机上，除了可以使用浏览器自带的下载功能外，还可以使用专用的下载软件。下载软件很多，较著名的有迅雷、电驴、超级旋风、快车等，大多支持断点续传。

6.4.2 教师科研资源的收集与整理

随着社会、经济的发展，幼儿园教育的质量备受人们的重视，诸如幼儿智力的发展、潜能的开发、非智力因素的培养，不仅关注幼儿的身体健康状况，而且关注幼儿的心理发展，使幼儿作为独立的个体生命能够较好地成长，即人们开始以人生发展的前瞻性高度重新审视幼儿园教育。在这一视野下，幼儿园教师不仅要具备相关的专业理论与技能、丰富的实践经验，而且要有相应的科研意识与能力，通过不断地探索、研究幼儿的身心发展规律，为不同的幼儿提供适宜的个性化教育。因此，科研能力是幼儿园教师必备的一种能力，是促使幼儿园教师具备无可限量后发优势的保障。

科研能力的培养是幼儿园教师专业化发展的需求，是提高幼儿园教师自身素质的需求。教师个体不断发展的历程，是教师不断接受新知识、增长专业能力的历程。教师要成为一个成熟的专业人员，需要通过不断的学习与探究历程来拓展其专业内涵，提高专业水平，从而达到专业成熟的境界。

由于幼儿园教师普遍工作量大，从事科研的时间非常有限，导致在幼儿园教育一线的教师科研能力不足，教科研知识更新跟不上时代发展。又由于不同区域间的教育发展不均衡，能进行相关高品质科研课题研究的也仅仅局限于基础条件好的发达城市的幼儿园，大多资金匮乏、设备不足的幼儿园甚至认为搞科研是一种奢求。

收集资料是教师进行科研的基础环节。在实际工作中常常可以看到，有些教师即使有了好的课题、周密的科研计划、高昂的科研热情，但是科研工作仍难以进行下去，原因之一就是没有收集相关科研资料。要想科研工作顺利展开，就应掌握收集科研资料的基本方法。简单地说，收集资料就是借助一定的研究手段或方法获取所需要的信息的过程。资料通常可分为事实资料和文献资料，两者对科研来说都十分重要。

在教学科研过程中，文献资料是必不可少的。因为要知道别人做了些什么（或者正在做什么）研究及他们是怎样研究的，要想自己的研究建立在已有的研究基础之上，要想自己的选题具有前瞻性并避免重复，都必须查找文献。作为记载、传承人类文化知识的载体的文献，是一切科学研究的基础。文献法作为一种方法，贯穿于科研的全过程，从课题设计，到课题实施、撰写论文或报告，都离不开文献的支撑和利用。然而，不少教师缺乏查阅文献的意识，也不知道如何查找，下面介绍一下文献数据库、数字图书阅览工具和网上专题文库。

1. 国内的重要数据库——中国知网（CNKI）

（1）CNKI 简介

CNKI（China National Knowledge Infrastructure，中国知识基础设施）系列数据库产品是CNKI 工程的产物。CNKI 工程是以实现全社会知识资源传播共享与增值利用为目标的信息化建设项目，由清华大学、清华同方发起，始于 1999 年 6 月。在党和国家领导及教育部、中共中央宣传部、科学技术部、国家新闻出版署、国家版权局、国家发展改革委的大力支持下，在全国学术界、教育界、出版界、图书情报界等社会各界的密切配合和清华大学的直接领导下，CNKI 工程集团经过多年努力，采用自主开发并具有国际领先水平的数字图书馆技术，建成了世界上全文信息量规模最大的"CNKI 数字图书馆"，并启动建设《中国知识资源总库》及 CNKI 网络资源共享平台，通过产业化运作，为全社会知识资源高效共享提供丰富的知识信息资源和有效的知识传播与数字化学习平台。

（2）CNKI 系列数据库产品 5.0 版简介

CNKI 系列数据库产品 5.0 版包括源数据库和专业知识仓库。

源数据库是指完整收录文献原有形态，经数字化加工，多重整理排序而成的专类文献数据库，如中国期刊全文数据库、中国优秀博硕士学位论文全文数据库、中国重要会议论文全文数据库、中国重要报纸全文数据库等。专业知识仓库是指针对某一行业的特殊需求，从源数据库中提取相关文献资源，再补充本行业专有资源共同组成的、根据行业的特点重新整理排序的专业文献数据库，如中国医院知识仓库、中国企业知识仓库、中国城建规划知识仓库、中国基础教育知识仓库等。

（3）CNKI 中国期刊全文数据库简介

① 概况：中国期刊全文数据库（China Journal Full-text Database，CJFD），曾用名"中国学术期刊全文数据库"，是规模很大的连续动态更新的中国期刊全文数据库，内容覆盖自然科学、工程技术、农业、哲学、医学、人文社会科学等各个领域，涵盖国内公开出版的 6000 多种核心期刊与专业特色期刊的全文。

② 收录文献的时间范围：数据库以 1994 年及以后发表的文献为主，对其中 4000 多种期刊回溯至创刊，最早的回溯到 1915 年，如 1915 年创刊的《清华大学学报（自然科学版）》，还有《中华医学杂志》等。

③ 收录文献的学科范围和学科组织方式：数据库所收录的文献覆盖了现有的所有学科，包括自然科学、工程技术、信息科学、农业、医学、社会科学等；以学科分类为基础，兼顾用户对文献的使用习惯，将数据库中的文献分为若干专辑，每个专辑下分为若干专题。

该系统作为一个大型的全文检索系统，用户既可以直接上机检索、阅览、选摘，也可以通过设立的各个中国学术期刊文献检索镜像站的图书情报单位获取产品化的专项文献咨询服务。

（4）中国知网（CNKI）检索方法

中国知网（CNKI）是支持 Web 浏览器文件格式的全文检索系统，用户可以从 CNKI 首页或有授权的单位的镜像分站点登录，也可以下载手机版登录，如图 6-25 和图 6-26 所示。由于页面时常更新，以下界面和操作方法仅供参考，读者掌握检索方法、学会浏览及下载方法即可。

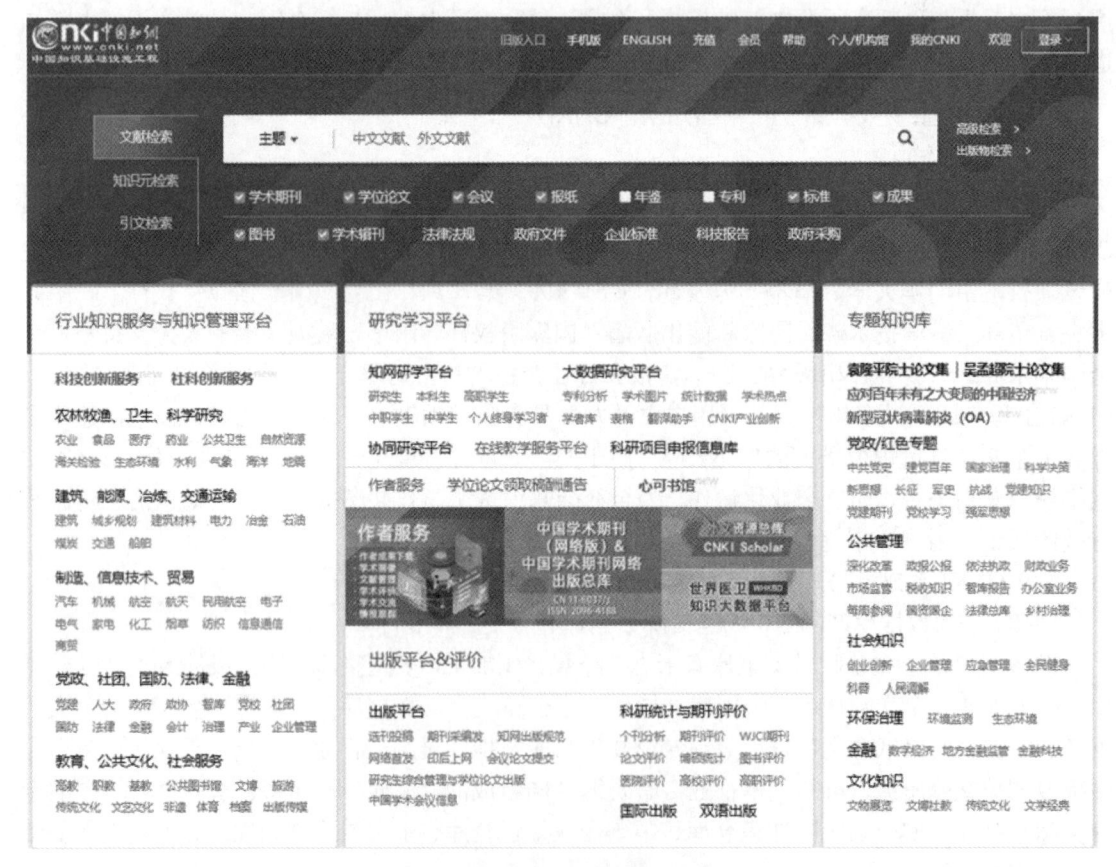

图 6-25 网页版中国知网（CNKI）首页

中国知网（CNKI）对期刊提供的基本检索方式有初级检索、高级检索、专业检索、作者发文检索、句子检索等，也可根据文献导航进行查询。初级检索、高级检索、专业检索、文献导航如图 6-27 所示，分别体现在单库检索和跨库检索两种模式中。

图 6-26 手机版（安卓）中国知网（CNKI）首页

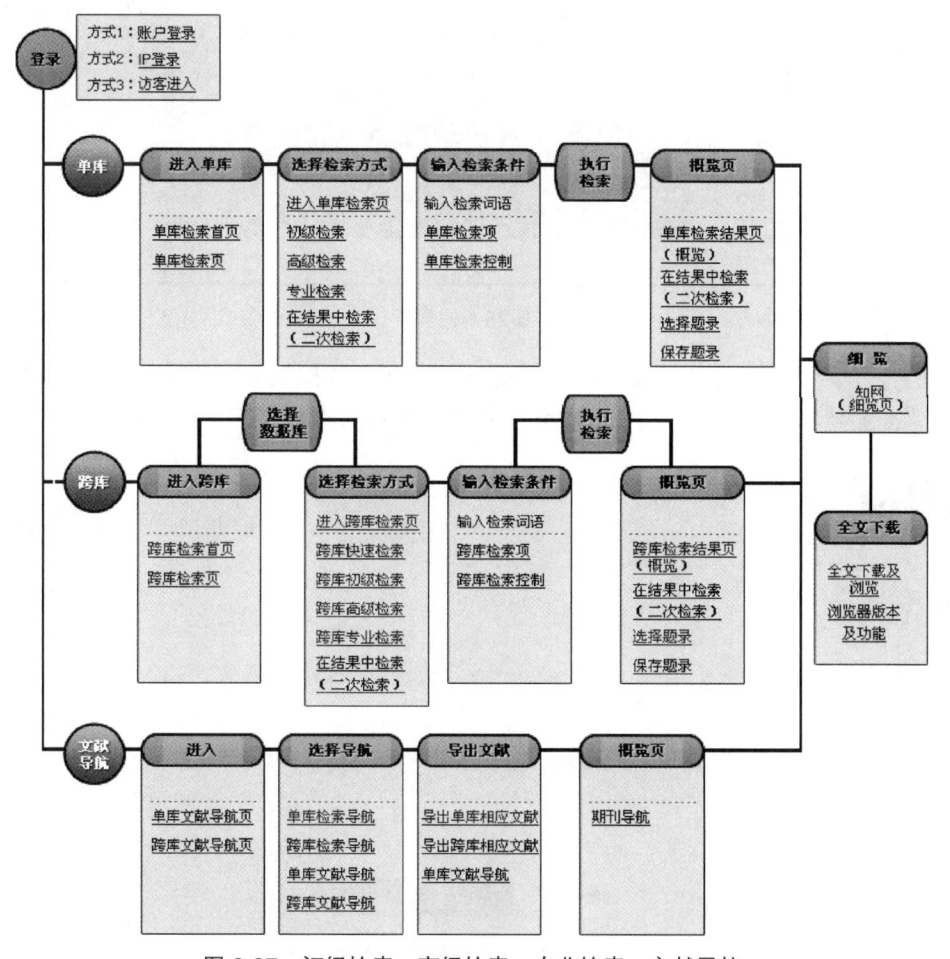

图 6-27 初级检索、高级检索、专业检索、文献导航

185

各种检索方式的检索功能有所差异，但基本上遵循由高向低兼容的原则，即高级检索中包括初级检索的全部功能，专业检索中包括高级检索的全部功能。各种检索方式所支持的检索均需通过检索项、检索词、检索控制实现。系统所提供的检索项、检索控制均可任选。在同一种检索方式下，不同的数据库设置的检索项及检索控制可能会有差异。例如，针对文献提供的检索项有主题、关键词、篇名、全文、作者、第一作者、通讯作者、作者单位、基金、摘要、小标题、参考文献、分类号、文献来源、DOI（数字对象唯一标志）等，如图 6-28 所示。用户可以根据自己的需要选择对应的检索项。

图 6-28　检索项

单击首页的"高级检索"按钮，可打开如图 6-29 所示的检索方式选择页面。分别单击"高级检索""专业检索""作者发文检索""句子检索"按钮可进入相应检索页面。

图 6-29　检索方式选择页面

高级检索是一种比初级检索复杂的检索方式，能够帮助用户实现文献的精准检索。在如图 6-29 所示的页面中单击"高级检索"按钮后，可以按确定检索范围、明确文献分类、输入检索条件三个步骤进行，如图 6-30 所示。

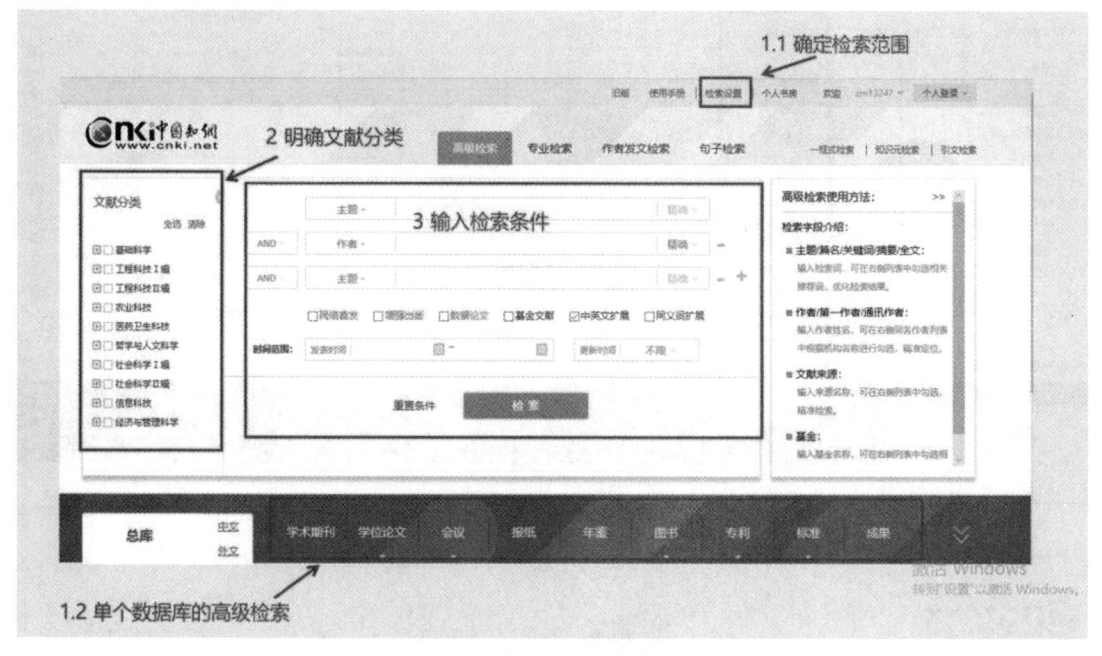

图 6-30　高级检索的步骤

第 1 步：确定检索范围。
方法 1：借助页面上方的"检索设置"选项确定检索范围。
方法 2：在高级检索页面下方进行数据库的切换，进入单个数据库的高级检索。
第 2 步：明确文献分类。高级检索页面左侧是文献分类导航。文献分类导航默认是收起状态，可展开勾选学科分类。
第 3 步：输入检索条件。

高级检索页面中间是检索区域，可通过多个检索条件的限制进行更加精准的检索，如图 6-31 所示。

高级检索页面上方是检索条件输入区，可单击检索框后的 +/− 按钮，添加或删除检索项；同时可自由选择检索项（主题、全文、作者等）、检索项间的逻辑关系（AND、OR、NOT）、检索词匹配方式（精准、模糊）。

高级检索页面下方是检索控制区，可通过条件筛选、时间选择等对检索结果进行范围控制。

高级检索页面右侧是检索推荐/引导区，有助于文献的检全、检准，优化检索结果。例如，当检索项为"主题"时，在检索框中输入"云计算"，检索推荐/引导区会列出相关推荐词，其中包括关键词的同义词、上下位词、相关词等，在勾选相关词后，勾选词会自动填入检索框，检索结果是包含关键词和勾选词的全部文献；当检索项为"作者"时，输入作者名"邓仲华"，检索推荐/引导区会显示所有同名作者/所在机构，勾选之后可以精准定位到某机构的作者，如图 6-32 所示。同样，其他检索项下，在对应检索框中输入检索词后也会出现相关的推荐/引导内容。

187

图 6-31 高级检索条件

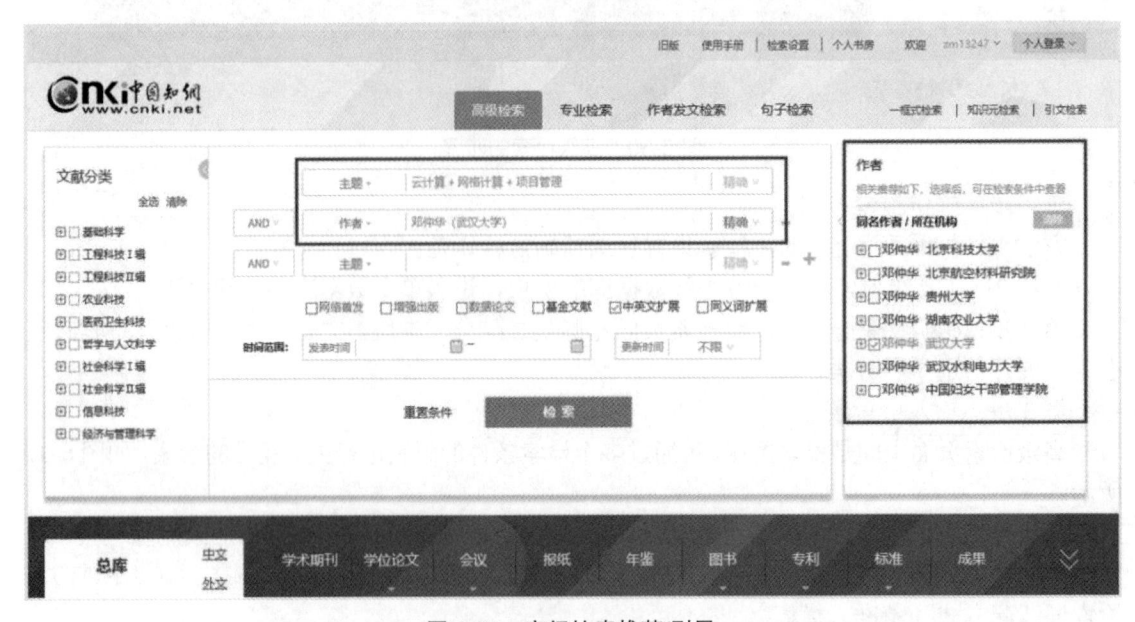

图 6-32 高级检索推荐/引导

需要注意的是，只有正常登录的正式用户才可以下载和浏览文献全文。系统提供两种途径下载和浏览全文：一是从检索结果页面（概览页），单击题名前的"保存"按钮下载和浏览 CAJ 格式全文；二是从详细页面（细览页），单击"CAJ 下载"按钮或"PDF 下载"按钮可分别下载和浏览 CAJ 格式、PDF 格式全文，如图 6-33 所示。例如，单击"PDF 下载"按钮，弹出"新建下载任务"对话框，设置文件名和保存路径后单击"下载"按钮即可，如图 6-34 所示。

图 6-33　从详细页面下载文献

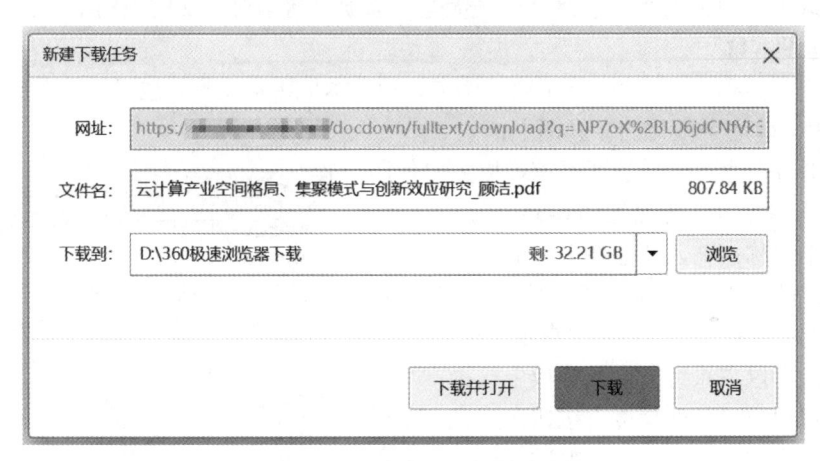

图 6-34　"新建下载任务"对话框

2. 数字图书阅览工具——超星阅读器

（1）超星阅读器简介

超星阅读器（SSReader）是专门针对数字图书（如超星数字图书馆）和文献的阅览、下载、打印、版权保护而研究开发的一款阅览器，可支持 PDG、PDF 等主流的电子图书格式，广泛应用于各大数字图书馆和网络出版系统。

安装好超星阅读器后，会在桌面和"开始"菜单的程序列表中自动建立启动快捷方式，通过这些快捷方式即可启动软件。通常情况下，在软件安装完成后，超星阅读器会自动运行，用户可直接阅读图书。双击打开 PDG 格式文件时，超星阅读器会自动启动。

（2）超星阅读器的个性化设置

软件安装完成后，阅读图书前，也可以进行一些设置。

① 基础设置。
- 地址：定义主页地址。
- 过滤网页弹出窗口：过滤网页弹出的广告等小窗口。
- 字体：设置图书中文字的字体。

189

- 背景颜色：设置资源背景颜色。
- 全屏时显示：设置满屏时是否显示状态条、菜单栏。
- 资源列表从远程更新：如为选中状态，资源列表将自动检查是否有更新。
- 显示超星读书网资源列表。

② 页面显示部分设置。
- 背景：设置图书的阅读背景。
- 前景：设置图书中的文字颜色。

注意：页面显示设置只对图像格式的图书起作用。

③ 书籍阅读部分设置。
- 设置放大镜的面积及放大倍数。
- 设置自动滚屏速度。
- 设置图书打开时的显示比例。
- 设置文字识别模式：如果安装了文字识别模块的增强程序，选择"中文优先"选项将增强对中文的识别率，选择"英文优先"选项将增强对英文的识别率。

（3）新建图书馆

新建图书馆主要用于存放会员下载的图书，管理本地硬盘文件；也可以在此整理从远程站点复制的列表，建立个性化的专题图书馆。

① 新建图书馆模板。新建图书馆模板主要使用"新建图书馆"对话框，界面如图 6-35 所示。
- 图书馆名称：输入新建图书馆的名称。
- 目标路径：图书馆列表的存放路径，可以单击右侧的"选择路径"按钮来自定义存放路径。
- 模板：可以在系统提供的模板中选择一个，也可以单击"新建模板"按钮自定义一个模板；如果需要删除已经建好的模板，可以单击"删除模板"按钮，在弹出的窗口中删除模板。
- 编辑所选字段：选择好模板后，可以在下面的列表框中对需要改动的字段进行修改。
- 恢复默认设置：修改当前模板后，如果要放弃修改就使用该功能。
- 另存为模板：对当前模板修改完成后，可将模板另存为新的模板。

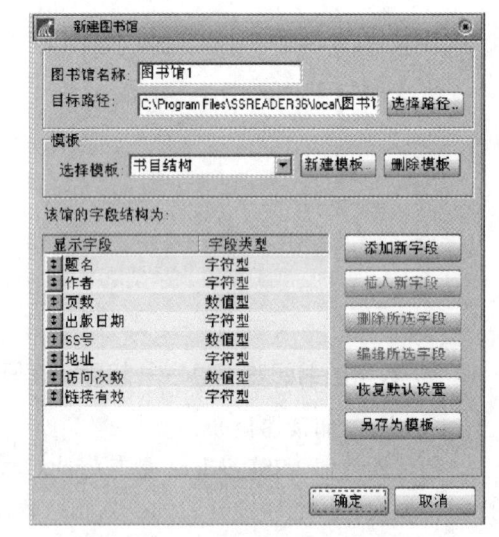

图 6-35 "新建图书馆"对话框

② 修改图书馆结构。如果需要对已经建好的图书馆进行字段修改，可以在图书馆上单击鼠标右键，在弹出的快捷菜单中选择"属性"命令，在弹出的"属性"对话框中选择"修改图书馆结构"选项，然后根据提示进行修改。

③ 新建子分类。可以在分类下新建一个子分类。

④ 复制、剪切、粘贴。通过复制、剪切、粘贴实现分类的灵活移动。在分类上单击鼠标右键，在弹出的快捷菜单中选择"复制"命令，再在其他分类上单击鼠标右键，在弹出的快捷菜单中选择"粘贴"命令。

⑤ 导入/导出备份数据。在需要备份的分类上单击鼠标右键,在弹出的快捷菜单中选择"导出/导入备份数据"命令。导出的备份数据可以用于备份这个图书馆,也可以通过电子邮件或其他方式发送给自己的朋友进行交流。导入操作类似。

(4)图书阅读

① 翻页工具介绍。

- ▣:快速回到目录页。
- ▣:快速到达正文。
- ▣:上一页。
- ▣:下一页。
- ▣:浮动的翻页按钮,可以随意移动位置。
- ▣:快速到达指定页,输入页号,然后按回车键即可。

② 缩放工具介绍。

- ▣:整宽显示图书。
- ▣:整高显示图书。
- ▣:按指定比例显示图书。

③ 其他工具介绍。

- ▣:显示或隐藏章节目录。
- ▣:区域选择。
- ▣:文字选择(文本格式的图书适用)。
- ▣:文字识别。
- ▣:图书标注(图像格式的图书适用)。
- ▣:添加书签。

在阅读文本格式的图书过程中,有一个查找文字的功能,可以借助右键快捷菜单快速查找到需要的内容。

(5)图书下载

在已经打开的图书阅读页面单击鼠标右键,在弹出的快捷菜单中选择"下载"命令(见图6-36),会弹出"下载选项—分类"对话框(见图6-37)。

如果没有注册用户名,系统会认为是匿名用户,那么下载的图书只能在本机阅读,如果要把下载下来的图书复制到其他计算机上

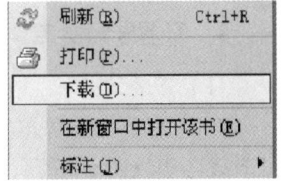

图6-36 "下载"命令

阅读的话,需要到注册中心注册一个用户名。在这个页面中可以设置下载图书的存放位置,如果想更改图书的默认存放位置,可以选择"设置"→"选项"→"下载监视"命令,设置默认存放路径。阅览器安装完成后,下载图书的默认存放路径是阅览器安装目录中的 local 目录。

切换到"选项"选项卡(见图6-38),可以设置图书的书名,指定下载某些页,也可以设置代理等。

(6)超星阅读器使用技巧

用超星阅读器阅读 PDG 格式的图书时,可以使用文字识别功能将 PDG 格式转换为 TXT 格式的文本保存,方便信息资料的使用。

操作步骤如下:在阅读书籍页面单击鼠标右键,在弹出的快捷菜单中选择"文字识别"命令,然后按住鼠标左键任意框选一个矩形区域,其中的文字将全部被识别,识别结果在弹出的一个面板中显示,可以直接对识别结果进行编辑、导入采集窗口或保存为 TXT 格式文件操作。

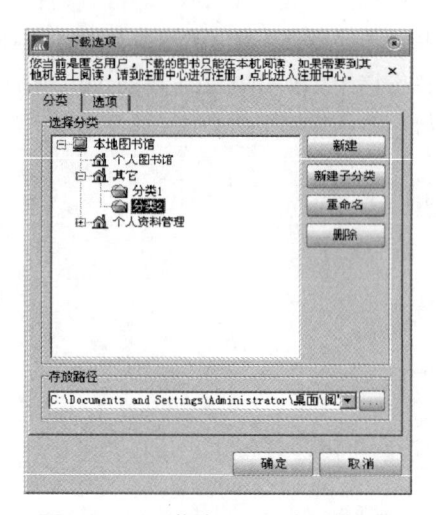

图 6-37 "下载选项—分类"对话框 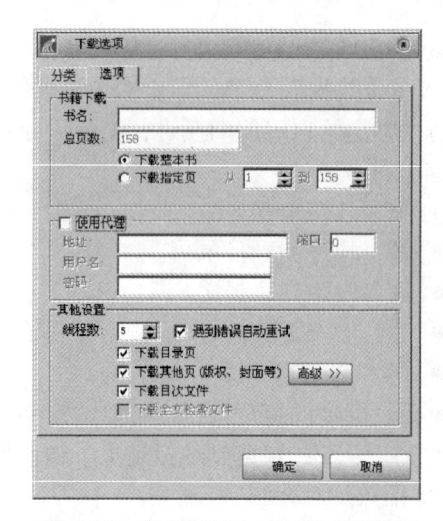　　　　图 6-38 "下载选项—选项"对话框

在阅读图书时单击鼠标右键，在弹出的快捷菜单中选择"区域选择工具"命令，然后按住鼠标左键进行拖曳，将所要剪切的图像全部包围进矩形框中，松开鼠标后，弹出提示框，可以直接将剪切的图像保存为 BMP 格式的图片；同时，剪切的图像被放入了系统的剪贴板中，也可以粘贴到图像处理软件或 Word 文档中保存。

书签可以为读者提供很大的便利，利用书签可以方便地管理图书、网页。

书签内容：书签中包括网页链接和图书链接。

添加书签：在图书阅读窗口和网页窗口，如果想将当前页信息添加到书签，可以在"书签"菜单中选择"添加书签"命令。

管理书签：在"书签"菜单中选择"书签管理器"命令，进入管理器后可以修改、删除书签。

3. 网上专题文库

（1）百度文库

百度文库是百度公司提供给网友的在线分享文档的开放平台。在这里，用户可以在线阅读和下载各类课件、习题、考试题库、论文报告、专业资料、公文模板、法律文件、文学小说等多个领域的资料，不过要下载需要扣除相应的百度积分。平台所累积的文档均来自热心用户的上传。百度文库自身不编辑或修改用户上传的文档内容。用户通过上传文档，可以获得平台的虚拟积分奖励，用于下载自己需要的文档。下载文档需要登录，免费文档可以登录后下载，对于一些上传用户已标价的文档，下载时需要付出虚拟积分。

（2）百度百科

百度百科是百度公司推出的一部内容开放、自由的网络"百科全书"，旨在创造一个涵盖各领域知识的中文信息收集平台，强调用户的参与和奉献精神，充分调动用户的力量，汇聚上亿名用户的头脑智慧，积极进行交流和分享。同时，百度百科实现与百度搜索、百度知道的结合，从不同的层次上满足用户对信息的需求。

（3）豆丁网

豆丁网是一个专业的社会化阅读分享平台及文档内容营销平台，内容覆盖商业、办公、教育、财经、实用信息等各领域。在豆丁文档库中可以发现和自由分享教育资料、论文课件、学术报告、财经分析数据、原创文学等各行业及各种类型的文档。用户可通过豆丁播放器浏览文档,或者通过下载直接获取文档。

(4)道客巴巴

道客巴巴是一个专注于文档在线交易的电子商务网站,用户只需上传文档,标明价格,就可以在线销售。销售的模式包括租阅和下载两种:租阅模式只允许用户在线浏览、观看,不允许复制和传播;下载模式允许用户将原文档下载到本地观看、使用。卖家不但可自行设定销售模式,而且可以针对不同的销售模式制定相应的销售价格,这样不仅可以满足用户对文档不同层次的需求,还可以增加卖家的收益。

道客巴巴拥有丰富的文档内容,包括电子图书、学术论文、培训资料、课件、讲义、市场调查报告、市场分析数据、书稿、各类翻译作品、文献、个人创意、策划报告等,是一个很好的学习资源库。

需要指出的是,以上文档库中,有些是用户上传的,有些是经用户修改的,其内容的准确性没有得到权威机构的认定,在学习时只能作为借鉴和参考。

6.4.3 教师继续教育培训与现代远程教育

1. 教师接受继续教育的必要性

"教育的质量取决于教师的质量。所有试图改进教育质量或使学校工作更具活力的努力,都必须完全立足于教师能力的提高。"幼儿园教师的能力主要体现在个人的专业发展上,即幼儿园教师从非专业人员成为专业人员且不断提升自己的专业品质的过程。幼儿园教师从学前教育师范专业毕业后,一般经过一两年的教学实践,就会成为名副其实的专业人员。但是,随着年龄的增长,幼儿园教师的专业能力会逐步减退。这主要是由幼儿园教师的工作性质决定的,大多数幼儿园教师工作任务繁重,加上幼儿园的学习条件限制,特别是在民办幼儿园和农村幼儿园,他们难以获得知识更新的条件和机会,所以必须为他们创造接受继续教育的条件。

进行中小学教师和幼儿园教师职后培训,是我国教育部门长期坚持的基本政策。如2015年教育部、财政部印发的《关于改革实施中小学幼儿园教师国家级培训计划的通知》中,就明确提出了要对各层级的基础教育工作者(含教育管理及研究人员,学校校长及幼儿园园长、骨干教师、普通教师等)进行继续教育培训;2017年教育部办公厅印发的《中小学幼儿园教师培训课程指导标准(义务教育语文学科教学)》等三个文件、2020年7月印发的《中小学教师培训课程指导标准(师德修养)》等三个文件的通知,进一步明确了教师培训的具体内容和标准。

2. 教师继续教育的内容及组织形式

基础教育教师继续教育培训的内容一般包括教育理论、新的课程理念、科学文化方面的知识更新,以及教师专业技能和现代教育技术应用能力的提高。

继续教育培训组织单位一般是学校和上级教育行政部门。学校自主进行的是校本培训。上级教育行政部门一般会委托大学、师范学院、专门的教师培训中心等教育机构组织(如"国培计划"),有短期集中培训、学历函授教育和现代远程培训三种形式,在"国培计划"中还特别提出了混合式培训方式。

3. 教师现代教育技术应用能力的培训内容

在科学技术飞速发展的今天,教育技术必然随之不断更新,所以,中小学教师和幼儿园教师的教育技术应用能力也必须不断提高,且必须参加有组织的培训(因为他们不像大学教师那样有条件自主接受教育技术应用能力的学习和培养)。

(1)培训目标

教师通过培训,学习和体验教育信息化的基本理念,了解信息化教学的理论和方法,能利用计算机和网络技术获取相关基础教育教学信息,能创造性地开发、丰富儿童教育资源,具有合理、灵活运用多种信息资源解决实际问题的能力。

(2)培训内容与策略

在培训内容的安排上,根据信息化素养的三个方面——信息化意识、信息化知识与技能、运用信息技术教学的能力,分别设计相应的学习模块。在培训策略的设计上根据每个学习模块的内容,再结合学校的教学实际分别采取不同的培训形式与策略,如基于任务的培训策略、基于问题的培训模式等。

学习模块1:信息化意识的培养。

培训内容:教育信息化重要性的认识;学习信息技术的态度;应用信息技术的热情;信息道德与安全意识。

培训策略:专题讲座;任务驱动;自修反思;小组研讨。

学习模块2:信息化知识与技能的培养。

培训内容:计算机与网络基本原理;系统及常用办公软件操作;网络获取与信息交流;现代教学媒体使用;多媒体素材获取与处理。

培训策略:理论讲授;案例教学;现场指导;自主合作探究;实践操练。

学习模块3:运用信息技术教学的能力的培养。

培训内容:多媒体课件设计与开发;现代课件制作技术;教育课件设计实例;多媒体辅助教育活动研究。

培训策略:专题讲座;问题探究;现场指导;实践操练;研训一体。

通过以上对教育技术应用能力培训内容的了解,有助于教师在没有条件参加培训时,通过一定的自学手段提升相关教育技术应用能力。

4. 教师自学及终身学习手段

教师参加继续教育培训,不仅是为了获取知识,更重要的是可提高其终身学习的能力。随着网络技术和通信技术的发展,学习手段和学习工具不断推陈出新,使得人们获取知识的途径越来越多,也越来越快捷。就目前来说,除了利用网络这一现代远程教育工具外,还可利用在线学习平台相互学习、相互交流。

【实践活动】网络教学资源的收集与整理

请在网上搜索并下载十篇以上的相关文章,课后整理出一篇关于"如何优化语文课文'望庐山瀑布'的教学设计"或"如何帮助幼儿建立数字概念"的论文(不少于3000字,引用或参考文献不得少于十篇)。

【本章小结】

现代教育离不开信息技术,以信息技术为核心的现代教育技术作为深化教育改革的突破口和制高点已逐渐成为人们的共识。了解教育技术在中小学及幼儿园的应用,掌握现代教育技术辅助教学手段，是教育教学改革对基础教育教师的必然要求。所以，本章介绍了一般教育技术教科书没有涉及的小学和幼儿园各大信息应用系统，如校园门禁系统、儿童安全接送系统、家校互动系统等；并且进一步对多媒体及其辅助教学的功能、原则和方法进行了阐述，特别介绍了现代常用教学工具的使用，目的就是要促进教师信息化教学能力的提高。另外，学习教育技术的重要目的之一是掌握教育教学资源的开发和应用，尤其是儿童教育资源，为此，对教育资源库的建设进行简要介绍，便于教师有针对性地进行儿童教育资源的建设和研究。最后，针对中小学和幼儿园教师的教科研和终身学习，花了一定篇幅向教师介绍各种信息化学习支持手段，教学、科研资源的收集办法，以及如何接受继续教育培训。

总之，中小学及幼儿园教师教育技术素养的培养是一项系统工程，需要各方面的相互配合，协同工作。除了学习、培训，更重要的是需要教师主动实践，不断积累经验，这样才能有效提高教育技术的应用能力。教师要结合儿童教育的多学科性及儿童的思维特点设计多媒体课件。特别是对多媒体教学薄弱的幼儿园教学活动，要让多媒体教学成为健康、语言、科学、社会、艺术五个领域活动的常用手段，使健康教育更加生动形象，使语言教育更加富有魅力，使科学教育更加新颖奇特，使社会教育更加贴近生活，使艺术教育更加张扬个性，使幼儿成长取向教育更加落在实处，更好地达成幼儿园教育的总体目标。

【思考与练习】

1. 什么是智慧校园？智慧校园由哪几部分构成？
2. 简述小学或幼儿园信息系统（教育管理系统）的主要构成及功能。
3. 简述教学资源库的开发方法，谈谈如何在实际教学中开发儿童教育资源，构建儿童教育资源库。
4. 谈谈如何构建自己的个人教学空间。
5. 教师信息化学习的支持手段有哪些？
6. 简述教师科研资源的收集方法。

第7章
新兴教学手段、教学模式和学习形式

【本章导读】

在科学技术高速发展的今天，随着教育信息化的迅猛发展，移动学习、混合式学习、微课、翻转课堂、创客教育、智慧教学等新的学习形式、教学模式、教育理念正扑面而来。这对广大教师群体来说，既是机遇也是挑战，机遇就是可以置身于改革大潮之中，做改革先锋；挑战就是必须革新教学模式，改变教学方法，学习新的教育技术手段。本章将对目前出现的一些新的学习形式和教学形式向读者进行介绍，并对它们的应用进行简要讨论。

【本章学习目标】

通过对本章的学习，将实现下列学习目标：

- 知道什么是移动学习，知道怎样利用移动学习工具引导学生学习。
- 理解混合式学习的概念，掌握混合式教学的应用实践。
- 理解微课的概念，掌握微课的教学设计。
- 掌握微课的制作，掌握微课教学的应用实践。
- 知道翻转课堂的概念，掌握翻转课堂的应用实践。
- 理解STEAM教育和创客教育的概念，初步掌握其教育实践的方法。
- 知道什么是智慧课堂，学习智慧课堂的设计与实践。

7.1 移动学习

7.1.1 移动学习的概念

1. 移动学习的定义

移动学习（Mobile Learning），顾名思义，就是能够使用任何设备，在任何时间、任何地点接受学习。但这样说未免过于宽泛，体现不出任何特色化、现代化的元素。一般认为，移动学习主要是利用移动设备进行的学习，所以目前较为公认的定义是，移动学习是一种在移动计算设备帮助下，能够在任何时间、任何地点发生的学习，所使用的移动计算设备必须能够有效地呈现学习内容并且提供教师与学习者之间的双向交流通道。在目前的无线网络、国际互联网及多媒体技术环境下，学生和教师通过利用人工智能（Artificial Intelligence，AI）设备（如智能手机、PDA、Windows CE 设备等）能更方便、灵活地实现交互式教学活动，以及进行教育和科技方面的信息交流。

其中，智能手机移动学习是一种很灵活的学习方式，是目前应用较为广泛的移动学习方式。这种灵活性除了体现在学习时间、学习地点、学习方式上之外，还体现在学习资源上。在智能手机中以多媒体方式所呈现的丰富的学习资源，有助于学习者多方面、多角度地学习每个知识点。

2．智能手机终端移动学习的特点

智能手机终端移动学习作为一种典型的移动化学习方式，为学习者提供了极大的便利。其特点主要包括以下四个方面。

（1）学习时间的开放性

它扩展了学习者的学习空间，带来了更多的学习资源和学习渠道。在信息高速膨胀的社会，手机已成为人们的随身物品之一，因而，拥有多种功能的智能手机终端能为学习者随时随地提供便捷的、开放式的学习空间。例如，人们在等候或乘坐公交、地铁、火车、飞机、的士等交通工具时，就可以利用能连接网络的智能手机终端来阅读报纸、浏览新闻、学习各种知识，充分利用闲暇时间进行学习。

（2）学习的及时性

它突破了时空限制，让学习过程与自由更好地交互融合，实现了各种动态非正式知识的获取和广泛自由的信息沟通。学习者在学习、生活的过程中遇到各种问题或困难时，不用请教或电话求助他人，也不用查阅图书即可利用安装在智能手机终端里的软件，借用 QQ、微信、百度等平台，在网络里与教师乃至人机进行交流，及时找到问题的答案，并较快地解决；学习者还可访问网络空间，及时向移动学习服务平台（如百度知道、Google 提问等）提出自己的问题并在网络上获得解答和帮助。

（3）学习的便捷性

智能手机具有的大容量存储空间，可以存储包括电子教科书、视频影像、字典/词典等学习资源，减轻了纸质书籍学习"沉重"的负担。内容丰富的电子书及音/视频资料使得学习更轻松、更便捷。

（4）学习的个性化

学习者可以根据自己的实际情况，在自己的智能手机终端里安装符合自己需求的学习软件，选择自己喜欢的学习内容，满足自身能力提高的要求，实现更为个性化的自主学习。

7.1.2 移动学习的应用

利用移动工具，学习者可以不拘泥于时间、地点，随时随地学习，无论是在出差还是在休闲，都可以利用空余时间进行学习。概括起来，目前国内主要的移动学习模式大致分为以下几类。

1．基于推送的移动学习模式

在基于推送的移动学习模式下，学习者通过手机等将信息发送至互联网教学服务器，再由服务器分析信息后转化成数据请求，并进行数据分析及处理后再发送给学习者。利用这种移动学习模式可以实现的教学活动有：发布教学通知及相关内容；学习者对学习情况的反馈与教师的再反馈（师生互动）；在线测评与信息查询。这种学习模式的缺点是信息多以文字、图片为主，内容比较单一。

2．基于无线网络的在线连接浏览的移动学习模式

通过基于无线网络的在线连接浏览的移动学习模式，学习者可以使用移动终端接入互联

网，访问教学服务器，并进行浏览、查询和实时交互，类似于普通的互联网用户。学习者和教师能够通过移动终端随时随地访问学习资源和教学资源。

基于无线网络的在线连接浏览的移动学习模式让学习者摆脱了时间、地点的限制，只要需要学习资源，就可以随时上网查找、浏览，并可以进行下载。而且，下载的学习资源可长期保存在移动终端上，学习者在没有网络的状态下也可以学习。应该说它是一种适合于所有移动学习者的移动学习模式，这也是目前为止应用相当广泛的一种移动学习模式。这种移动学习模式主要有以下几种学习形式：基于 WAP 网站的移动学习模式；基于博客的移动学习模式；在线阅读模式；基于流媒体的移动学习模式；基于播客（Podcasting）的移动学习模式；基于虚拟现实的移动学习模式；基于专家系统的移动学习模式等。

3. 基于校园无线网络的准移动学习模式

准移动学习是指可以在局部范围内（如一个校园、一栋楼、一片户外学习区或一个教室）实现的移动学习，是构成智慧校园的主要元素。学习者和教师可以利用笔记本电脑通过校园无线网连接到校园网络，学习者可以下载学习内容，向教师发送作业；教师可以通过校园的无线网络为学习者提供学习辅导，学习者和教师可以借助校园网络实现对双方教与学的评价。这种移动学习模式作为传统课堂的延伸，是学生个别化自主远程学习的一种有前途的学习模式。

根据移动学习环境的范围、需求及功能，基于校园无线网络的准移动学习环境建设可以有以下三种形式：集中控制方式，适用于教室范围内的移动学习；中继连接方式，适用于整栋楼或两栋楼范围内的移动学习；混合连接方式，适用于校园范围内的移动学习。混合连接方式是以有线校园网为核心，将各种无线移动学习区域连接起来构建校园范围内移动学习环境的组网方案。

4. 基于移动终端的电子书、音/视频和游戏的学习模式

移动终端基本上都支持 TXT 格式。利用电子书功能可以将教学内容等事先通过计算机下载到移动终端上，然后随时随地进行阅读。对于音/视频文件，也可以通过计算机下载到移动终端上，不过有些移动终端需要转换文件格式才能播放。下载的音频可以用于练习听力，学习英语发音；视频可以创设真实化情境，激发学习者的学习兴趣，让学习者在真实情境中学到知识，比传统的"死记硬背"效果会好很多。但是这种移动学习模式只适于自主学习者。一方面，只能利用下载好的资源进行学习，资源受到限制；另一方面，缺乏交互的功能，学习者在学习的过程中得不到反馈信息，教师也无法评价学生的学习情况。不过，这种学习模式可以与以上在线移动学习模式结合使用，产生的效果会更好。

基于移动终端的学习，现在已经不只是电子书、音/视频和游戏了，还可以在线测试、问答、评估、交友，建立自己的社交圈、个人学习库等。

7.2　混合式学习

7.2.1　混合式学习的概念

1. 混合式学习的定义

前已述及，混合式学习（B-Learning）是在"适当的"时间，通过应用"适当的"学习技术与"适当的"学习风格，对"适当的"学习者传递"适当的"能力，从而取得最优化的学习效果的学习方式。

在线学习（Online Learning 或 E-Learning）可以充分考虑学习者的学习风格和学习习惯，让学习者自主安排学习时间和地点，甚至可以自主选择学习资源等辅助材料，充分体现了学习的个性化。面对面（Face to Face）的课堂学习可以使教师及时了解学习者的学习情况和理解程度，合理安排教学方法和教学进度，因材施教。所以，在线学习和面对面的课堂学习各有利弊。而混合式学习综合了两者的优势，把面对面的课堂学习和在线学习两种学习模式整合，以降低成本、提高效益。有学者表示，"混合式学习关注的是通过在恰当的时间对合适的人采用适当的学习方式来满足不同的人或学习团体的学习风格，以使他们掌握适当的知识技能从而使学习效果达到最优化"。

2. 混合式学习的特点

混合式学习并不是简单地将教室学习和网络学习两种学习环境进行"混合"，而是将所有教学要素进行有机结合，综合运用不同的学习理论、技术手段及应用方式来实施教学，包括教学理论、学习环境、学习方式、学习资源、学习风格、学习评价等的混合应用。它通过有机地整合面对面的课堂学习和在线学习，将两者的优势结合起来，理论上包括了基于不同教学理论（如建构主义、行为主义和认知主义）的教学模式的混合，教师主导活动和学习主体参与的混合，课堂教学与在线学习不同学习环境的混合，不同教学媒体的混合，不同学习资源的混合，课堂讲授与虚拟教室的混合等。

7.2.2 混合式学习的应用

混合式学习强调线上自主学习与面对面学习（含在线辅导）相结合，从而兼顾了在线学习的"成本低"和面授学习的"效果好"，因而得到了广泛应用。目前，混合式学习模式越来越受到各界人士的认可和欢迎，尤其是用于学校教学、教师培训和企业培训。

1. 混合式学习的应用范围

（1）用于学校教学

创新是一个国家、一个民族生存的基础、发展的动力。在我国，创新型人才的培养一直以来都是学校教育最为重要的培养目标之一。混合式学习模式本身就是一种创新，它对学生创新能力的培养也有着积极的意义。目前，这种"面对面教室学习"和"网络在线学习"相结合的混合式学习模式在我国高校已经得到普遍应用，并逐渐开始渗透到中小学的教学之中，甚至有的幼儿园已经在网站上开设了幼儿学习栏目。我国各级各类学校在进行数字化校园建设的同时，也嵌入了各种网络学习平台，以促进学习者的自主学习，提高学习效率。教育工作者通过混合式学习的教学实践进行教学模式、方法、策略的探索研究，不断优化网络教学平台，为创新学习模式、利用现代化的学习手段起到了积极的推动作用。

学校教学采用混合式学习模式的主要形式和手段是建立了大量的网络课程（大学）和专题学习网站（中小学），在这些网站（教学平台）中，存储着大量的辅助学习资源，学生可以得到学习指导和进行课外练习、重复学习、自我测验等，针对中小学还开发了有游戏性质的趣味学习平台或软件，能很好地激发学生的自主学习兴趣，提高学习效果。

（2）用于教师培训

我国的教师教育培训长期以来形式比较单一，主要是函授（短期面授+自学为主）或远程电视教学，这种传统的培训模式存在许多弊端和不足，主要表现在：面授期短，学员接受指导时间短，教师和学员交流不及时，互动手段有限。随着网络技术的发展，基于混合式学习的教师培训模式逐渐得到应用并已成为现行的主流教师培训模式,而且由于现在的网络学习平台具有强大的交互能力,加上教师普遍具有良好的自学能力,所以教师培训已变为以线上学习为主。2001年年初,我国正式开展对高校教师的教育技术能力培训。2005年和2010年分别启动的全国中小学教育技术能力建设计划和全国中小学教师国家培训计划,尤其是对中小学和幼儿园教师进行的教育技术应用能力培训,为混合式教学的顺利实施提供了必不可少的软硬件保障。而且,这种国家培训计划大都由高校承担,知名师范高校教师通过暑期的在线网络授课,培训了大批优秀的中小学和幼儿园教师。面对面的集中培训和网络在线学习相结合的教师培训方式,为岗前教师和在岗教师的沟通交流提供了便利,为两者的专业化、精英化发展提供了有效保障。而且,一些优秀的中小学教师通过混合式教学形式习得的经验,结合学校的客观条件,积极开展教学改革,以期促进信息技术与课程的深度融合,为混合式学习在中小学的应用推广起到了良好的促进作用。

(3) 用于企业培训

实际上,在线学习这种方式最早是用于企业的。尤其是大型企业,由于有着得天独厚的技术优势和对培训效果的渴求,常常最先关注和使用最新、最有效的培训方式,所以这些企业很早就开始利用互联网络并采用混合式学习模式对员工进行职前或职后的培训。不仅企业,现在政府部门也越来越多地运用这种培训模式,取得了很好的效果。

2. 混合式学习过程

要有效利用混合式学习模式进行教学和培训,除把握好教学实施过程以外,还必须重视课前的调查、课中的体验学习介入和课后的跟踪服务。因此,完整的混合式学习过程包含如下几个环节。

(1) 课前调研阶段

由于对学习目标、学习对象缺乏了解,有必要实施有效的课前调查,相对充分地了解组织者和学员的学习期望。传统的课前调查发生在教师、组织者和学员之间,是人与人之间的面对面互动,这对学校教学来说是能轻而易举做到的。但对远程教学和某些培训来说,基本不能实现。网络技术的出现为此类调查及问题的解决提供了可能性。通过在线调查,可以了解每个学员对学习主题的认识程度,有针对性地设计在线辅助预学习内容,帮助学员在课前扫清课程主题认知的若干误区,储备足量的相关知识,从而减少由于学员知识、经验不足所带来的学习需求模糊问题。

(2) 课程组织阶段

在线学习降低了面授课程的时间和空间压力,为混合式学习的课程组织带来了很大的灵活性。关键的知识板块可以通过面授来完成,而非关键的知识板块可以通过在线学习来实施和实现。

(3) 课程实施阶段

课程实施阶段除了强调学员的自觉性(自主学习)外,还要强调学习监督和教师对学员学习的介入,现在已有一些高技术的监督手段用于学员的学习监督,如指纹签到、在线视频等。在这个阶段,教师要多利用在线答疑、在线作业、在线测验等一系列远程指导手段引导学员进行辅助学习。同时,多样性的学习技术也正被越来越多地采用,最具代表性的是体验式学习。体验式学习强调以学员为中心,强调"活动、分享、反思、应用"的循环,使学员从虚拟活动中自己找答案,通过分享和教师适时的介入和点评,达到最终的知识传递。这些都大大改善了单纯讲授式学习所带来的学习效果不佳的问题。

（4）学习价值评估阶段

网络在线学习的确成本低廉，但采用混合式教学模式到底效果如何？还得有一套科学、客观、真实的评价体系才行。网络学习价值评估是一个难点，要结合多方面、多种手段相结合的评估方法，全面地进行评估。为使评估真实，必须在正式学习前建立学员的基础知识档案，以方便学习前后的对比。

7.3 微课教学

7.3.1 微课教学的概念

1．微课的发展

微课的出现最早可以追溯到 1993 年，美国北爱荷华大学的勒罗伊·麦克格鲁（LeRoy A.McGrew）在化学教育中提出了 60 秒课程（60-Second Course）的设计思想，将概念、讲解和举例浓缩到如此短的时间内，用于有机化学知识的科学普及。其后经过了许多国家的、众多教育工作者的不断实践和探索，逐步形成了一种新的教学形式。

新加坡教育部于 1998 年实施的 Micro Lessons 项目，涉及多门课程领域，其主要目的是培训教师可以构建微型课程，其课程时长一般为 30 分钟至 1 小时，教学目标单纯集中，重视学习情境、资源、活动的创设，为学生提供有效的学习支架，同时也为教师提供一系列支架，帮助其进行具体的教学设计。

2008 年，美国墨西哥州圣胡安学院的戴维·彭罗斯（David Penrose）综合了以往短小课程设计的思想，明确提出了微课（Micro Lecture）的理念。他认为，微课并不是指为微型教学而开发的微内容，而是运用建构主义、在线学习或移动学习的实际教学内容，时长在 1 分钟左右。他还提出了建设微课的五个步骤：提炼要讲授的核心概念；撰写 15～30 秒钟的简介和总结，提供核心概念的背景材料；录制 1～3 分钟的教学视频或录音；设计课后作业和思考、探讨的问题；将教学视频和课后作业上传至微课管理系统等。自此，利用时间碎片学习微小知识单元的这种微课教学理念，在今天移动学习工具已经普及的情况下，通过移动学习或在线学习得以实现与传播。

2010 年 11 月，我国广东省佛山市教育局启动首届中小学新课程"优秀微课"征集评审活动。此后，微课在我国开始迅猛发展。2012 年 9 月，在教育部教育管理信息中心举办的第四届全国中小学"教学中的互联网应用"优秀教学案例评选活动暨第一届中国微课大赛中，一年内征集到教学案例 12 万余件，评出优秀教学案例 1570 件，其中微课 600 件。2012 年 11 月，教育部、《中国教师报》依托移动互联网"教育通"云平台，主办了全国首届微课大赛。2012 年 12 月至 2013 年 8 月，教育部全国高校教师网络培训中心举办了首届全国高校微课教学比赛，来自全国 31 个省、市自治区 1600 所高校的 1.2 万余人参加。2013 年 5 月至 7 月，中国教育技术协会等联合主办了 2013 年全国微课大赛，参与人数达 1 万余人。这些微课征集、培训、评选、竞赛活动促进了我国教育领域微课建设活动的发展，提高了中小学教师和高校教师开展信息化教学的积极性。

2．微课的定义

对于微课的概念，不同学者从不同角度出发会有不同的理解。例如，黎加厚教授认为微课程是指时间在 10 分钟左右，有明确的教学目标，内容短小，集中说明一个问题的小课程。

表 7-1 列出了不同学者的几种典型观点。

表 7-1 国内部分学者对微课的定义比较

学者	定义	分类	共同点
张一春	微课是指为使学习者自主学习获得最佳效果，经过精心的信息化教学设计，以流媒体形式展示的围绕某个知识点或教学环节开展的简短、完整的教学活动	课	目标单一 内容短小 时间很短 结构良好 以视频为载体
黎加厚	微课程是指时间在 10 分钟以内，有明确的教学目标，内容短小，集中说明一个问题的小课程		
胡铁生	微课是微型课程的简称，是基于学科知识点而构建、生成的新型网络课程资源。微课以"微视频"为核心，包含与教学相配套的"微教案""微练习""微课件""微反思""微点评"等支持性和扩展性资源，从而形成一个半结构化、网页化、开放化、情景化的资源动态生成与交互教学应用环境	课程	
焦建利	微课是以阐释某一知识点为目标，以短小精悍的在线视频为表现形式，以学习或教学应用为目的的在线教学视频	教学资源	
郑小军	微课是为支持翻转学习、混合学习、移动学习、碎片化学习等多种学习方式，以短小精悍的微型教学视频为主要载体，针对某个学科知识点或教学环节而精心设计开发的一种情景化、趣味化、可视化的数字化学习资源包		

虽然不同学者对此认识不同，但普遍认为，微课具有"目标单一、内容短小、时间很短、结构良好、以微视频为载体"的基本特征。

需要注意的是，严格来说，微课、微课程和微课堂还是有不同之处的。微课指的是一段微小的课程资源（主要以微视频的形式展现），一个微课对应一个或极少个微目标；按一定课程体系设计的大量微课完成一个整体教学目标，就构成了一个微课程；当学习者通过微课开展学习时，学习者就以微课为媒介与教师之间产生交互教学活动，这就是微课堂了，即微课教学。

可以这样给微课下一个定义：微课是指一种新型的教学内容组织形式，是以学科为基础，以问题为中心，以案例为载体，以交互为手段的微课程单元，具有时间微短、内容微少的基本特性。

7.3.2 微课的制作

在 2012 年首届全国高校微课教学比赛通知中，教育部将微课定义为"以视频为主要载体记录教师围绕某个知识点或教学环节开展的简短、完整的教学活动"。对其中的视频提出了明确的录制要求，即图像清晰稳定、构图合理、声音清楚，能较全面、真实地反映教学情境，能充分展示教师良好的教学风貌；视频时长为 10~20 分钟（现在要求更短，一般不超过 15 分钟），采用单一视频形式，可采用多机位拍摄，以满足完整记录全部教学活动的要求；成片中的多媒体演示及板书完整、清晰。

微课的"微"一是指体积小，适合网络传播，能让学生通过手中的移动设备随时随地找到自己所需要的学习资源，这种便利性是微课区别于传统课堂教学的重要特点；二是指时间短，5~20 分钟，适合在当今紧张的生活节奏下使用，无论是在等候，还是在休闲，学生抽空就可以学习；三是指选题微，要选取教学环节中的某一个知识点、专题或实验活动，进行充分论述，适当加入趣味性更利于微课教学效果的提高。微课的这三个特点，对教师和教育技术人员提出了挑战。正如电影的拍摄难度要高于电视剧，主要原因就是电影比电视剧更加浓缩，不仅演员要演得好、情绪到位，镜头也要运用得好，每个镜头都要具有表意性。微课所追求的目标也是通过有限的时间，来表达更多、更优质的教学信息，要将教师视频、学生视频及多媒体演示等内容进行科学的导播策划，使其适时呈现，以此促进学生对知识内容的理解。为达到这样的教学效果，有必要在视频中添加注意引导信息来为学生提供视觉导航，方便其快速、及时地选择关注点，维持关注度，调节注意偏离，使学生在"有意注意"与"无意注意"的交替配合下，对视频内容形成更加深刻的理解。

微课的实质是微型化的网络课程。因此，微课的设计与制作可以在学习理论指导下，像网络课程开发那样进行系统的设计与制作。其开发流程如图7-1所示。

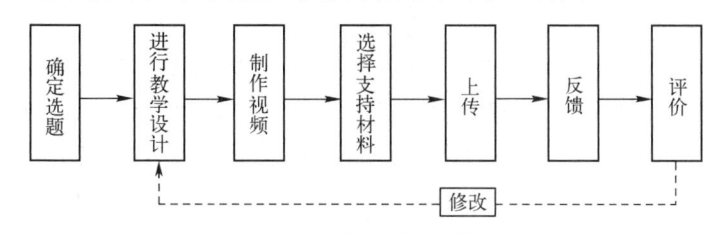

图7-1 微课的设计与制作流程

1. 确定选题

微课针对特定的小主题，如核心概念、单个知识点、微单元、某教学环节、教学活动等，教学目标明确，教学内容清晰，能够在很短的时间内讲解清楚，而且学习者很感兴趣，容易在短时间内掌握。因此，要在众多的知识点或教学环节中选择那些教学重点、教学难点或学生兴趣点等知识点作为微课的选题，先小型化、碎片化，然后集合成一个小的课程体系。微课内容可以是知识讲解、题型精讲、技能演示、总结归纳、知识拓展、教材解读、方法传授、教学经验交流、小型测试、知识判断、提示性解读等。

学习者往往在碎片时间里利用微课进行移动学习、泛在学习，这就要求微课选题实用准确、内容生动有趣，形式短小精炼。就像在微博中不能长篇大论一样，微课不适合对过于复杂而又不能分割论述的学习内容进行讲解。因此，对于无关紧要、主题不明显、没有特色或对学习者没有吸引力的教学内容或活动，没有必要作为微课进行开发，那样起不到微课引导自主学习的效果，还会增加微课管理系统的负担和教学内容的冗余。

2. 进行教学设计

微课教学设计，首先要做课前分析，对微课的学习者特征、教学任务和学习内容进行分析，然后根据布卢姆的教学目标分类理论确定合适的教学目标，根据教学内容、教学环节、教学活动和教学方法确定合适的微课类型和组成要素，制定符合学习者特征、学习内容和教学形式的教学策略，设计教学视频的情境、案例、教学过程，以及相关的网络教学支持材料和评价、反馈机制等。

在进行微课视频或多媒体课件设计与制作时，要尽量减少学习者的认知负荷。微课要主题明确，内容精短，要求在尽可能短的时间内将教学内容组织好、讲清楚，而且要生动、有趣。尽量将复杂问题简单化，避免给学习者带来认知、理解、记忆上的压力，否则会降低学习者的学习兴趣。

3. 制作视频

视频是微课的核心内容，大多采用一般视频录像的制作方法并以流媒体的形式呈现。微课的教学过程要简短完整，包括教学问题的提出、教学案例或情境导入、教学内容讲解、教学活动安排、引导和启发学生开展协作学习与探究学习等。根据记忆的信息加工理论，只有受到注意的信息才能得到人脑的进一步加工，只有被注意到的感觉记忆（瞬时记忆）才能进一步加工成工作记忆（短时记忆）。因此，在微课中吸引并保持学生的注意是成功的关键。

根据微课的不同类型，可能有不同的教学主题导入方式，但都要快速、准确，力求新颖、有趣，能够很好地吸引学习者。微课应开门见山地进入主题，或采用承上启下的语言引出主题，或设置疑问、悬念等引出主题；也可以通过学习者熟悉的、与生活相关的现象或感兴趣的案例引入主题。因受时间限制，教师在教学过程中要掌握好教学节奏，消除与课堂无关的干扰；授课过程可以采用启发式教学，善于提出问题，抓住学生保持"有意注意"的有效时间。

在微课教学过程中，为避免学生产生"注意疲劳"，可以采取一些技术手段刺激学生的"无意注意"。例如，可以通过镜头的切换来吸引注意，当教师镜头过长，并且所讲内容未在 PPT 上显示时，可以切换到全景镜头，这种镜头的变化属于刺激物的变化，利于吸引"无意注意"。要尽量让微课的每个镜头都在"表意"，要么在表述知识，要么在调节注意力。

微课的结尾、总结要简洁明了，留出让学生思考、回味的空间。由于微课时间短，学习内容少，往往都存储在学习者的短时记忆中，适当而简短的总结，可以使学习者对学习内容加深印象，减轻学生的记忆负担，但也不是每个微课教学都需要对学习内容进行总结，留出让学生思考、回味的空间更重要，教学视频外的支持材料更适合学习总结和拓展。

4．选择支持材料

微课除教学视频外还有相关的支持材料，以辅助微课的视频教学，通常包括微课教学内容简介、教学设计的教案或学案、多媒体教学素材和课件、教师课后的教学反思、练习测试、学生的反馈及学科专家的点评等。但不是样样都要有，应根据教学目标、教学内容和教学活动等选择必要而又简明的支持材料，避免选择冗余、过多过乱、不是很紧密的辅助或拓展材料。

值得注意的是，在各类微课比赛中，微课评价指标不同。比如，文字材料中要求有教师简介、教学内容说明等，视频片头中要求有标题、作者、单位，教学过程中要求有教师与学生镜头，体现教师风采、师生交互等。除为参加比赛而制作的微课外，这些评价指标在微课的实际教学应用中不是必需的。此外，一般对参赛的微课作品有明确的制作技术要求，如清晰度、编码格式、视频尺寸、帧率、码流、视频格式等。

5．上传与反馈

视频和相关材料制作完成后，要上传到相应的网络环境中。如果是参加微课比赛，应上传到指定的网络平台，并且按规定的技术要求和规范调整视频分辨率和速率参数，填报要求的参赛信息等。如果是为某课程或相关主题、领域的网络教学而制作的微课，应上传到相应的网络平台，并按平台要求对用户点评、疑问等进行答疑、反思、更新等反馈。

6．评价与修改

（1）评价

微课的评价应从教育性、技术性和绩效性三个方面考虑。

① 微课的教育性包括教学目标、教学内容组织、教学策略和教学评价等。具体表现在：教学目标明确，教学主题突出，针对的学习对象明确；教学内容组织有序，教学环节承接自然，安排合理恰当，知识单元相对完整，课程说明清晰；教学内容表现方式恰当，形式新颖；视频讲解深入浅出，生动有趣，画面美观，语言亲和，节奏恰当；配套的学习资源适量，与教学主题紧密结合，练习和思考题富有趣味性和启发性，能吸引学习者主动完成。

② 微课的技术性包括微课本身的技术性与艺术性和平台环境的技术性与共享性。视频制作应符合技术规范，如分辨率、码流等；视频、课件画面布局美观协调，文字、色彩搭配合理，

符合学习者认知风格。微课的支持材料也要符合相应的技术规范，相对完整，形式尽量多样化。微课平台的技术性包括系列微课的有效组织、检索、访问、浏览、上传、评论等，并能提供学习指导、信息提示、学习者之间和师生之间的在线或离线交互，以及学习者与媒体之间的交互，能够追踪记录学习者个人学习过程，提供相关主题资源的推荐和推送等。

③ 微课的绩效性受微课的教育性和技术性的影响很大。如果微课的教育性好、技术性强，那么应用效果一般会比较好，表现在微课的点击率、点赞率、用户评价、作者与用户互动情况、收藏次数、分享次数、讨论热度等综合评价上。

（2）修改

微课的修改应该在观看微课的效果、进行自我评价后，重点分析不足，特别是让第三方参与分析，他人的意见会给人启迪。修改主要从内容、流程和录制技术方面进行。

7.3.3 微课教学的应用

学习运用微课的过程，其实是教师转变教学理念、掌握信息时代新的教学方式和教学策略的过程。在这个转变过程中，教师首先自己要学会设计与制作微课的方法。黎加厚等专家总结出关于微课设计的 17 条建议，对于教师是很有参考价值的。

（1）时刻谨记微课用户是学生。

（2）一个微课只讲解一个知识点。

（3）视频时间尽量控制在 10 分钟以内。

（4）不要轻易跳过教学步骤，即使是很简单、很容易的内容。

（5）要给学生提供提示性信息（例如，用颜色线标识，屏幕侧边列出关键词，用符号图形标注等）。

（6）微课是整个教学组织中的一个环节，要与其他教学活动环境配合。记住：在微课中的适当位置设置暂停或者后续活动的提示，便于学生浏览微课时转入相关的学习活动，让学生在学习单的统一调度下学习微课。

（7）微课中应有恰当的提问，恰当安排基本问题、单元问题和核心问题，灵活使用多样化的提问策略促进学生思考。

（8）每个微课结束时要有一个简短的总结，概括要点，帮助学习者梳理思路，强调重点和难点。

（9）对一些重要的基本概念，要说清楚是什么，还要说清楚不是什么，让学生明确基本概念和原理；对于关键技能的教学，要清楚地说明应该怎么做，不应该怎么做。

（10）用字幕方式补充微课不容易说清楚的部分。注意：只需呈现关键词，不必像电视剧一样将所有的台词都打出字幕，这会增加学生的阅读认知负荷。

（11）教师要培养学生养成良好的自主学习的习惯。例如，要根据学习单的指导来看视频，看完视频以后要回到学习单来讨论、练习；要告诉学生使用微课的技巧，比如，遇到没有听懂的地方可以暂停并重听。

（12）在学习单上将微课和相关的资源与活动链接起来，方便学生在学习单的统一调度下跳转学习。

（13）一门课程开始的时候，要清楚地介绍课程的评价方法和考试方式，引导学生根据教学目标学习。

（14）开始时，要介绍主讲教师本人的情况，让学生了解教师。

（15）注意研究和借鉴可汗学院在讲与该课程类似的课程时所采用的教学方法。

（16）留心学习其他领域的设计经验，注意借鉴、模仿与创造。例如，从电影、电视、广告等大众媒体中找到可以借鉴的创意。

（17）有关微课制作的操作技术细节：鼠标指针不要在屏幕上乱晃；文字和背景的颜色要搭配好；讲解课程时，鼠标指针在屏幕上移动的速度不要太快；画面要简洁，与教学内容无关的图标、背景、教师头像等都要删除；录制视频的环境要安静，不要有噪声。

7.4 翻转课堂

7.4.1 翻转课堂的概念

翻转课堂（The Flipped Classroom）又称颠倒课堂，是一种课堂内外分工与传统教学模式正好相反的教学模式，即学生在家里看教学视频代替教师的课堂讲解，在课堂上，他们则把精力集中在完成练习及与教师、同学的交流上。这种做法颠倒了传统学校"课上老师讲授，课后完成作业"的教学安排。翻转课堂最初的构想来源于美国林地公园（Woodland Park）高中的乔纳森·伯尔曼（Jon Bergmann）和亚伦·萨姆斯（Aaron Sams）这两位化学教师。2007年，他们用录屏软件将授课用的课件加以讲解录制成教学视频，并传到网上供那些因故不能按时上课的学生补习使用。随着两位教师的开创性教学实践，这种方法成为一种新的教学模式，得到越来越多的教师关注。翻转课堂的领军人物萨尔曼·可汗（Salman Khan）创建的可汗学院就以翻转课堂教学模式著称。可汗学院中的微视频课程受到了广大学生的高度喜爱。

2011年，萨尔曼·可汗在TED（Technology——技术，Entertainment——娱乐，Design——设计）大会上做了演讲报告《让我们用视频重新创造教育》，向大家介绍了翻转课堂的概念，从此，这种新型教学形式开始为众多教师所熟知并引起全球教育界的广泛关注。现如今，翻转课堂已成为一种在整个北美甚至全世界广为流传的新型教学模式。

虽然翻转课堂的意思很容易理解，但要给它做一个大家公认的科学定义却较难，因为每个人看问题的角度不一样，在此，大可不必过于纠缠。我们认为，翻转课堂就是改变传统的教学模式，将知识接受学习改在课外，主要由学生通过视频自主学习，而将知识内化放在课堂内。这样教师的角色也发生了很大变化，这里教师主要不是授业者，而是解惑者，师生在课堂上主要是一起完成作业、答疑、协作探究和互动交流等活动。

7.4.2 翻转课堂的特征

1. 学生自主学习行为发生变化

乔纳森·伯尔曼和亚伦·萨姆斯在YouTube视频网站和多个演讲中提到了翻转课堂在以下三个方面改变了学生的学习行为：一是学生自己掌控学习，实施翻转课堂后，利用教学视频，学生能根据自身情况来安排和控制自己的学习；二是学生在课外或回家看教师的视频讲解，完全可以在轻松的氛围中进行，而不必像在课堂上教师集体教学时那样紧绷神经，担心遗漏什么，或因为分心而跟不上教学节奏；三是学生观看视频的节奏全由自己掌握，掌握的知识可以跳过，重点和难点可以反复观看，也可以停下来仔细思考或做笔记，甚至可以通过聊天软件向教师和同学寻求帮助，增加了学习中的互动。翻转课堂最大的好处是全面增强了课堂的互动性，具体表现为教师与学生之间、学生与学生之间的互动性得到了加强。

2. 教师角色发生变化

由于教师的角色已经从内容的呈现者转变为学生的教练，这让教师有时间与学生交谈，回答学生的问题，参与学习小组，对每位学生的学习进行个性化指导。在学生完成作业后，教师可以注意到部分学生会被相同的问题所困扰，于是就组织这部分学生成立辅导小组，为他们举行小型讲座。小型讲座的精妙之处是，当学生遇到难题准备请教时，教师能及时地给予指导。当教师成为指导者而非内容的传递者时，就有机会观察到学生之间的互动，让学生发展起他们自己的协作学习小组，让学生彼此帮助，相互学习和借鉴，而不是将教师作为知识的唯一传播者。

3. 教师与家长的交流内容发生变化

多年以来，在家长会上，父母问得最多的是孩子在课堂上的表现，比如是否安静地听讲、是否行为恭敬、是否积极举手回答问题、有没有打扰其他同学等。实施翻转课堂后，这些问题已不再重要。真正的问题是，孩子们是否在学习？如果他们不学习，教师和家长能做些什么来帮助他们学习？这个更深刻的问题会促使教师与家长共同商量：如何将学生带入一个环境，帮助他们成为更好的学习者。学生为什么不学习？他们没有相关的基础知识吗？他们的个人问题干扰了学习吗？或者，他们更关注的是"在学校玩"，而不是学习吗？当教师和家长得知孩子为什么不学习时，就能制定一系列实时的、必要的干预措施。

7.4.3 翻转课堂的应用

对于如何利用翻转课堂这种新的教学模式进行颠倒教学这一问题，国内外大中小学都还在探索中，普遍认为其中最重要的是以下两个环节。

1. 创建教学视频

教学视频要完全取代教师的现场课堂讲授，是一件很不容易的事情，这对教学视频的设计制作提出了更高的要求。至少应该考虑：首先，应明确学生必须掌握的目标，以及视频最终需要表现的内容；其次，收集和创建视频时，应考虑不同教师和班级的差异；最后，在制作过程中应考虑学生的想法，以适应不同学生的学习方法和习惯。

2. 设计课内教学互动内容

知识内容在课外通过视频传递给学生后，课内更需要高质量的学习活动，让学生有机会在具体环境中应用所学内容。只有通过这样的强化，才能让学生接受的外在知识内化为学生的本体知识。这样的课堂教学设计与以往传统的讲授式教学设计是完全不同的，其内容、形式和途径都应由学生自主创建，教师主要起解惑、引导的作用，引导学生独立解决问题，开展探究式活动，实施基于项目的学习等。

7.5 智慧课堂

7.5.1 智慧课堂的概念

智慧课堂又称智能课堂，有两个含义，一是智能化教学环境，就是前已述及的智慧教室等新型物理教学环境；二是智慧课堂教学，简称智慧教学，就是信息化教学的延伸升级。本书指的是第二个含义。虽然这里一个是指教学环境，另一个是指教学形式，但两者高度关联，因为智能化的教学环境是实施智慧课堂教学的基础条件。

智慧课堂就是利用智能化的教学环境，教学全过程采用智能化的教学手段和教学方法，实现教学效果最优化的教学组织形式。它应该具有教学环境智能感知、教学设备智能控制、教学资源智能获取、教学信息智能呈现、教学过程智能记录、教学行为智能分析（统计）、教学效果智能评价等多种功能。

现代课程理念认为，课堂教学不是简单的知识传授或学习的过程，而是师生双方情感与智慧升华的过程，智慧课堂的根本任务是开启学生的智慧，促进学生用更智慧、更先进的方法解决问题，从而促进学生全面发展。所以智慧课堂是切合新的教学理念的新型教学模式，是对传统的知识课堂的革新。

7.5.2 智慧课堂教学设计

智慧课堂是信息化课堂的发展升级，所以其教学设计原则上是一样的，所不同的是，由于教学环境更加现代化、智能化，在教学设计、教学利用、教学实施上要充分考虑教学条件的变化，否则智慧教学就等同于多媒体教学。

那么如何才能利用智能化的教学环境最优化地进行教学设计呢？首先是教师教学理念的更新，要围绕"一切为了学生发展"（启智明理）来设计教学的各个环节；二是要充分利用已有的智能化教学条件、智慧教学资源、智慧教学系统（平台），应用到教学过程中，产生最佳效能；三是要采用多种教学方法适时教学，尤其是线上线下混合式教学，充分调动学生的积极性和参与度，多设计学生自主性学习活动，如引导、交流、解惑、讨论、分享等，都是很好的教学组织形式。下面以小学《语文》课本中的《月球之谜》为例剖析一下智慧课堂的教学设计。

1. 背景

这是一篇介绍月球知识的文章，写法、文字表述颇具特色且吸引学生，首先以优美的文字渲染月亮给人们留下的美好印象，与月面的荒凉形成对比；然后介绍与月球相关的几个未解之谜，巧妙地运用疑问句和感叹句强化了月球的神秘；最后以神秘形式概括了上面几种自然之谜，激发了学生探索的愿望。

2. 案例设计目标

案例充分体现个性化学习理念、探究性学习理念，借助优课平台、PPT课件、电子书包等信息手段帮助学生了解与月球相关的知识，感受月球的神秘魅力，同时通过学生的自主、合作、表达与交流等探究学习活动培养学生自我提出问题、解决问题的能力。

3. 案例融合技术应用

借助自由听读、标注课文内容、统计分析、检测词语规范应用、进行资源推送、播放视频、拍照上传、实现互动互评、分享录音、畅谈收获等，激发学生的阅读兴趣，检测学生的理解情况，提供拓展资源，帮助学生解决重/难点，达到教学目标。

4. 案例的主要教学过程

（1）课前

预习准备，让学生收集关于月亮和月球之谜的知识，上传到优课平台。

（2）课中

第 1 部分：分享交流，引发遐想。让学生欣赏月亮的图片，复习第一节课积累的诗句，集体分享，通过优课平台的作业分享功能展示成果。

第 2 部分：品读其意，感受月球景色。该部分根据个性化学习理念，培养学生学习的独立性和自主性，如让学生自由地学习第二自然段，理解其意，规范用词，然后通过优课平台的及时反馈功能进行随堂检测，对学生的学习情况进行统计分析，再次通过观看视频谈谈对月球的感受，有感情地阅读文章，充分理解其意。

第 3 部分：研读探究，理解月球之谜。这部分以探究性学习理念作为指导，通过质疑发现问题、研究解决问题等进行探究性学习活动，如引导小组合作完成实验研究报告，使学生在探索中学会质疑，提出自己的想法和问题，并探索出月球之谜，然后借助优课平台的拍照功能，把实验报告拍照后上传到平台，其他小组进行评价，各小组再进行分享汇报，最后归纳总结课文所涉及的四个未解之谜。

第 4 部分：拓展阅读，畅谈收获。该部分主要通过优课平台的作业分享功能，分享汇报课前收集的月球之谜，并谈谈自己的收获，然后通过平台上传录音，与同伴分享。最后布置作业，让学生到平台听听其他同学的收获，梳理月球之谜的思维导图。

5. 点评

该案例融合了现代信息技术和语文学科教学，可以认为是智慧课堂教学的良好范例。首先在教学理念上，依据的个性化学习理念、探究性学习理念都是以学生为中心的；二是利用了优课平台等教学系统实施了线上线下混合式教学，可以超越时空开展教学；三是借助信息技术创设情境，激发了学生对月球认知的兴趣，通过检测分析，完成对文章的理解，采用合作探究方式，将实验报告上传到云平台，深入理解了月球之谜，通过推送资源，拓展了学生的阅读视野等。通过本节课的学习，学生较好地理解了月球之谜，大胆表达自己的想法，提出问题，还将知识拓展到课外运用，产生了良好的教学效果。

6. 优化建议

课堂引入：嫦娥奔月；思政育人：中国探月工程——嫦娥探测器（视频、图片）。

课外作业：小论文——我所认识的月球。

上课地点：智慧教室，围桌形式便于讨论。

7.6 STEAM 教育和创客教育

7.6.1 STEAM 教育

1. STEAM 教育的概念

STEAM 是科学（Science）、技术（Technology）、工程（Engineering）、艺术（Art）、数学（Mathematics）的首字母组合。STEAM 教育是集科学、技术、工程、艺术、数学于一体的一种综合教育。STEAM 教育来源于 STEM 教育，后来加入了艺术的元素才形成统一的 STEAM 教育。

STEAM 是一种重实践的超学科教育概念，不同于传统的单学科、重书本知识的教育方式。STEAM 教育不是科学、技术、工程、艺术和数学知识的单一教育或简单叠加，而是将这五个学科整合到一种教学范式中，把不同课程、不同活动中展现的零碎知识变成相互联系的统一整体，从而形成系统性知识的一种跨学科综合教育，旨在培养学生的科学素养、技术素养、工程素养、艺术素养和数学素养。STEAM 教育倡导学生以学科整合的方式认识世界，以综合创新的形式改造世界，培养解决问题的创新能力，具有综合性（跨学科）、体验性、情境性、协作性、设计性、艺术性等基本特征。

2. 小学 STEAM 教育实践

如何在小学开展 STEAM 教育活动呢？一般来说有两种形式，一是开设 STEAM 综合教育课程，这种课程大多会结合具体的学科课程进行设计，具有综合化、实践化、活动化的特征，会直接体现出 STEAM 教育的目标；二是在学科教学中融合 STEAM 教育的理念进行教学设计，通过特定的学科教学活动达到实现 STEAM 教育的目标。STEAM 综合教育课程所用的教材也有两种，一种是出版社公开出版发行的教材，如苏州大学出版社出版的"中小学人工智能系列丛书"、《STEAM 课例精编》（郭琪琦主编）、《STEAM 教育整体解决方案（小学科学版）》（胡卫平主编），江苏圣陶教育与西安高新国际学校联合开发的《科创教育实验教材（小学版）》等；另一种是各个学校的教师自行编写的校本教材。

STEAM 是一种教育理念，需要融合到学科教学中。其实，STEAM 教育目标一般是隐性的，需要分析挖掘才能具体体现，在这种情况下，要衡量学科教学中融合 STEAM 教育的程度和成效是较难的。如果专门针对 STEAM 教育开设相关课程，那么 STEAM 教育的目标是明确的、显性的，这时只要根据课程提出的要求和内容实施教学，那么 STEAM 教育的目标就能较好地实现。但不管是哪种情形的 STEAM 教育活动，都应该遵循如下策略。

① 应将科学知识的传授、科学精神的培养贯穿在 STEAM 教育活动的始终，以实现学生科学素养的养成与提高。科学精神就是探寻真理、矢志不渝、科学思维、善于发现，如果能让科学精神扎根于孩子的心灵之中，那将是他们今后从事科学探索的巨大动力。

② 通过 STEAM 教育活动的创设，培养学生的动手能力，让学生在动手创作作品的过程中掌握相关技术，懂得技术在人类生产生活中的重要性，逐渐提升学生的技术素养。

③ 通过专题活动、技能拓展、工程建设考察等 STEAM 教育活动，树立学生的工程意识，让学生认识到从科学到技术再到产品生产是需要工程技能的，工程知识和工程技术是需要创造和学习的，逐渐培养学生的工程素养。

④ 引导学生学会欣赏美、发现美，培养学生的艺术素养。在不同学科教学和 STEAM 教育活动中，要让学生认识到知识有文字美、科学美、技术美、工程美、创造美等不同美的表现形式，需要创造美、发现美。

⑤ 在 STEAM 教育活动中要注意培养学生的计算思维、数学思维，培养学生的数学建模意识。不要认为只有数学课才具有这些作用，可以说，在任何学科中都存在计算思维，都有数学的影子，计算和数学是常用的工具，例如，语文课中也存在字数统计、频词统计等。在 STEAM 教育活动中，要有意识地培养学生的数学素养。

3. 幼儿园 STEAM 教育实践

幼儿园教学实际上是一种综合教育。幼儿园教育强调认知能力、动手能力和创造能力，正是 STEAM 教育的体现。所以，在幼儿园开展 STEAM 教育是非常正常的教育活动，目前在幼儿园开展 STEAM 教育的研究和实践已经在幼教机构和优质幼儿园得到了普遍实施。那么，如何在幼儿园开展 STEAM 教育活动呢？

（1）幼儿园 STEAM 教育活动设计

在幼儿园开展 STEAM 教育活动，绝不是实施 S、T、E、A、M 单一学科教学，而是重在鼓励幼儿的好奇心（求知欲），重在如何让幼儿通过认知世界提高到科学探究，实现自己的想法，充分体现幼儿对问题解决方法的思考。所以幼儿 STEAM 教育要突出教"思考方法"而不是教"知识点"，"注重整体"而不是"单科教学"。教师在设计幼儿园 STEAM 教育活动时应思考以下对应关系。

① STEAM 教育活动与科学、数学活动的关系。
② STEAM 教育活动与综合（主题）活动的关系。
③ STEAM 教育活动与一日生活活动的关系。
④ STEAM 教育活动中的动手操作与设计目标的关系。
⑤ STEAM 教育活动中的幼儿自主与教师指导的关系。

（2）幼儿园 STEAM 教育活动的实施

幼儿园 STEAM 教育活动的实施过程与传统的传授式或手把手式教学是不同的，STEAM 教育活动过程多用设问、反向演示（非示范）等方式引导幼儿思考并得出正确实践过程或结论，然后引导幼儿亲手实践，培养幼儿的多种能力。

【实践活动】学习 STEAM 教育课程案例

在网上学习优秀 STEAM 教育课程案例"一张纸的奥秘""眺望远方"和"光阴的故事"。

7.6.2 创客教育

1. 创客教育的概念

创客教育（Maker Education）是一种融合科学、技术、工程、艺术、数学等知识与技能，遵循自由开放、创新创意、探究体验的教育理念，以实践创造学习为主，培养创新型人才的新型教育模式。创客教育来源于美国开展的创客（Maker/Hacker）活动，是一种新型的教育理念和教育形式。

创客教育的核心理念是，通过动手实践，培养学生的创新力、探究力和创造力。从概念上看，STEAM 教育和创客教育高度相关，都是一种融合教育，但 STEAM 教育更讲究跨学科的"知识融合"，创客教育强调的不是教与学，而是探索、体验、创新，重点在于创新想法并将想法进行"实践创造"。

2. 小学创客教育实践

小学创客教育活动与 STEAM 教育活动的开展形式完全一样，一是开设创客教育专门课程，采用公开出版的专门教材或校本教材，进行系统的创客教育课程教学，如广东教育出版社出版的"中小学编程类创客教育系列教材"就是典型的与学科紧密结合的创客教育专门教材；二是在学科教学中融合创客教育的思想、理念和目标，以达到学生创造思维的养成和创新能力的提高。

创客教育绝不是上上理论课，讲解几个知识点就能实施的，必须让学生"在做中学"、设计多样化的实践活动，遵循"创想吧，孩子"的教育理念，放飞学生自由想象的翅膀，这样才能有效实施创客教育。一般来说，小学创客教育活动的开展有三种形式：一是构建开放式的创客教育空间，学生可以根据自身需求及个人兴趣爱好，自行使用创客空间里的资源进行创造活动,创设出作品;二是将创客教育融入常规课程,如"科学""信息技术""劳动""数学"课程等,都是极好的融入创客教育内容的课程;三是开设专门的创客教育课程,如机器人教育、创客与科学制作等。

【实践案例】 利用机器人教育平台实施的创客教育

该案例由湖南省长沙市天心区青园小学汪伟民老师提供。

课题:月球探险——NXT机器人传感器综合运用(一)。

开设年级:小学五年级。

教材:无锡通德桥实验小学乐高机器人校本课程教材。

背景:通过前阶段的学习活动,学生学习了马达和传感器的知识,对这部分知识有了一定的了解,但对传感器灵活运用的能力不强,因此,针对学生对知识的掌握情况,设计了"月球探险"一课,设置了两个难度递增的活动任务。

教学目标:完成机器人的搭建;用光电传感器等完成"悬崖勒马"和"月球探险(往返跑)"的活动任务。

任务完成方式:以小组协作为主,条件好的个人单独完成。

器材准备:NXT小车、光电传感器、触动传感器、超声波传感器、声音传感器、基础零件。

教学过程设计如表7-2所示。

表7-2 教学过程设计

教学环节	教师活动	学生活动	设计意图
课前热身 (规则约定)	1. 课前检查(车、下载线、零件盒等) 2. 课堂约定:Hands up!(举手)	当老师说出"Hands up!"的时候,学生以最快的速度举起手来	拉近与学生的距离;必要时能有效集中学生的注意力
视频导入 (问题情境)	1. 前面我们已经学习了马达和传感器的使用,老师考考大家,(出示图片)说出它们的名字和功能。 2. (播放视频:"玉兔号"登月)视频中用到了哪些我们学过的机器人知识? 3. 我们能不能用所学的知识模仿一次月球探险?(出示模仿的"玉兔号""月球表面")探险之旅马上开始。 4. 板书课题:月球探险	1. 思考、回答。 2. 观看视频,思考、说出"玉兔号"运用了哪些所学的机器人知识	颇具震撼力的视频导入,吸引学生的注意力,调动学生的思考积极性
基础任务 (新知铺垫)	活动一:悬崖勒马 1. 探险之旅分为两个活动,第一个活动简单但却十分重要。老师称它为"悬崖勒马"。 2. 将课桌当成月球表面,黑色表示课桌的外面,我们需要控制自己的机器人在前进时准确停在边缘。(播放演示动作PPT:前进—识别—停车)你的"玉兔号"如何完成任务? 3. (出示编程方式图片,提醒学生测取光值方法,以及注意小车的安全)。 4. 总结情况	1. 讨论、回答"悬崖勒马"的步骤、编程方法、注意事项。 2. 编写、调试程序,完成"悬崖勒马"。 3. 学生汇报、演示	1. 训练学生编程,掌握光电的特点及取值范围。 2. 重点关注学生的参与性,对动手能力稍差的学生加以鼓舞。 3. 教学任务桌面化降低组织教学的难度

续表

教学环节	教师活动	学生活动	设计意图
拓展任务（发散提高）	活动二：月球探险（往返跑） 1. 仅仅会"悬崖勒马"对于"玉兔号"是远远不够的，"玉兔号"需要往返于月球完成一个个任务，因此老师设计了一个往返跑比赛。（出示规则图片PPT）选择一种方式设计机器人，实现在桌面上往返行驶，一分钟往返次数最多者获胜，必须抵达边缘才能开始往返。 2. （指定四人一组，分组讨论，确定方式，提示每组至少讨论两种以上的解决方式）。 3. （每组选取一人汇报思路）。 4. 发放器材，十分钟内完成搭建与编程，适时出示搭建范例PPT）。 5. （比赛，展示获胜组机器人及个别有代表性的搭建，点评并总结）	1. 分组讨论，汇报方法等。 2. 组内分工，开始组装机器人，编写程序完成任务，教师巡视、指导并提醒学生调试时不要让机器人掉落。 3. 每组至少完成一台机器人的搭建参与比赛。 4. 分析、分享	教师应该是一个"移动图书馆"，在学生讨论、搭建时予以指导。 学生分享环节能让大家更好地了解其他传感器的特点，也为下次课多种传感器的综合运用打下基础
总结拓展（习惯培养）	1. （延续）老师将几种传感器都装上了，拍了这段视频（播放NXT机器人模仿"玉兔号"探险视频），你们今天课堂里所做的就有视频中的一部分，高深的科技其实离我们并不遥远，希望大家保持兴趣，继续学习，有一天你们能够设计真正的玉兔二号、三号……更希望有一天你们设计的"玉兔号"能带汪老师登上真正的月球。 2. 整理器材	整理器材并上交	1. 帮助学生将兴趣延续，在以后的学习、生活中能继续保持兴趣和思考。 2. 让学生养成习惯：整理器材也是机器人课堂的一部分

此案例中用到的器材及装配过程如图7-2～图7-4所示。

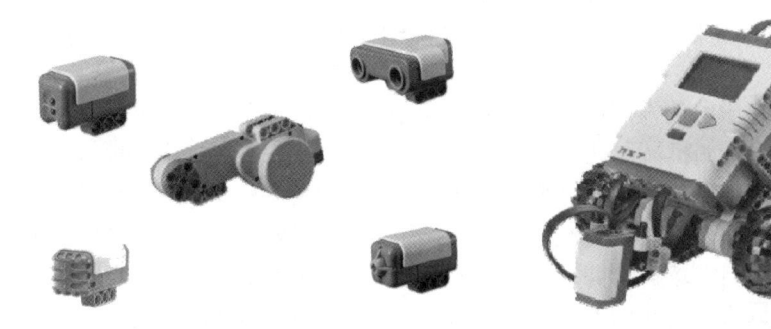

图7-2 传感器　　　　　　　　图7-3 搭建完成的机器人

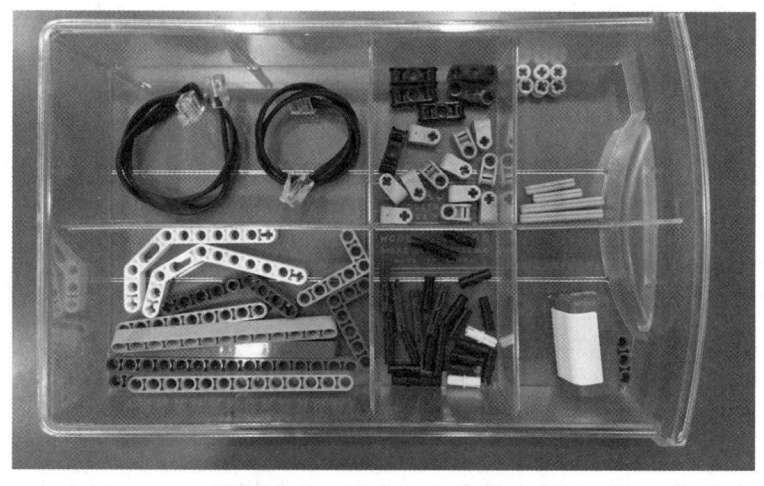

图7-4 机器人装配散件

213

3. 幼儿园创客教育实践

幼儿园创客教育活动形式多样，可以是创意游戏、积木创意搭建、户外实践、创意表演、玩具玩法创新、创意小制作等活动。特别是积木创意搭建，在充分发挥幼儿想象力的同时能提高幼儿的多种能力，如空间认知能力、自然物和人造物的认知能力、创造能力、动手实践能力等，如管状积木、机器人积木搭建等（见图7-5和图7-6）。

图7-5 管状积木搭建　　图7-6 机器人积木搭建

7.6.3 机器人教育和人工智能教育

1. 机器人教育

机器人教育是指通过设计、组装、编程、运行机器人，激发学生的学习兴趣、培养学生的综合能力。

机器人技术综合了多学科的发展成果，代表了高科技的发展前沿，涉及信息技术的多个领域，融合了多种先进技术，如机械原理、电子传感器、计算机软硬件及人工智能等。中小学机器人教育活动的开展将给中小学素质教育增添新的活力，成为培养中小学生综合能力、信息素养的优秀平台。机器人是实现人工智能教育、STEAM教育、创客教育的优秀平台。机器人教育是进行STEAM教育、创客教育的良好选择。所以，大多数中小学在实施STEAM教育、创客教育时都优先选择机器人教育平台作为教育载体，以达到实施STEAM教育、创客教育的目的。从前面的教学案例中可以清楚地看出机器人在实施STEAM教育、创客教育中的广泛应用。在小学，除了信息技术教师外，科学、数学等科任教师也应该掌握机器人教育的技能。

2. 人工智能教育

人工智能是研究、开发用于模拟、延伸和扩展人的智能的理论、方法、技术及应用系统的一门新的技术科学。人工智能教育是指对全民实施的人工智能知识学习和技能培养的多层次教育体系，包括在中小学阶段设置的人工智能相关课程。人工智能教育最根本的目标是提高全民对人工智能的认识，掌握人工智能的基本知识和基本应用。作为一个非计算机类专业的中小学教师，我们的任务是学习人工智能基本知识，掌握人工智能应用的基本技能，尤其是人工智能在教育领域中的应用。

【本 章 小 结】

本章主要介绍了移动学习、混合式学习、微课、翻转课堂、STEAM教育、创客教育、智慧课堂等概念、特点和应用。这些新型的学习和教学方式，是随着现代科学技术的发展应运而生的，并且今后还将不断发展完善。学习教育信息化知识，掌握现代教育技术是抢占教育改革制高点的关键因素，本章给大家展现的新型模式就是最好的例证。我们必须跟上形势，抢占先机，积极置身于教育改革的大潮中。为此，我们必须具有超前的意识，掌握新的教育知识、教育技术、教育工具，并积极先行实践，教育先行，教师先行，未来的人民教师——师范生更应先行。只有这样，在若干年后，你才不至于落后于时代，成为时代的弃儿。

【思考与练习】

1. 什么是移动学习？移动学习具有哪些特点？
2. 应用移动工具进行学习有哪些常见模式？
3. 基于无线网络的在线连接浏览的移动学习模式有哪些学习形式？请查阅资料加以阐述。
4. 什么是混合式学习？它具有哪些特点？
5. 谈谈混合式学习的应用范围。
6. 结合教学实践，请你谈谈怎样在学校应用混合式教学？
7. 什么是智慧课堂？它有哪些特点？如何进行智慧课堂教学设计？
8. 什么是微课？它有哪些特点？
9. 怎样才能设计好一堂微课？
10. 怎样才能制作好微课视频？
11. 怎样才能组织好微课教学？
12. 什么是翻转课堂？它有什么特点？
13. 如果在教学实践中，学校要你应用翻转课堂教学，你准备如何应对挑战？
14. 谈谈你打算如何在语文、数学、科学、信息技术等学科教学中融入 STEAM 教育。
15. 你认为小学和幼儿园应如何开展创客教育？

参 考 文 献

[1] 何克抗，李文光. 教育技术学[M]. 北京：北京师范大学出版社，2009.

[2] 张剑平. 现代教育技术：理论与应用（第2版）[M]. 北京：高等教育出版社，2006.

[3] 李克东. 新编现代教育技术基础[M]. 上海：华东师范大学出版社，2002.

[4] 黄荣怀. 多媒体技术基础[M]. 北京：高等教育出版社，2008.

[5] 陈琳. 现代教育技术[M]. 北京：高等教育出版社，2009.

[6] 赵磊. Photoshop CS4 图像处理[M]. 呼和浩特：远方出版社，2010.

[7] 师书恩. 计算机辅助教学[M]. 北京：高等教育出版社，2001.

[8] 钟大鹏，蒋红星. 现代教育技术实用教程[M]. 北京：中国铁道出版社，2010.

[9] 解月光. 现代教育技术理论与实践[M]. 长春：东北师范大学出版社，2002.

[10] 陈宗斌. Adobe Flash CS4 中文版经典教程[M]. 北京：人民邮电出版社，2009.

[11] 马振中，赵放. 现代教育技术[M]. 北京：北京师范大学出版社，2012.

[12] 马振中. 幼儿园教育技术[M]. 北京：北京师范大学出版社，2021.

[13] 王胜远，王运武. AECT2017 教育技术定义的评析与思考[J]. 广东开放大学学报，2019, 28(03): 78-85.